U0578850

权威·前沿·原创

皮书系列为
"十二五""十三五"国家重点图书出版规划项目

蒙古国蓝皮书

BLUE BOOK OF
MONGOLIA

蒙古国发展研究报告
（2019）

THE RESEARCH REPORTS ON MONGOLIA'S DEVELOPMENT
(2019)

主　编／刘少坤
副主编／范丽君

社会科学文献出版社
SOCIAL SCIENCES ACADEMIC PRESS（CHINA）

图书在版编目（CIP）数据

蒙古国发展研究报告. 2019 / 刘少坤主编. -- 北京：社会科学文献出版社，2019.10

（蒙古国蓝皮书）

ISBN 978 - 7 - 5201 - 5184 - 9

Ⅰ. ①蒙… Ⅱ. ①刘… Ⅲ. ①经济发展 - 研究报告 - 蒙古 - 2019 ②社会发展 - 研究报告 - 蒙古 - 2019 Ⅳ. ①F131. 14

中国版本图书馆 CIP 数据核字（2019）第 146088 号

蒙古国蓝皮书

蒙古国发展研究报告（2019）

主 编／刘少坤
副 主 编／范丽君

出 版 人／谢寿光
责任编辑／高振华
文稿编辑／杨 木

出 版／社会科学文献出版社·城市和绿色发展分社（010）59367143
地址：北京市北三环中路甲29号院华龙大厦 邮编：100029
网址：www. ssap. com. cn
发 行／市场营销中心（010）59367081 59367083
印 装／天津千鹤文化传播有限公司

规 格／开本：787mm × 1092mm 1/16
印张：21 字数：313千字
版 次／2019年10月第1版 2019年10月第1次印刷
书 号／ISBN 978 - 7 - 5201 - 5184 - 9
定 价／128.00元

本书如有印装质量问题，请与读者服务中心（010 - 59367028）联系

主要编撰者简介

刘少坤 内蒙古社会科学院党委书记，研究员。曾经从事过外经、外贸、外事工作，经常赴蒙古国调研，对近年来蒙古国政治经济社会发展情况有深入研究，就中蒙、中俄、内蒙古对蒙古国和俄罗斯双边合作、地方合作撰写多篇研究报告。

范丽君 内蒙古社会科学院俄罗斯与蒙古问题研究所副所长，研究员、译审，文学硕士，从事蒙俄关系及中俄蒙外交关系研究。内蒙古俄罗斯民族研究会理事、内蒙古东北亚经济研究会副会长、内蒙古发展研究中心学术委员会专家。

摘　要

《蒙古国发展研究报告（2019）》（蒙古国蓝皮书）系中蒙两国学者合作研究成果，紧紧围绕 2016 年蒙古国议会大选后蒙古国政府的政治、经济、社会、文化和外交政策，深度分析、研究其境内人民的生活、就业、福利、保障、教育、司法、产业结构、工业部门发展情况以及蒙古国与东北亚国家关系现状、面临的困境和问题等，并就问题进行客观、理性、全方位、多层次的分析，进而提出可供参考的决策建议。

本书共分五个部分。第一部分是总报告，概括分析了蒙古国社会经济发展的现状。尽管蒙古国自身的工业经济与对外贸易依附性极强、独立性极弱，但蒙古国传统产业是依靠天然牧场的畜牧业，有中俄两个新经济体作为邻国以及国际社会的援助，转型以后国内没有出现严重混乱。第二部分是社会篇。民生是社会稳定的基础保障，蒙古国的人口、就业与社会保障、司法体制等随着蒙古国的政治转型、经济转轨相继发生变化。这些变化通过各项指数、指标反映出来，评断蒙古国国家总体水平。目前，蒙古国社会整体水平偏低，但人民的幸福指数相对较高，社会相对稳定。第三部分是经济篇。通过对蒙古国农牧业、金融、旅游业等重点产业和对外贸易情况的分析，得出蒙古国经济结构单一、缺乏弹性和互补能力、高度依赖国际能源原材料市场价格波动的结论，这是影响蒙古国未来经济发展的短板和瓶颈，也是中蒙俄经济走廊建设进行三方合作的重要领域。第四部分是文化篇。主要分析了文化艺术、文化产业、体育竞技、网络时代媒体以及教育发展现状及趋势。把传统文化与新型科技产业融合起来发展是蒙古国政府现阶段的主要工作，也是未来的发展方向。第五部分是外交篇。蒙古国转型以来的外交政策较其内政调整幅度、力度都要大。目前，借助中蒙俄经济走廊建设这一合作平

台，蒙古国希望从中能够获得更多的发展机会；希望借助其富足能源和地缘优势，以及与日本、韩国、美国和朝鲜等国家的关系特点，达到其"国家经济安全，避免经济上过度依赖某一个国家"的目的。未来，凭借国土面积大、资源丰富的自然优势，借助国际社会多元化、区域经济一体化发展趋势，以及中蒙俄经济走廊建设的深入推进，蒙古国必将再次调整其内政外交政策，着力改善国内民生环境，提升其在地区和国际社会中的地位。

Abstract

The Research Report of the Development in Mongolian (*2019*) (Blue Book) is a collaborative study between Chinese and Mongolian scholars, focusing on the political, economic, social, cultural and foreign policy of the Mongolian government after the 2016 Mongolian parliamentary election. The book provides an in-depth analysis of the life, employment, welfare, security, education, and justice of the people in the country. Moreover, the reports conduct objective, rational, all-round, multi-level analysis, and then make recommendations for decision-making about the difficulties and problems regarding with Mongolia's industrial structure, the development status of the industrial sector, and the current status of the relations between Mongolia and Northeast Asian countries. The book also studies the mutual trust and benefit between China and Mongolia to promote the construction of the "Belt and Road" and the construction of the China-Mongolia-Russia Economic Corridor.

The book is divided into five parts. The first part is the general report, which summarizes the historical and practical reasons for the status quo of Mongolia's social and economic development. Although Mongolia's own industrial economy and foreign trade are highly dependent and extremely weak, Mongolia's traditional industries rely on natural pastures for animal husbandry, with Chinese and Russian two new economies as neighbors and assistance from the international community, resulted there was no serious turmoil in Mongolia after the transformation. The second part is the social study chapter. People's livelihood is the basic guarantee for social stability. Mongolia's population, employment, social security, and judicial systems have been adjusted with its political and economic transformation. These changes are reflected by various indexes and indicators, and thus the overall Mongolia's national level is judged. At present, the overall level of Mongolian society is low, but the people's happiness index is relatively high and the society is

relatively stable. The third part is the economic study chapter. Through the analysis of Mongolia's agriculture, animal husbandry, finance, tourism and other key industries and foreign trade, Mongolia's economic structure is simple, lacking flexibility and complementarities, and is highly dependent on the price fluctuations of the international energy raw materials market. These are the shortcoming and bottleneck affecting Mongolia's future economic development and also important areas for future tripartite cooperation in the construction of China-Mongolia-Russia Economic Corridor. The fourth part is the cultural study chapter, mainly analyzes the status quo and trends of culture and art, cultural industry, sports competition, media in the Internet age and education development. The integration of traditional culture and new technology industries is the main work of the Mongolian government at this stage, as well as the future development direction. The fifth part is the diplomatic study chapter. The foreign policy of Mongolia since the transformation has been adjusted greater than the adjustment of its internal affairs. At present, with the cooperation platform of the construction of China-Mongolia-Russia Economic Corridor, Mongolia hopes to gain more opportunities for development and realize its opportunity to be "waterfront pavilion gets the moonlight first" — the advantage of being in a favored position. Mongolia hopes to achieve its goal of "national economic security and avoid excessive economic dependence on a certain country" by virtue of its rich energy and geographical advantages, as well as its relations with countries such as Japan, South Korea, the United States and North Korea. In the future, with the natural advantages of large land area and abundant resources, and with the diversification of the international community, the development trend of regional economic integration, and the deepening of the construction of China-Mongolia-Russia Economic Corridor, Mongolia will once again adjust its internal and foreign policy, focusing on improving its domestic livelihood environment and enhance its position in the region and the international community.

序　言

　　"一带一路"倡议的实施已经在国内外产生了巨大影响，所涉国家的历史文化传统、宗教信仰、经济和社会发展现状及发展趋势、政治制度、国际影响力等诸多方面存在差异性，使国别研究成为国内外智库、学者关注的焦点。

　　蒙古国是中国向北开放的重要邻国，是"一带一路"建设的重要节点，也是中蒙俄经济走廊建设的重要枢纽。然而，大多数中国人对蒙古国的认识似乎有点"雾里看花"的感觉，既熟悉又陌生。人们熟悉这个国家的地理位置，熟悉这个国家的主体民族是蒙古族，熟悉这个国家在苏联解体后进行了政治民主化改革，走向经济市场化转型之路，中蒙双边关系是从边境贸易发展而来的，熟悉已经开放的 14 个边境陆路口岸，为中蒙两国共同发展创造了得天独厚的条件，在中蒙双边关系中发挥了特有的"互联互通"作用。但是，不熟悉这个国家的政治、经济、文化、外交发展的现状，不熟悉其人民的生活、就业、福利、保障制度，不熟悉为什么蒙古国的地缘战略位置这么重要，能够引起国际社会以及一些大国的高度重视，为什么蒙古国提出"优先发展与中俄的关系""多支点、全方位"的"第三邻国"发展战略。众多的"熟悉"与"不熟悉"交织、汇集在一起，模糊了我们开展与蒙古国交往合作的路径选择，难以找到合作的切入点和着力点，搭建的合作平台总是难以出现耀眼的亮点。我们认为，有必要对蒙古国进行深入调研，厘清中蒙双方交往合作中的侧重点，对其进行科学、系统的梳理和研究。只有综合研究，才能精准研判，找到合作的"共振点"，产生共振效应。

　　自 20 世纪 80 年代末中蒙关系正常化以来，在两国领导人的顶层设计下，两国关系不断拉近，使国家关系处于稳定发展、互信互利、深入友好的

历史新时期、新节点。近年来，中蒙两国高层互访频繁，已经成机制化发展态势，不断增加和完备的政治、经济、文化等方面的各项条约与相关协定是双边关系的重要法律基础和保障。2014年，中蒙两国建立了全面战略伙伴关系，双方正共同努力，加快中国"一带一路"倡议和蒙古国"发展之路"的战略对接，以求更快、更好、更稳、更加深入地推进两国在包括经贸领域在内的诸多领域的合作。

中国是蒙古国第一大贸易合作伙伴和最重要的投资来源国家。中蒙政府间经贸科技联委会、矿能和互联互通合作委员会、中蒙博览会等运转顺利，双方合作的规模和质量大大提高。习近平总书记出访蒙古国时表示，中国愿意为包括蒙古国在内的周边国家提供共同发展的机遇和空间，欢迎周边国家"搭便车"，推动本国产业发展，复兴发展本国经济。中国积极践行亲诚惠容外交理念，真心实意希望蒙古国经济社会快步走向发展之路，成为东北亚乃至东亚新兴经济体的代表。

蒙古国政治转型、经济转轨的发展接近30年，从2016年蒙古国议会大选和2017年的总统大选中可以看出，蒙古国政治生态环境已经比20世纪90年代，乃至21世纪的前十年有了明显改善。在蒙古国历届政府领导下，蒙古国经济实现了较快回升，国家发展建设日新月异，可以说进入到一个理性、客观、较为成熟的发展时期。不可否认的是，蒙古国目前仍然存在能源资源富集但开发能力不够，就业岗位多但劳动力不足，市场空间大但产业基础薄弱，基础设施需求旺盛但建设能力匮乏、资金紧缺等需要通过对外合作予以解决的现实困境，有序改革、稳步开放是蒙古国解决困境的路径选择。

本书对蒙古国经济社会以及蒙古国对外关系发展现状与愿景的基本分析判断，不仅基于一般调查和文献研究，而且更多源于实证研究，即基本源于研究者的"脚力"踏出国门，走出去"田野调查"，走进蒙古国人民的真实生活，进行较长时间的实地调查，收集、掌握全面资料，选取当前社会、经济、文化和外交四个领域的基本问题、重点问题进行梳理，深入了解蒙古国在上述领域的发展现状，以及在中国"一带一路"国际合作倡议提出后，不同层面的人群对开展与中国交往合作的真实态度。为提高学术借鉴力，我们邀约蒙古国学者、专家直接参与撰文，以此搭建两国学者深度交流、互学互鉴的平台。此外，本书还向长期在蒙古国工作生活的中国学者、企业家进行考证，拓宽视野，避免以偏概全。

作为第一本研究蒙古国的智库报告，本书不求全、只求细，不图涵盖所有领域、所有行业，而是力争研究内容尽可能细致入微，尽量做到"细节认知"和"全面认识"相结合，科学客观地研判发展中蒙两国交流与合作的形势和条件，以真实的数据、第一手的调查资料为论证依据，并做出相应预测，达到"解剖麻雀"的目的。

本书分析了蒙古国当前的社会、经济、文化和外交四个方面重要问题和基本问题，以期研究成果直接服务于中蒙两国发展战略的高效对接，推动两国文明互鉴和文化共振，推动中蒙"互联互通"深入发展，推动"中蒙俄经济走廊"建设深入发展，为深化中蒙全面战略伙伴关系有的放矢、少走弯路，提供一些基础性的背景知识和参考借鉴理据。

这一研究成果是内蒙古社会科学院中长期课题之一，历时一年半付梓。由于研究深度和实践能力所限，以及组稿、选题经验不足，本书研究内容和编辑工作中存在不足之处，谨请专家、学者以及社会各界多提宝贵意见，以帮助我们不断提高研究质量和水平。

"蒙古国发展研究报告"课题组

负责人：刘少坤

2018 年 12 月 22 日

目　录

Ⅳ 文化篇

Ⅴ 外交篇

皮书数据库阅读**使用指南**

CONTENTS

蒙古国蓝皮书

Ⅳ   Culture Reports

Ⅴ   Diplomacy Reports

总报告

General Report

B.1

蒙古国发展形势及外交政策分析

敖仁其[*]

摘 要: 蒙古国自 20 世纪 90 年代进行政治转轨、经济转型以来,经过近 30 年的发展,借助自身力量,逐渐摆脱冷战时期依附苏联以及"经互会"的单边发展道路,社会经济已经得到飞跃式发展,尽管与民众的期待值还有一定差距,但基本渡过了经济私有化、政治民主化的转型与转轨艰难时期,社会保障能力和水平明显提高,教育、国防、就业、司法体系等逐渐改善,与中国、俄罗斯的优先发展原则和"第三邻国"多边、多元外交战略取得成效,在地区事务和国际事务中的地位以及影响力也在提升。作为连接东北亚和中亚桥梁的国家,蒙古国在世界经济区域化、一体化发展趋势引领下,继续民

---

* 敖仁其,内蒙古自治区社会科学院研究员,研究方向为蒙古国社会发展及中蒙关系。

主化道路，采取全方位的市场化发展模式，积极参与地区和
国际合作项目，"内引外联"协同发展，实现其国富民强的
理想和目标。

关键词： 蒙古国 发展形势 外交政策 分析

世界各国的政治制度、经济制度的融合性与排他性相比，前者更能代表
世界历史发展的总体趋向。国际贸易、金融、投资的自由化、全球化必将导
致各国的制度和运行方式更加趋同，更为有机地关联在一起。对社会经济发
展繁荣的诉求是每一个国家（无论大小强弱）人民的共同愿景。蒙古国的
社会经济现状正是在这样一种国际国内政治经济社会文化背景下运行发展
的。

一 转型后的蒙古国及其与中国的关系

蒙古国作为一个亚洲内陆国家（居俄罗斯和中国两个大国之间，没有
出海口），在过去一个较长的历史时期，极大地受制于苏联政治经济体制和
产业分工体系，尤其是蒙古国自身的工业经济与对外贸易依附性极强，独立
性极弱。20 世纪 80 年代末 90 年代初，苏联的解体和东欧剧变带来的经济
危机，使对外依存度极高的蒙古国国民经济受到极大的冲击与震荡。面对如
此剧烈的经济震荡和危机，蒙古国最终没有出现全面崩溃和社会动乱，有其
内在和外部的原因。首先，在危机前蒙古国经济已步入中等发达国家的水
平，无论是国家还是个人都有一定的财富储备。其次，蒙古国的畜牧业是蒙
古国国民经济的基础，而其畜牧业本身的再生产基本依靠天然放牧场，很少
依赖其他外部经济系统，有相对完备的独立投入产出体系。再次，蒙古国居
于俄罗斯与中国两大市场之间，蒙古国经济危机与萧条时，正是中国经济处
于快速发展之时，这为蒙古国居民从事中俄之间的跨国境贸易提供了机遇，
保障了蒙古国居民的基本生活需求。最后，一些发达国家和国际组织给予蒙

古国及时的经济援助。

今非昔比，中国改革开放已走过 40 年，蒙古国体制转型也走过近 30 年，两国的社会经济均发生了质的飞跃。当前，中国提出的"一带一路"倡议和蒙古国提出的"草原丝绸之路"发展战略，在全新的、复杂的国际背景和两国国内特定的发展过程中交融，探索两国发展战略的共同方向，实现双赢，将对东北亚地区的发展繁荣与和平稳定具有重大意义。

本书写作的内容包括蒙古国社会、经济、文化和外交四个方面的现状与发展趋势。从中国研究者的视角看，本书所介绍和研究的内容将为实现中蒙两国发展战略对接、全方位多层次的相互研究、增强互信、透明信息、减少误判，提供一些基础性的背景知识和参考建议。

从历史与现实的视角看，当前中国与蒙古国之间的国家关系处于稳定、互信、互助、深入友好的历史节点。从政治方面看，主要体现在两国高层领导人频繁互访，不断增加和完备中蒙两国政治、经济、文化等方面的各项条约与相关协定。中国一贯奉行的周边国家外交政策是保持永久的和平友好睦邻关系，在尊重蒙古国的独立和自主选择本国的政治经济制度这一基本前提下，中国与蒙古国之间的经济贸易与投资合作关系必定会获得长足的发展，实现两国的互惠双赢。

两国的经济贸易投资从 20 世纪 90 年代初到现在的近 30 年内发展迅猛。贸易投资形式、结构、规模，经济合作的形式、范围和领域都发生了深刻的变化。目前，中国是蒙古国国际贸易与投资规模的第一伙伴国。

中国与蒙古国在文化、教育、体育、科学技术交流方面有着深厚而良好的历史传统。在蒙古国首都乌兰巴托和其他城市，汉语学习如雨后春笋般地发展。每年来中国内蒙古学习的蒙古国学生不断增加，包括中小学生、大学生、硕博研究生。中国内蒙古卫视蒙古语频道的电视节目在蒙古国特别受欢迎。蒙古国的传统音乐歌曲、现代流行音乐歌曲、传统绘画和手工艺品在中国内蒙古得到极大的普及，其中许多歌曲被翻译成汉语传唱。蒙古国的传统体育，特别是摔跤和拳击对内蒙古这两项运动起到了积极的推动作用。总之，中蒙两国日益广泛深入的文化交流，对提升两国的友好关系起到了巨大

的作用，也包括学术（文学、艺术、历史、经济、生态、畜牧等多个人文科学及自然科学领域）合作研究与交流。

二 蒙古国社会发展现状与趋势

一个国家的社会发展各项指数、指标是衡量一个国家总体水平的重要参数。民生是社会稳定的基础保障，蒙古国的人口、就业与社会保障、教育、司法体制等随着蒙古国的政治转型、经济转轨相继发生变化。

受自然环境、经济结构（以游牧业为主）、地缘区域的约束，蒙古国的人口密度较低，人口规模发展一直较慢。1918 年蒙古国为 64.8 万人，2016 年为 311.9 万人，98 年中只增加了 3.8 倍。自 1990 年的民主化转型以来，蒙古国经济发展水平一直缓慢，特别是乡村人口快速向城市转移，向首都过度集中，带来了诸多城市就业和社会保障等问题，与此同时，乡村的医疗、卫生、教育等基础设施和条件投入不足，导致人口流失较快、边远地区无人居住等资源闲置问题严重。蒙古国人口基数少，人均占有自然资源数居世界前列，较快的人口增长符合国家和民族的基本利益。《蒙古国人口及社会经济发展趋势分析与展望》中指出蒙古国城市人口发展以及分布存在问题，人口的城市化进程较快，1956 年人口城市化率为 33%，1989 年上升为 51%，2012 年达到 66%，其中乌兰巴托市人口占全国人口总数的 65%。此外，蒙古国存在人口分布严重不平衡等问题，如蒙古国人口的 68% 住在城市，其中乌兰巴托市城市人口就占全国城市总人口的 45%，女性人口高于男性成为一种常态存在。目前，比较突出的问题是城乡人口分布不合理，单一集中在首都乌兰巴托，其他省府城市发展滞后。蒙古国在人口发展与布局方面正在推行各项积极政策。从人口结构特征来看，蒙古国属于年轻型国家，对未来社会经济可持续发展具有重大意义。

就业水平是衡量一个国家发展进步的最基础指标。随着社会经济、文化科技的进步，蒙古国就业类型日趋多样化。一方面是新的商业模式和新型企业兴起，推动了新的技能工种形成，劳动分工、产业和商业活动变得越来越细化；

另一方面各种劳动形式整合发展，形成跨行业的结构特征。从区域分布来看，蒙古国的就业人数一半以上集中在城镇区；从行业分布看，1/4 以上集中在畜牧业生产领域。《蒙古国就业及居民收入状况》一文从以下三个方面介绍了蒙古国劳动就业的基本情况。据 2017 年的统计，就业总人数为 126.69 万人，其中58.2% 分布在城镇地区，乌兰巴托市就业人数占就业总人数的 42.2%。就业人员在不同行业部门的结构特点：从事畜牧业者 33.92 万人；剩余的 92.77 万人按行业分类，就职于私营企业的占 37.7%，受雇于私人的占 31.5%，就职于事业单位的占 24.1%，就职于国有企业、非政府组织、地方政府所有企业的分别占4.3%、1.9%、0.5%。城镇地区居民失业率为 7.9%，牧区失业率为 6.5%，乌兰巴托市失业率为 4.6%，低于国家平均水平 2.7 个百分点。

社会保障是衡量一个国家社会和谐稳定与否和公共服务水平高低的主要指标。蒙古国的社会保障体系比较完整，覆盖的内容也较为全面，但由于经济发展缓慢，公共财政收入低，贫富差距较大，获得福利的弱势群体的津贴水平很低。社会保障内容主要针对退休人员、残疾人员、老年人、单亲多子女家庭、失业者。《蒙古国社会保障基本情况及发展趋势》一文中简要地介绍了蒙古国从 1995 年开始建立的全新社会保障体系的基本内容和实施情况，包括社会福利补贴、社会福利津贴、母亲和多个孩子的单亲家庭补贴、失业津贴、医疗保险。

转型以后蒙古国沿袭冷战时期的传统，非常重视教育投资，尤其重视义务制教育。蒙古国大呼拉尔 2015 年 1 月出台了《蒙古国政府关于教育职守政策（2014~2024）》。2012~2016 年政府提出了教育方面的《行动纲要》《博学多才的蒙古人》《刚正不阿蒙古孩子》三部基础纲要。蒙古教育领域分为学前教育（2~5 岁）、小学教育（1~5 年级）、基础教育（6~9 年级）、高中教育（10~12 年级）和高级教育（专业技术教育、高等专科教育和高等大学教育）几个层次。近几年，学前儿童的培养受到国家的高度重视。提高了幼儿园教学质量和职工待遇，并对未被覆盖到的牧区和城镇孩子接受学前教育实施灵活的教育政策。例如，以流动形式为学龄前儿童服务的"流动式小组教学"。2015~2016 年通过了《中小学教学革新总体规

划》，出台了 10~12 年级《教育革新纲要》和教学计划，并在综合实验学校中试用。2007~2014 年，高等教育院校数量比之前减少了 45%。2013~2014 学年，国立院校学生数量有减少趋势，私立院校学生数量有增加趋势。选择专业的数据变化基本符合国家出台的《发展蒙古教育 2006~2015 专业发展计划》中所提出的"鼓励工程、科技、理工、教师和农牧业等专业大学生的培育"政策。2016~2017 年末的数据报告显示，蒙古国各所高等院校留学生有 32 个国家和地区的 1520 名学生。留学生中，中国留学生 969 名，占留学生总数的 63.75%。

司法制度是一个国家公平正义的体现，也是国家社会稳定、安全的保障。20 世纪 90 年代蒙古国政治转型、经济转轨中的一个重要制度建设是构建一个公平、合理、公正的司法制度系统。其中，审判制度的改革是蒙古国司法制度改革的核心内容。《蒙古国深化司法体制改革的问题及趋势分析》中指出：社会转型时期建立的司法制度存在诸多问题，提出蒙古国司法体制改革是以审判权独立和司法责任制建设为目标的改革，其中包括制定法院系列法，设立司法总委员会，建立司法责任制度，提高法官薪酬待遇，为司法权的公正、有效运行提供体制保障。蒙古国司法机关包括检察机关和审判机关。1992 年的蒙古国宪法建立了"以审判为中心"的司法理念，加强审判机关的权力，限缩检察机关的权力范围。蒙古国通过审判体制改革建立了独立的司法总委员会，实现法院的行政管理权与审判权分离，建立"平级之首"的法院审判管理体系，提高法官的职业保障水平，加大审判公开和司法责任追究力度，蒙古国法院审判环境有了极大的改善，司法社会公信力大幅提高。然而，受国家分权体制缺陷的限制，蒙古国审判体制改革存在司法总委员会的权力不受监督、审判机构的经费没有立法保障、法官选拔制度不完善等制度缺失，在制度层面上影响了法院的公正审判。

三 蒙古国经济结构现状与发展趋势

自 1990 年蒙古国经济转型（由计划经济向市场经济转型）以来，纵观其经济发展进程，大致经历了两个阶段。1991~1994年蒙古国经济大萧条，国民生产总值下降9%以上，被认为经济发展倒退了10年。2000年开始进入复苏和发展阶段，国民生产总值年净增长率由1.1%增长至7%左右。值得关注的是蒙古国经济结构单一，采矿业产值占GDP的20%左右，缺乏弹性和互补能力，高度依赖国际能源原材料市场价格波动。

蒙古国的产业结构，按一、二、三产业分类，已形成第三产业为主导的产业结构类型。《蒙古国经济状况分析》一文中提到"2011~2017年，三次产业在GDP中的占比较为稳定，第一产业占比保持在10%~13.5%，第二产业占比稳定在35%左右，第三产业占比则保持在50%以上"。2011~2016年蒙古国国内生产总值中占比较大的行业依次是采矿业、批发零售和维修服务业、农林牧渔业以及制造业，其中采矿业、批发零售和维修服务业是蒙古国两大重要支柱产业，占GDP比重都在20%左右；农林牧渔业所占比重稳定在10%以上，制造业所占比重则稳定在9%左右。蒙古国产业结构在转型20多年的探索中，基本形成一个三产均衡发展的结构类型。但工业经济发展仍然是以采矿业和加工业为主。

近年来，蒙古国工业经济发展较快，尤其是采矿业和加工业，已占到工业总产值的90%以上。根据蒙古国统计分类法，把工业分为矿山采矿业（以下简称采矿业）、加工业、电力供暖业和城市环保业四大类。根据2016年统计，蒙古国拥有14.15万注册企业，其中8.5%在工业领域，产值占GDP的28.9%。2016年工业产值16.72万亿图格里克（当年价，以下简称图），其中，采矿业占58.9%，加工业占32.4%，电力供暖占7.1%，供排水、城市环保占1.7%。蒙古国工业领域能够生产400余种产品，而铜精粉、石油、黄金、煤炭、铁矿石、钼精粉、锌精粉、啤酒、白酒等20多种产品约占工业产值的90%，且这些主要产品产量呈现了增长趋势。采矿业可以说是蒙古国唯一符合现代产业发展的支柱产业，但蒙古国经济过度依赖矿产品的大宗贸易，尤其是地缘空间与位置等为其发展带来了长期的挑战。如何打破基础设施滞后及没有出海口的困局，经济发展过度依赖矿业，以及出口市场90%集中在中国的局面是蒙古国政府未来需要宏观规划的内容，

以战略矿平衡大国利益，是否符合蒙古国生态环境脆弱的自然环境也是未来蒙古国需要综合评估预测的方面。

为摆脱对矿产业的过度依赖，近年来，尤其是 2017 年新当选的巴特图勒嘎总统以及这几届政府总理都非常重视蒙古国传统产业——农牧业的复兴与发展。蒙古国的农业主要包括畜牧业与种植业。其中，畜牧业在蒙古国国民经济中占有非常重要的地位，不仅是蒙古国的传统基础产业，也是保障国家经济安全的战略产业。20 世纪 90 年代，蒙古国向市场经济转轨过程中，除草原畜牧业之外的所有产业，均受到严重的冲击，唯独草原畜牧业保持了稳定的增长态势。蒙古国民众的食品消费结构中肉食消费占较大的比重，且价格比中国同类产品低 3~4 倍。因此，肉食产品的供求平衡和价格在合理区间运行关系到国家食品安全的重大领域。2017 年蒙古国牲畜数量继续保持增长，达到历史新高。截至 2017 年底，蒙古国牲畜存栏量共计约 6620 万头。五种牲畜占牲畜总数比重分别为：马 5.9%、牛 6.6%、骆驼 0.7%、绵羊 45.5%、山羊 41.3%。当然，蒙古国农牧业发展面临着诸多挑战，其中极端气候频发、水土流失严重、农业（种植业）基础设施落后（影响粮食供给安全）、金融和投资乏力等是主要问题。与此同时，蒙古国农牧业发展也存在着诸多发展机遇。笔者认为，"大力促进农牧业加工业发展，提高农畜产品精深加工水平，提高本国粮食自给率，将成为蒙古国经济的新增长点，为蒙古国经济走出困境做出突出贡献"。巴特图勒嘎总统和呼日勒苏赫总理上任之后的第一件事，就是走访蒙古国重要畜牧业生产基地和粮食加工厂。

此外，旅游业也是蒙古国未来潜力无限的新型绿色朝阳产业。蒙古国是世界完整保留游牧文化与游牧经济的少数地区之一。游牧民独特的生产生活方式、习俗和民间艺术，草原上稀有的野生动植物，以及未受工业污染的戈壁、沙漠、草地、森林、河流、湖泊等独有的自然景观和完全天然的绿色食品，将对游客产生极大的吸引力。因此，蒙古国政府将开发草原文化旅游作为未来国民经济发展的重要战略之一，发展旅游业将成为蒙古国未来投入最少、效益最大的产业之一。中蒙俄经济走廊建设进程中，蒙古国把发展旅游业作为优先发展方向。蒙古国政府应积极和中俄两国进行旅游合作，实现旅游业联动发展。近几年来，日本和韩国赴蒙古国旅游发展速度非常快。仅2018年蒙古国出入境旅客累计590万人次，同比增长15.2%。入境外国人52.7万人次，同比增长15.2%。丰富的旅游资源是蒙古国旅游产业发展的物质基础，也为蒙古国财政收入做出贡献，缓解蒙古国财政危机压力。

　　一个国家的财政金融体制是该国经济体中的大脑，是调控国家宏观经济运行的最重要手段。《蒙古国财政金融制度发展现状以及未来发展方向》一文从国家财政管理体制及外债状况（包括国家综合预算编制、国家综合预算收支体系、国家综合预算收入划分、国库管理、国家财政收支结构、国家出口收入管理）等几个方面做了较为系统的介绍。2018年，蒙古国财政收入32.39亿美元，财政支出39.76亿美元。税收占财政收入的79.73%。教育、医疗、社会保障和住房四项加起来每年占财政总支出的64%~78%。蒙古国财政收入主要来源于采掘业，支出主要用于社会事业，但对采掘业的投资却不大，该行业发展主要依靠外资。换言之，一旦外资减少或国际市场主要矿原材料价格下跌，蒙古国财政收入就会陷入困境。目前，蒙古国财政赤字和国家债务水平较高，与此同时，财政制度改革也并未使蒙古国的财政状况得到根本性改善。一是财政收支规模仍处于较低水平，二是财政制度改革还主要集中于税收制度改进阶段。在金融制度方面，蒙古国不仅发行了自己的货币，有效地保证了国家经济独立和稳定，而且金融市场越来越活跃，主体不断增多，规模不断扩大。不过，蒙古国的贷款利率平均高于大部分周边国家市场，刺激部分金融机构先从亚太发达市场融资，再回国赚取利率差，一旦国际市场资金紧张，则蒙古国金融机构很容易遭遇融资风险。2018年，蒙古国宏观经济运行总体平稳，保持稳中向好的态势，推动跨境资金流动更加稳定平衡。国际收支水平稳定，外汇储备规模连续稳步回升。蒙古国的对外贸易也是增税创收、缓解财政压力的重要途径。

　　尽管从21世纪开始，蒙古国就已确立了多元化的发展路径，并将其作为对外贸易战略予以支持，但是短期内仍然难以摆脱在国际贸易与产业分工中的脆弱地位。未来蒙古的出口产品以附加值低的原材料和初级产品为主，

由于人口少、市场容量小，加之本国的资金和技术积累极为缓慢，短期内难以实现工业制成品的进口替代，这就导致国内工业制成品成本居高不下。因此，蒙古国在国际贸易和产业分工中地位的提高，最终取决于国内经济技术水平的提高和有效资本的积累。2017年蒙古国对中国贸易总额达67.35亿美元，较上年同期增长35.7%，占蒙古国同期外贸总额的64.1%。其中，对中国出口贸易总额达53.07亿美元，较上年增长36.0%；对中国进口贸易总额14.28亿美元，较上年同期增加34.6%。总体而言，蒙古国从中国进口的规模相对比较稳定，以小商品、食品、日用品为主，前些年进口额较大的矿山机械随着中资矿山的受限也萎缩严重。而出口则明显上升，这主要归功于煤炭出口的大幅提升，蒙古国出口的煤炭以高品质动力煤、炼焦煤为主，具备品质和价格的双重优势，所以以煤炭出口的增长趋势可以维持。《蒙古国对外贸易发展现状及未来趋势分析》对中蒙贸易发展趋势做出基本判断：第一，贸易格局短期内难有方向性突破；第二，中蒙贸易伙伴关系不可替代；第三，制度性建设的稳定性依旧是重中之重。

四 蒙古国文化发展现状与趋势

文化篇的主要内容包括文化艺术、文化产业、体育竞技以及网络时代媒体等方面的发展现状及趋势。一个国家的文化传承、发展和内涵，是其生存发展潜力的最广泛基础或文化基因的软实力。过去对蒙古国政治经济研究的成果相对多，也相对成熟，而对其文化的综合性研究则相对欠缺，这方面的知识多停留在一般性的常识层面。因此，本篇的论文多有探索性的尝试特点，21世纪蒙古国文化艺术文学特点是，急需在政治、经济、社会领域提高文化的综合实力。其中，重中之重是传承保护好传统文化。传统文化是蒙古国人思想精神的发展基础，幸福生活的源泉和蒙古民族独立、安全、发展进步的保障。近年来，蒙古国在文化艺术领域出台了诸多政策法规，其中包括《文化法》（1996年）、《文化遗产保护法》（2014年）、《图书馆法》（2014年）和《国家文化政策》（2012年）。先后发布了《蒙古文II》

（2008～2015年）、《保护和恢复历史和文化古迹》（2008～2015年）、《推广民间艺术》（1999～2006年）、《古典艺术Ⅱ》（2001～2008年）、《马头琴·长调》（2005～2014年）、《国家文化遗产信息列入数据系统保护》（2005～2008年）、《蒙古国呼麦》（2007～2014年）等保护性法律、政策，重视文化艺术发展已成为蒙古国政府的重要任务。目前，文化艺术领域有超过830家经营性组织，解决就业人数超过6800人。2014年创造产值占GDP的0.4%。《蒙古国文化艺术发展现状》详细介绍了蒙古文化艺术机构的架构、工作方向、蒙古文化艺术活动现状、蒙古绘画、画家的作品、蒙古作家机构、作家的创作现状。近年来，蒙古国在电影艺术、《蒙古语大词典》、长歌、呼麦艺术、绘画、传统音乐和现代化领域取得了瞩目成绩。2018年2月举办了"蒙古国对外宣传－现代艺术"主题论坛，以与游牧人民的生活文化紧密相关的民族艺术、风俗、语言和文化主题的电影、音乐、文学和绘画为主。兼顾发展更多的现代后期艺术、元现代主义艺术、装置艺术、大地艺术、行为艺术、现代舞等。从广义的人文自然科学发展的总体情况来看，蒙古国近10年所取得的成绩得到了世界公认。

作为新兴产业，蒙古国文化产业在21世纪以后也得到发展，并且呈现科学技术与产业融合的发展态势。2005年国际植物学学术研讨会、2009年国际宗教学会议、2015年国际忽必烈研讨会、2016年第11届国际蒙古学会议相继在蒙古国召开，在哲学、历史、民族学领域培养了诸多青年学者。从2010年开始，蒙古国每年颁发"自然社会科学奖"，其中纺织化学材料实验室发明的"纳努"作为天然植物纺织品获得了世界大奖。

与社会科学领域的成就比较，自然科学领域的技术发明创新和"科技＋文化"的融合发展明显滞后，突破性成就凤毛麟角。笔者从三个方面总结了蒙古国在人文自然科学与文化产业融合发展领域的成就。一是运用3D动漫技术发展了蒙古题材的影视文化产业；二是利用高科技发展的乳业和绒业文化产业取得了一定成绩；三是考古历史研究成果推动了旅游文化产业发展。从发展趋势看，蒙古国传统文化资源丰富，融合发展前景广阔，需进一步制定和细化政策导向，借鉴发展中国家的有益经验，总结科技与文化

产业融合发展的特殊规律，探索和走出一条符合自身的本土化融合发展路线。挖掘发展本土传统文化，并将其产业化是蒙古国未来发展的着力点，其中骑马、摔跤、射箭三大传统体育项目成为重点复兴发展的领域。

蒙古国民族是"马背民族"，骑马、摔跤、射箭在蒙古国拥有悠久的历史，具有广泛的群众基础。复兴民族文化，并以此发展绿色环保、强身健体的民族体育文化产业成为近年来蒙古国体育事业的发展趋势。《蒙古国群众体育与竞技体育的融合发展》中指出，2003 年，蒙古国国会确立了民族那达慕大会相关法律："当今的民族那达慕大会由国家、盟、首府、苏木的那达慕组成并具有相同的纪念意义，因此把这几个规模的那达慕统一称作'民族大那达慕'，并在各个地区同时举行。"2010 年，那达慕被联合国教科文组织列入人类非物质文化遗产名录，提升了群众对民族体育事业发展的参与热情和能力。蒙古国不断扩大体育国际交流活动的范围，首先是积极参加奥林匹克运动会和世界范围的各种单项竞赛包括世界冠军赛、锦标赛等。其次是将具有传统优势、在民间有深厚基础的项目予以优先发展。近年来，蒙古国在世界体育赛事中表现较好的项目有柔道、自由式摔跤、脑力大赛、相扑等。蒙古国将传统赛马、摔跤、射箭等体育项目的技术融入现代竞技体育，使其在柔道、自由式摔跤、拳击、射击和跆拳道等项目上取得了优异成绩，成为蒙古国在国际竞技赛场争夺奖牌的主要力量，可以说，蒙古国的传统民族体育是这几项竞技体育强项的基础，也是未来具有发展潜力的项目。

五　蒙古国外交政策调整及其作用

冷战后，因其独特的地缘战略位置，蒙古国引起世界大国以及国际组织的高度关注，同时，蒙古国利用其独特的地缘，在其不同的发展时期制定和实施不同的外交战略，以实现争取国家利益、国家安全系数最大的目标。如果说，20 世纪 90 年代实施的"多支点"均衡外交战略的核心是均衡，即与中国、俄罗斯两个邻国和西方有影响力的大国进行"等距离平衡"外交，那么 2011 年 2 月，大呼拉尔通过的"第三邻国"外交战略和 2015 年提出的

"永久中立"政策则体现了蒙古国对国际游戏规则的运用与把控，体现其外交理念的相对成熟与理性，至少找到一条不被大国完全影响的发展道路。目前，蒙古国国内对是否推进"永久中立"外交政策存在争议，尚未写入国家外交战略构想，但"第三邻国"外交被普遍接受认同。截至 2018 年 7 月，蒙古国已经与 190 个国家和多个国际组织建立了正式外交关系，蒙古国外交政策的继承性就是蒙古国固有的价值理念之一，因此，蒙古国政府正致力于保持外交政策的连续性并成功而有效地实行着，同时蒙古国一贯坚持开展友好、创造性的合作关系。

在东北亚国家中，中国和俄罗斯是蒙古国最为优先发展的重要邻国，借助中蒙俄经济走廊建设这一合作平台，蒙古国希望从中能够获得更多的发展机会，与俄罗斯联邦和中华人民共和国发展友好关系是蒙古国外交政策的首要方向，坚持均等交往，发展广泛的睦邻合作关系，同时照顾与这两国间的历史传统和经济合作的特殊性。从中蒙两国经济合作方式来看，基本围绕矿业合作展开。近年来，中国"一带一路"与蒙古国"发展之路"对接，为中蒙两国合作开创了更大的平台，使两国合作方式变得更加多元，同时也为蒙古国社会经济发展带来了新机遇。中蒙两国在国际关系结构中不停寻求准确定位与合作，展开战略互动，对蒙古国与俄罗斯以及东北亚其他国家关系产生深刻影响。

为平衡中俄关系，蒙古国这届总统非常重视与俄罗斯的关系，正如巴特图勒嘎总统的外交顾问普日布苏伦所言："蒙古国将与中俄两国发展平衡与平等的双边关系置于外交政策优先发展方向，但目前蒙古国与两大邻国经贸关系发展并不平衡，巴特图勒嘎总统准备处理这一问题，在短期内将蒙俄经贸合作水平提升至与蒙中两国间相同的紧密程度。"在中俄之间发展平衡、均等关系，也是这任总统和政府的外交重点。2016 年，蒙古国和俄罗斯借助两国建交的时间节点，积极推进深化两国政治、经济、文化、军事等领域的关系。2017 年，欧亚经济联盟委员会与蒙古国就自贸区问题进行谈判，未来还有可能就蒙古国加入欧亚经济联盟等事宜进行谈判，以此使蒙古国在中俄关系中起到平衡作用。2018 年 9 月，蒙古国总统在符拉迪沃斯托克举

蒙古国蓝皮书

办的"东方经济论坛"上提出东北亚能源互联互通背后就是与俄罗斯合作，成为东北亚能源的"上游国家"，以此拉近与俄罗斯的关系。

韩国和日本被定位为经济"第三邻国"的代表，是因为这两个国家的资金、技术、人力资源优势。蒙古国希望借助其富足的能源以及与上述两个国家无任何历史纠葛的优势积极推动与日本和韩国的关系，达到其国家经济安全，避免经济上过度依赖某一个国家的目的。1972年，蒙古国与日本建立外交关系，但受到意识形态影响，两国关系没有实质性进展。1991年，时任日本首相海部俊树访问蒙古国，揭开蒙日关系新篇章。蒙日关系构建的基础是日本对蒙古国的经济援助，从1993年至今，日本一直保持对蒙古国第一大援助国的地位。其援助的领域包括社会经济发展的各个方面。2016年，《蒙日经济伙伴关系协定》生效。2017年12月，日本与蒙古国签署《经济伙伴关系（2017～2023）》计划，特别规定双边经济合作的方向与领域，《蒙日关系在经济领域的新动向》指出，日本对蒙古国援助式外交关系仍是双边关系的重点方向，援助的领域和方向则侧重在改善蒙古国的经济产业结构等领域。

冷战后，蒙古国借助其与东北亚国家无任何历史遗留问题的优势，积极推动双边和多边关系。经过30年外交实践，蒙古国基本构建起了与东北亚国家的良好局面。未来，蒙古国还会借助其自身的地缘优势，不仅发展与中俄两个重要邻国的对等平衡关系，还要发展与美日韩朝以及国际组织等"第三邻国"的关系，以此平衡与中俄的关系，使其成为"两个不同半径同心圆"的中心，这是蒙古国30年外交实践的总结。借助国土面积大、资源丰富的自然优势，借助国际社会多元化、区域经济一体化发展趋势，以及中蒙俄经济走廊建设的深入推进，蒙古国必将再次调整其内政外交政策，着力而行，改善其国内民生环境，提升其在地区和国际社会中的地位。

社 会 篇
Social Analysis

B.2
蒙古国人口及社会经济发展
趋势分析与展望

龙 梅[*]

摘　要：　蒙古国存在人口分布严重不平衡问题，68%的人口住在城市，其中乌兰巴托市人口就占总人口的65%。从男女人口比例来看，女性人口比例高于男性人口，但近几年男女人口比例差异出现逐年缩小的趋势。目前，比较突出的问题是城乡人口分布不合理，单亲母亲家庭不断增多，牧区医疗、卫生、教育等基础设施和条件投入不足，牧区人口流失较快，等等。近年来，蒙古国在人口方面推行各项优厚政策，人口增长和男女比例合理化方面迎来较好的前景。特别是从人口结构特

* 龙梅，内蒙古社会科学院社会学研究所助理研究员，主要研究方向为牧区人口、牧区社会问题。

征来看，蒙古国属于年轻型国家，在未来社会经济可持续发展方面具有潜在人力资源。

关键词： 蒙古国　人力资源　社会经济可持续发展

人口问题是当今世界普遍关注的点。人口活动及人口特征直接或间接地影响社会的存在、发展和演变。[①] 2015 年世界总人口为 73.55 亿人，增速为 1.18‰。蒙古国位于欧亚大陆中部，国土面积居世界第 18 位，是土地宽阔、人口稀少的国家。2016 年蒙古国人口世界排名是 135 位。[②] 从蒙古国的人口增长情况来看，20 世纪 50 年代中期开始增长，到 80 年代中期已达到增长高峰，这一阶段是人口不断增长时期。从 90 年代初期开始一直到 2006 年，人口增长出现下降趋势。2006 年至今为人口快速增长期。但是，从近两年的情况来看，人口又开始出现缓慢增长，甚至下降的趋势。

一　人口规模与分布

1. 人口总体情况

蒙古国国土总面积为 156.65 万平方公里，根据 2016 年的数据，总人口为 312.0 万人，平均人口密度为 1.99 人/平方公里，属于低人口密度国家。蒙古国近五年总人口虽然逐年增加，但增长率从 2014 年的 2.22% 变为 2016 年的 2.03%，有明显下降的趋势（见表 1）。

蒙古国 2016 年的总人口同比增长 6.2 万人。2012～2016 年份总人口和增长率情况如图 1 所示。

---

① 杨菊华、谢永飞编著《人口社会学》，中国人民大学出版社，2016。
② 世界人口网，http：www.renkou.org.cn。

表1　2010~2016年蒙古国总人口、常住人口和人口密度情况

单位：千人，人/平方公里

年份	总人口	常住人口	人口密度
2010	2761.0	2653.9	1.76
2011	2811.6	2704.5	1.79
2012	2867.7	2760.6	1.83
2013	2930.9	2823.1	1.87
2014	2995.9	2937.9	1.91
2015	3057.8	2990.2	1.95
2016	3119.9	3063.6	1.99

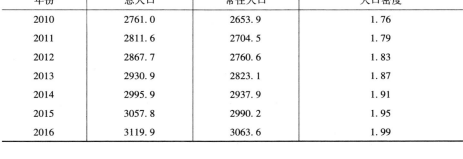

图1　蒙古国各年份的总人口和增长率

2016年，蒙古国的常住人口为306.4万人，占总人口98.2%。从总人口男女比例情况来看，蒙古国的女性人口比例高于男性人口比例，但从数据可以发现，男女比例差异出现逐年缩小的趋势。具体而言，2006年女性占总人口51.2%，但到了2016年，女性占总人口比例下降为50.8%，减少了0.4个百分点（见图2）。

2.城乡人口情况

20世纪90年代，随着市场经济的发展和城镇化的进程加快，大量牧区人口向城市迁移，导致城镇人口激增。流入人口主要集中在乌兰巴托、

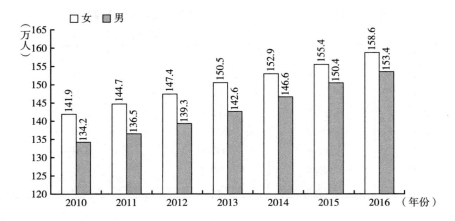

图2　2010~2016年蒙古国男女人口比例

达尔罕乌勒和额尔登特市等城市。

　　蒙古国城市人口增长最快的是首都乌兰巴托市。2016年，蒙古国人口密度为1.9人/平方公里，而乌兰巴托市的人口密度为293.8人/平方公里，与2006年的人口密度相比，10年之间增长了74.6人/平方公里。

　　从蒙古国城市人口和牧区人口比例来看，总体上牧区人口相对稀少，城镇人口相对密集（见图3）。

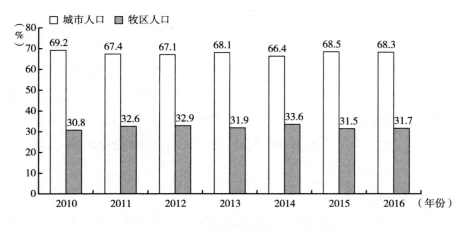

图3　蒙古国城市人口和牧区人口比例

2016 年，蒙古国城市实际人口为 213.2 万人，牧区实际人口为 98.8 万人，城市与牧区的人口比例成为 7∶3。城乡人口分布严重不平衡，城市和牧区的社会经济发展严重失调，成为当今蒙古国社会经济发展的新型考验（见表 2）。

表 2　蒙古国总人口城乡分布

单位：千人

年份 区域	2010	2011	2012	2013	2014	2015	2016
城市人口	1910.8	1896.2	1926.6	1995.7	1990.3	2096.2	2131.8
乌兰巴托市人口	1244.5	1287.1	1318.1	1372.1	1363.0	1396.3	1440.4
牧区人口	850.2	915.4	941.1	934.6	1005.6	961.6	988.1

从城市人口和牧区人口的区域分布来看，西部地区的牧区人口一直较多，2016 年占西部总人口的 67.3%。中部地区的城市人口较多，占中部总人口的 49.9%。数据显示，2006～2016 年，蒙古国各区域的牧区人口结构出现不同程度的变化。其中，西部地区的牧区人口 10 年里下降到 4.8 万人。而西部地区的城市人口由 11.2 万人上升到 12.7 万人。2012 年中部地区的牧区人口占中部总人口的 57.2%，到 2016 年已下降为 50.1%，下降幅度为 7.1 个百分点，可见下降速度较快（见表 3）。主要原因是随着中部地区的矿产资源的开发和经济发展，在达尔汗乌勒、色楞格等地区形成人口将近 10 万人的中大型城市，提供更多的就业机会。在人口密度上除了乌兰巴托以外，奥尔罕、达尔汗乌勒的人口密度最高。从奥尔罕的人口密度来看，2015 年以降人口增长速度较快，2016 年的人口密度为 127.2 人/平方公里，比 2010 年每平方公里增长 13.5 人。

随着城镇化和经济发展，大量的牧区人口涌入城市，牧区人口逐年减少，对不同产业人口结构也带来很大影响。2007～2017 年，蒙古国的第一产业人口比重下降 11.5 个百分点，而第二产业人口增加 3.6 个百分点，第三产业人口增加 7.9 个百分点。其结果，一方面是短时间内大量人口涌入城市并对城市的基础建设和环境带来较大的压力，同时也增加了进城牧民的就

表3 蒙古国各地区城市与牧区人口比例

单位：%

地区\年份	2010 城市	2010 牧区	2011 城市	2011 牧区	2012 城市	2012 牧区	2013 城市	2013 牧区	2014 城市	2014 牧区	2015 城市	2015 牧区	2016 城市	2016 牧区
西部	34.7	65.3	31.1	58.9	31.5	68.5	31.9	68.1	31.7	68.3	32.5	67.5	32.7	67.3
杭爱	43.8	56.2	39.0	61.0	39.2	60.8	39.7	60.3	39.7	60.3	41.3	58.7	40.1	59.9
中部	48.0	52.0	43.5	56.5	42.8	57.2	44.0	56.0	44.7	55.3	49.9	50.1	49.9	50.1
东部	45.9	54.1	43.8	56.2	38.7	61.3	39.9	60.1	39.2	60.8	42.0	58.0	41.1	58.9

业压力。另一方面导致了牧区青壮年人口流失，对牧区社会的均衡发展带来负面影响。

3. 家庭人口情况

根据2016年的数据，蒙古国的总户数为86.98万户，其中，城市户为58.19万户，牧区家庭户为28.79万户。从增长速度来看，2010～2016年城市家庭户增加11.82万户，牧区家庭户增加0.93万户（见表4）。

表4 蒙古国城市、牧区户情况

单位：千户

户数\年份	2010	2011	2012	2013	2014	2015	2016
总户数	742.3	759.9	768.3	794.1	823.4	859.1	869.8
城市户数	463.7	483.6	489.4	511.7	537.7	579.3	581.9
牧区户数	278.6	276.3	278.9	282.4	285.7	279.8	287.9

据图4可以得知，蒙古国牧区户数比重逐年下降，2010年牧区户数占总户数的38%，而2016年下降到33%。相反，城市户数的比例由2010年的62%上升到2016年的67%。牧区家庭户数的下降与牧区人口数下降有直接关系，相互之间产生了连锁反应。因此，如何处理好城乡人口分布是蒙古国人口政策面临的重大问题。

在蒙古国的家庭内部结构中值得关注的是单亲母亲家庭比例大的问题。近年来，单亲母亲家庭的户数不断增长，2006年蒙古国单亲母亲家

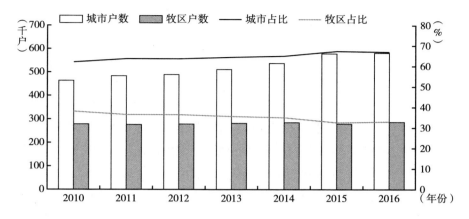

图4 蒙古国城市户数和牧区户数情况

庭有72219户，2016年增长到77717户。根据2016年的数据，单亲母亲家庭中3个或以下孩子的家庭占总单亲母亲家庭的58.3%，3~5个孩子的单亲母亲家庭占33.4%。从区域结构上看，杭爱地区的单亲母亲家庭户数最多，为21744户，占总单亲母亲家庭的28%。单亲家庭问题以及单亲家庭孩子的成长问题是蒙古国人口方面值得重视的问题之一，也是重要社会问题之一。

近几年的数据显示，蒙古国人口增长率显示缓慢下降的趋势，尤其是2015年开始下降了0.16个百分点。城乡人口比例差距越来越大，第二、第三产业人口不断增加。因此，需要完善人口方面的相关政策措施，由政府引导继续实施鼓励生育的政策和经济补助措施，完善医疗卫生条件，科学规划工业和产业集聚区，使城乡人口分布更加合理，加大扶持畜牧业经营力度，从而减缓牧区人口流失。

二 人口结构与特征

人口结构是指在一个国家或地区的总人口中按不同特征划分的各组成部分所占的比重，通常用百分比表示。人口结构直接影响人口再生产过程和未

来社会经济的可持续发展趋势。在蒙古国，人口结构出现不均衡情况。

1. 人口年龄结构

人口年龄结构是一定地区、一定时点各个年龄组人口在总人口中所占的比重。不同年龄结构类型的人口，具有不同的人口再生产的规模、速度和发展趋势，具有不同的社会经济效益和人口结构是否合理问题。人口年龄结构分为年轻型、成年型和老年型三种。一般情况下，老年人口比重在5%以下，少年儿童比重在40%以上，老少比在15%以下的人口结构称为年轻型人口年龄结构；老年比重在5%~15%，少年儿童比重在30%~40%，老少比在15%~30%的人口结构称为成年型人口年龄结构；而老年比重在10%以上，少年儿童人口比重在30%以下，老少比30%以上的人口结构则称为老年型人口年龄结构①。

据2016年的数据，从人口结构特征来看，蒙古国属于年轻型人口年龄结构，0~14岁的少年儿童有93.8万人，占总人口的30%。15~64岁的成年人口有206.5万人，占总人口的66.2%。65岁及以上的老年人口有11.7万人，占总人口的3.8%，老少比为12.5%（见图5）。

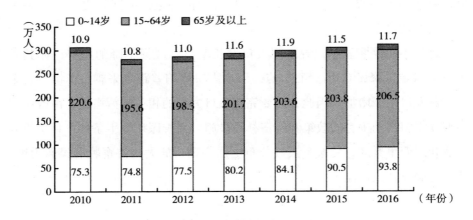

图5　2010~2016年蒙古人口年龄结构

---

① 尹豪：《人口学导论》，中国人口出版社，2006，第68页。

图 5 显示，0～14 岁少年儿童人口比重逐年增长，尤其是 2015 年和 2016 年的增长速度较快，而成年人口比重不断下降，2016 年的成年人总数量比 2010 年下降了 14.1 万人。老年人口在近几年不断增长，但速度比较缓慢。

抚养比是人口年龄结构的重要指标之一。抚养比又称抚养系数，是指在人口当中，非劳动年龄人口与劳动年龄人口数之比。抚养比越大，表明劳动力人均承担的抚养人数就越多，意味着劳动力的抚养负担就越重。蒙古国近 7 年的人口抚养比情况如图 6 所示。

图 6　2010～2016 年蒙古国人口抚养比

近年来，蒙古国总抚养比呈现不断增长趋势，尤其少年儿童抚养比迅速增长。2016 年的少年儿童抚养比与 2010 年相比，增长了 11.27 个百分点。老年抚养比也不断增长。少年儿童抚养比的增长情况与政府部门采取的鼓励生育的人口政策有直接关系。这些年，蒙古国实施各种儿童和新家庭的奖励和补贴制度，也就是鼓励人口生育。2006 年通过的《儿童和新婚家庭补助法》中规定，为每对初婚夫妇提供 50 万图的一次性新婚奖励，给予新生婴儿 10 万图的生育补助，并规定每月给多子女家庭发放一定额度的补助。①

从图 7 可以看出，1～9 岁少年儿童人口规模较大，为 74.88 万人，占

---

①　张广翠：《蒙古国人口健康状况分析》，《人口学刊》2009 年第 2 期。

总人口的20.4%，说明近几年蒙古国人口生育能力比较高。目前，从蒙古国人口状况来看，人口年龄结构还没进入老龄化，少年儿童抚养比高于老年抚养比、人口出生率高等年轻型人口国家的特征并存。这样的情况下人口一般具有不断增长的趋势。但是，在未来的社会发展中可能会面临更多的儿童、少年和青年的抚养、教育、就业和住宅等问题。

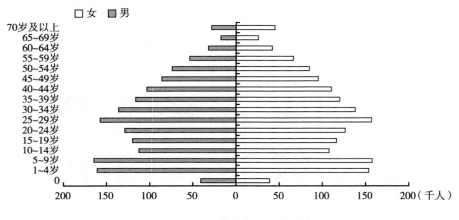

图7　2016年蒙古国人口金字塔

2. 人口性别结构

人口性别结构是指在一定时期内（通常为一年内），一个国家或地区的人口构成中，新出生的男性或女性在其总人口中的比例。人口的性别比有两种表示方法：一种是分别计算男性和女性人口在总人口中的比重，通常称为人口的性别比例。另一种是计算男性人口数对女性人口数的比例，如果比例高于100%，表示男性人口多于女性人口，如果比例低于100%，表示男性人口少于女性人口。

从20世纪90年代开始，蒙古国的人口性别结构中，女性的比例一直高于男性。2007年至今，总人口性别比例上的"女性高于男性"的现象没出现变化。根据2016年的数据，蒙古国的男性人口为153.4万人，女性人口为158.6万人，女性人口仍比男性人口多5.2万人。但最近几年的性别比差距有所缩小的趋势（见表5）。

表5　蒙古国总人口性别结构

单位：万人，%

年份	总人口			性别比
	总计	男性	女性	
2007	262.1	126.8	133.4	95.05
2008	266.6	129.8	135.4	95.86
2009	271.6	131.5	137.6	95.57
2010	276.1	134.8	139.1	96.91
2011	281.2	136.6	142.1	96.13
2012	286.8	137.9	146.1	94.39
2013	293.0	141.0	148.9	94.69
2014	299.6	144.6	151.7	95.32
2015	305.8	148.5	154.2	96.30
2016	312.0	153.4	158.6	96.72

蒙古国近几年总人口性别比走势如图8所示。

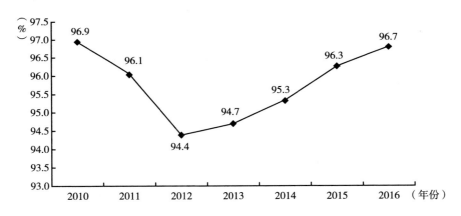

图8　2010～2016年蒙古国总人口性别比走势分析

出生婴儿性别比也是人口性别结构的重要指标。出生婴儿性别比在103～107被认为是正常。从出生婴儿的性别比例情况来看，2016年蒙古国出生婴儿有79920人，比上一年下降2210人，人口出生率为2.56‰。从新生人口男女比例来看，2010～2016年，2012年下降到103.6%，2013年和2014年又上升到106.1%。从总体趋势来讲，性别比在正常的范围内，未出现偏高的异常现象（见图9）。

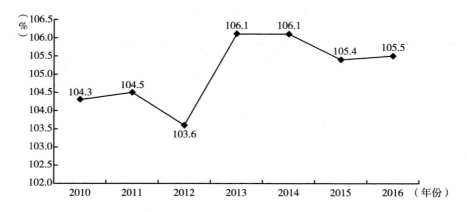

图9　2010～2016年蒙古国新生人口男女比例

蒙古国的总人口中女性人口的比重比男性人口高，但从年龄段的男女比例来看，2007～2016年，30周岁及以上年龄段内女性的比例高，0～24周岁年龄段，男性的比例高，差距最明显的是0～4周岁年龄段，男女比例为104.8%，而且不满20周岁人口中，男性比女性多2.47万人。因此，在未来10～20年蒙古国女性人口高于男性人口的现象会慢慢消失，有可能男女比例开始基本持平（见图10）。

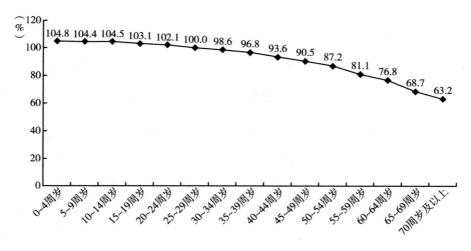

图10　各年龄段男女性别比例

在人口结构上，蒙古国属于年轻型国家，近几年 0 ~ 14 周岁少年儿童人口比重逐年增长，尤其是 2015 年和 2016 年的增长速度很快，2016 年少年儿童人口已达到 93.8 万人，占总人口的 30% 。因此，目前蒙古国人口在年龄结构上还没进入老龄化，少年儿童抚养比高于老年抚养比、人口出生率高等年轻型人口国家的特征并存。不过在未来的社会发展中可能会面临更多的儿童、少年和青年的抚养、教育、就业和住宅等主要人口问题，需要加以关注，并且需要政府在长远政策制定中考虑相关应对措施。

三 人口区域特征

人口区域分布，又称人口地域结构，是按照地域标志将人口划分为各个组成部分而形成的人口结构①。2001 年蒙古国颁布了《经济区域发展纲要》，把全国划分为五个经济区，即西部地区、杭爱地区、中部地区、东部地区和乌兰巴托市，人口分布详情如图 11 所示。

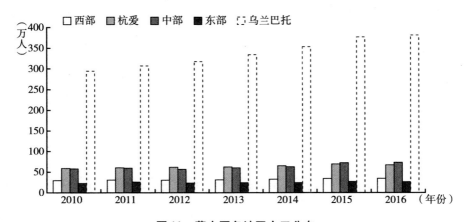

图 11　蒙古国各地区人口分布

从蒙古国区域人口分布状况来看，2016 年蒙古国总人口的 46.2% 住在乌兰巴托市、18.7% 住在杭爱地区、15.8% 住在中部地区、12.6% 住在西

---

① 王益红：《人口的自然结构、社会结构和地域结构》，《中学地理教学参考》1994 年第 6 期。

部地区、6.8%住在东部地区。可见,蒙古国各区域之间的人口分布极不平衡,人口数量最多的依旧是乌兰巴托市,已达到144.14万人,比2007年增加34.16万人,增长速度依然很快。从国内各省人口分布来看,除了乌兰巴托,人口数量超过10万人的省有6个,即库苏古尔省、前杭爱省、色楞格省、达尔汗乌勒省、奥尔罕省、巴彦乌勒盖省,介于10万到13万人之间。

2006~2016年,各区域人口都有不同程度的增长,但各区域牧区人口结构有所变化,主要是西部地区的牧区人口在这10年之间减少了0.48万人,增长率为-1.77%(见表6),这说明牧区人口向城镇迁移的现象依然持续着。

表6 2006年和2016年蒙古国各区域牧区人口数及其增长率

单位:千人,%

区域	牧区总人口		增长率
	2006年	2016年	
西部地区	270.36	265.57	-1.77
杭爱地区	334.89	350.71	4.72
中部地区	243.46	246.90	1.41
东部地区	112.87	124.93	10.68

资料来源:http://www.1212.mn。

蒙古国有21个省和2个直辖市。21个省和首都的人口结构如图12所示。

随着蒙古国城市的发展,牧区人口大量向城市迁移,但从最近10年的常住人口变化来看,这种格局有所改变。2010年,常住人口负增长的有16个省,到2016年,已变为4个省,从牧区向城市迁移的速度有所放缓。但是,西部地区依然出现负增长或增长率不明显等现象,其中,扎布汗省、戈壁苏木贝尔省、科布多省的常住人口仍是负增长,负增长率也较高。其他几个区域中,中部的中戈壁省存在人口负增长。在人口增长率上除了乌兰巴托市的人口增长率较高外,前戈壁省的增长率也达到了37.4%(见表7)。

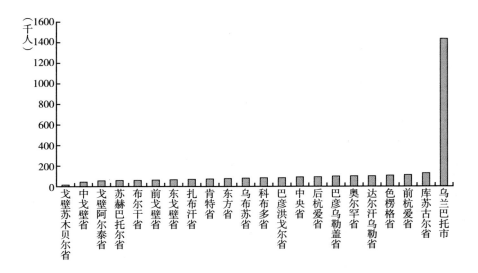

图12　蒙古国各省人口数

资料来源：*Monglian Statistical Yearbook* 2016。

表7　2006年和2016年各省常住人口及增长率

单位：人，%

行政区域	省、直辖市	常住人口数		增长率
		2006年	2016年	
西部地区	扎布汗省	79005	70852	-10.3
	戈壁苏木贝尔省	63973	56694	-11.4
	巴彦乌勒盖省	95226	99346	4.3
	科布多省	92395	85325	-7.7
	乌布苏省	81212	81377	0.2
杭爱地区	奥尔罕省	86285	101891	18.1
	前杭爱省	110150	113911	3.4
	布尔干省	57266	61149	6.8
	巴彦洪戈尔省	82229	85332	3.8
	后杭爱省	90452	93509	3.4
	库苏古尔省	123485	129957	5.2

续表

行政区域	省、直辖市	常住人口数		增长率
		2006 年	2016 年	
中部地区	中央省	88460	92832	4.9
	戈壁阿尔泰省	13048	16934	29.8
	色楞格省	91919	106677	16.1
	东戈壁省	54023	66606	23.3
	达尔汗乌勒省	89427	99796	11.6
	前戈壁省	46342	63661	37.4
	中戈壁省	49406	45515	-7.9
东部地区	东方省	74570	77772	4.3
	苏赫巴托尔省	52431	60032	14.5
	肯特省	68079	73608	8.1
	乌兰巴托市	987192	1380792	39.9

资料来源：http：//www.1212.mn。

各地区人口数量不同，人口密度也有所不同。人口密度是指在一定时期单位土地面积上居住的人口数，是反映一定土地面积上人口稠密程度的指标。某地区的人口数量增长，人口密度也就跟着上升（见表8）。

表8　2016年各区域常住人口分布与人口密度

区域	常住人口（千人）	土地面积（千平方公里）	人口密度（人/平方公里）
总计	3063.6	1564.1	1.99
西部地区	393.6	415.3	0.9
杭爱地区	585.7	384.3	1.5
中部地区	492.1	473.6	1.0
东部地区	211.4	286.2	0.7
乌兰巴托市	1380.8	4.7	293.8

2016年蒙古国全国人口密度为1.99人/平方公里，是个人口密度较低的国家。其中，人口密度最低的是东部地区，为0.7人/平方公里。人口密

度最高的是乌兰巴托市，为 293.8 人/平方公里。可见，蒙古国区域之间的人口密度相差较大。

由此可知，蒙古国人口分布不平衡的现象非常严重，这主要与 1989 年之后蒙古国实行的城镇化建设有关，也与牧区自然灾害、贫困等因素有关。因此，牧区大量的人口抛弃游牧生活转移到城市，虽然这一现象在一定程度上加快了蒙古国的城市发展，但城镇人口的快速增长超过了社会公共服务能力的承受范围，城市发展趋势越来越"郊区化"，这对蒙古国未来可持续发展将带来巨大的挑战。

近年来，蒙古国人口分布城乡差距较大，各省份之间的人口差距也较大，人口密度不均衡。其中，总人口的 46.2% 以上聚集在乌兰巴托市，西部有些牧区的人口已多年负增长。这些现象的出现与经济、社会、自然环境以及生育观等多方面的因素有关。基于人口分布不均衡的趋势，由政府引导继续实施鼓励生育的政策并加以完善，同时科学规划工业、产业集聚区，建设公共服务设施，使人口分布更为合理均匀。

四 人口质量与发展

1. 人口生育水平和死亡率

人口生育水平是影响和制约人口质量与发展的重要指标之一。从蒙古国各区域的出生人口指数来看，2015 年开始都出现不同程度的下降趋势。以 2016 年生育率来看，总出生人口为 79920 人，比上年下降 2210 人。2007～2016 年生育人数如图 13 所示。

相比之下，2007～2016 年，蒙古国死亡率比较稳定。但是，在人口稀少且生育率出现下滑状态的情况下，需要依靠提升医疗卫生条件、提供医疗补贴等政策措施来预防死亡率上涨。蒙古国死亡率以及出生率和死亡率对比情况如图 14 所示。

2007～2016 年蒙古国每千人口出生率从 21.8 上升到 25.9，尤其在 2014 年每千人口出生率上升并达到 28。虽然出生率已增长，但一直保持较低水

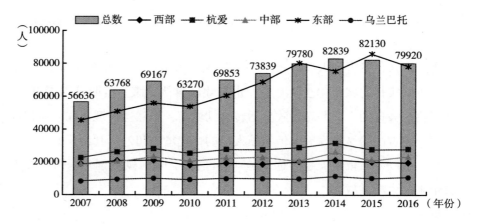

图 13　蒙古国出生人数情况

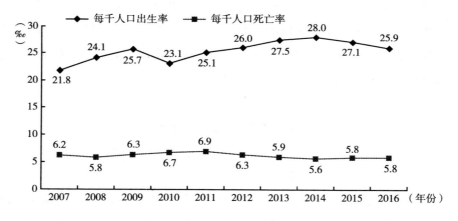

图 14　蒙古国出生率和死亡率

平增长率。出生率在一定程度上取决于妇女生育水平和结婚率。2016 年，蒙古国妇女总和生育率（TFR）为 3.0，最近几年一直保持在这个水平，未出现上升的趋势。因此，蒙古国必须继续调适或完善人口的相关政策，同时要更加关注结婚率和离婚率，并采取相应的对策。2007～2016 年蒙古国结婚人数和离婚人数变化情况如图 15 所示。

2016 年结婚人数为 16778 人次，比 2007 年下降 24187 人次。离婚率逐年增加，2016 年离婚人数为 4003 人次，比 2007 年增加 2248 人次。因此，

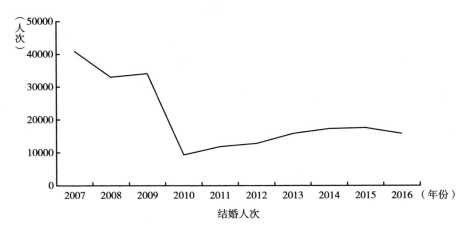

结婚人次

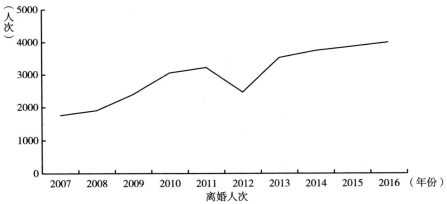

离婚人次

图15　2007~2016年蒙古国结婚人次和离婚人次变化趋势

即便是妇女总和生育率平稳，但由于出现结婚率下降、离婚率上升的异常情况，蒙古国以后的人口出生率，甚至人口质量、人口增长率都会受到影响。

随着经济社会的发展和医疗条件的逐步改善，近10年蒙古国的人口死亡率波动比较稳定，每千人口死亡率在5.8~6.9之间。除了出生率、死亡率的变动外，人口预期寿命的变化也是影响人口结构的重要因素。根据2016年的最新数据，蒙古国平均预期寿命为69.5岁，比上年下降0.3岁。男性的预期寿命低于女性，而且差距较大，相差9~10岁（见图16）。

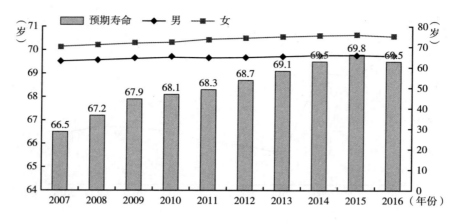

图16　2007～2016年蒙古国预期寿命

2. 人口医疗条件和受教育程度

人口质量研究中，公共服务和教育程度是间接影响人口发展的主要指标。2007～2016年蒙古国医疗条件情况如表9所示。

表9　2007～2016年蒙古国医疗条件

单位：家，个

年份	私人医院	公立医院	药店	床位
2007	1086	375	706	18002
2008	1291	375	741	18078
2009	1308	385	636	17733
2010	1331	383	666	17821
2011	1403	385	704	18968
2012	1251	384	855	19582
2013	1242	389	789	19860
2014	1389	381	936	20576
2015	1448	382	967	21720
2016	1530	383	1041	22960

2016年，蒙古国公立医院有383家，比2013年少6家，私人医院有1530家，平均每年增加50～100家，增长速度较快。药店也不断增加，

2016 年全国药店总数为 1041 家，医院床位数为 22960 个。目前，每千人口中有 33 位医生和 37 名护士，而且从近几年的数据来看，出现增长速度缓慢、医疗人员的人数不足情况。

2010 ~ 2016 年蒙古国医疗费用详情如表 10 所示。

表 10　2010 ~ 2016 年蒙古国医疗费用

年份	医疗卫生总支出（万图）	人均卫生费用（千图）	卫生支出占政府总预算支出的比重（%）
2010	250264.7	91.4	8.1
2011	333559.0	124.5	6.6
2012	425016.0	155.5	7.1
2013	415823.8	148.9	6.7
2014	579741.1	201.3	8.3
2015	581851.5	196.3	8.2
2016	662987.1	216.4	7.0

蒙古国近几年在不断增加医疗卫生支出金额，2016 年的医疗卫生总支出为 662987.1 万图，比 2010 年高于 412722.4 万图，但卫生支出占政府总预算支出的比重为 7%，比 2010 年下降 1.1 个百分点。人均卫生费用比从 2010 年的 91.4 千图提高到 216.4 千图。

教育是提高人口素质和质量的重要指标。2016 年，蒙古国学生总数为 75.2 万人，其中小学到高中的有 55.3 万人，大学及以上的有 19.9 万人，但学生数比前两年有所下降。

2016 年的蒙古国人口质量评估中，从 2011 年开始，蒙古国人口平均教育水平开始下降（见图 17）。

人口教育水平在一定程度上与政府的教育政策以及重视度有关。从表 11 中看出，近年来，蒙古国人均教育支出不断增长，而且增长速度也很快，但教育支出在政府总预算支出中的占比逐年下降，2016 年与 2010 年相比下降 4.1 个百分点。

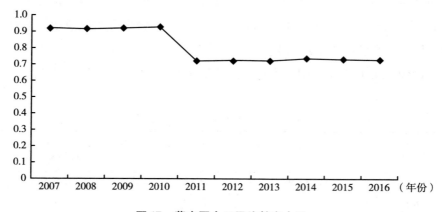

图17　蒙古国人口平均教育水平

表11　蒙古国教育支出情况

单位：%，千图

年份	教育支出占总支出的比重	人均教育支出
2007	15.6	103.7
2008	16.8	154.4
2009	18.5	157.4
2010	16.9	190.1
2011	13.6	242.1
2012	14.9	317.0
2013	15.2	326.2
2014	16.7	405.1
2015	14.6	336.2
2016	12.8	396.8

　　蒙古国社会公共服务的投资较低，尤其医疗和教育上的支出在政府总预算支出中的占比逐年下降，与2010年相比医疗支出下降1.1个百分点、教育支出下降4.1个百分点，而且人口质量评估上出现蒙古国人口平均教育水平下降的趋势。针对这些问题，蒙古国政府需要提高医疗、教育方面的投资，加大牧区医疗、卫生、教育等基础设施和条件建设力度，同时发挥畜牧业优势，加大扶持畜牧业的力度，从而减缓牧区人口流失，减轻城市公共服

务的压力，走城乡均衡发展的道路。

在蒙古国特殊的自然环境、经济结构和社会历史背景下，蒙古国出现人口规模向来较小、人口密度较低、人口发展一直较慢等现象。与此同时，在区域结构上，城乡人口分布不均衡（总人口的65%以上集聚城市），西部地区人口增长多年来呈现负增长趋势；在性别结构上女性比例高于男性；在年龄结构上，年轻型国家所属的少年儿童抚养比高于老年抚养比、出生率高等特征并存。此外，还出现结婚率降低、离婚率上升、单亲母亲家庭增多等婚姻、家庭层面的人口问题。

蒙古国人口分布和发展中存在的诸多问题直接影响着蒙古国城市发展（城市人口拥挤带来城市发展的郊区化）和社会经济可持续发展。这些人口问题，应由政府引导继续实施鼓励生育的政策并加以完善，多关注婚姻、家庭人口问题，同时科学规划工业、产业集聚区，建设公共服务设施来解决，使人口分布更为合理均匀，使人口发展得到健康的社会空间，促进社会经济可持续发展和城市发展。

参考文献

〔美〕约翰·R. 魏克斯：《人口学概论》，侯苗苗译，中国社会科学出版社，2016。

杨菊华、谢永飞编著《人口社会学》，中国人民大学出版社，2016。

曾毅、张震、顾大男、郑真真编著《人口分析方法与应用》，北京大学出版社，2011。

Mongolian Statiscal Yearbook 2015, *National Statistics Office of Mongolia*.

Mongolian Statiscal Yearbook 2016, *National Statistics Office of Mongolia*.

Mongolia Human Development Report 2011.

通格：《蒙古国人口发展研究》，吉林大学博士学位论文，2012。

奥登其木格、刘海峰：《蒙古国人口发展存在的问题》，《现代农业》2017年第2期。

李晓绩：《蒙古国人口发展面临的问题及人口政策》，《人口学刊》2009年第1期。

СТАТИСТИКИЙН МЭДЭЭЛЛИЙН НЭГДСЭН САН, www. 1212. mn.

B.3
蒙古国就业及居民收入状况

〔蒙古〕那·孟和巴图*

摘　要：　随着市场经济及相关科技的深入发展，就业类型逐步细化，
新的商业模式和企业兴起推动了新的技能工种的不断形成。
从乡村居民的就业情况来看，劳务的持续性、劳务条件
（劳动法）、劳务业种、参与的形式（个人、家庭、股份
制、合作等），跨行跨地诞生诸多子组。换句话说，劳务、
产业和商业活动变得越来越细化，扩张到具有整合性质的
结构。

关键词：　蒙古国　就业　经济活动人口　无经济活动人口　失业

社会经济关系被认为是社会活动的一个方面，且可将经济学领域的社会
研究当作"指引经济关系的社会机制"①。此论强调社会因素对个人和群体
参与经济关系的重要性。因此，经济关系的社会性质通过具体的劳动，产业
和商业活动的动机、方向和遇到的障碍等来体现。

1.蒙古国就业人口分布

随着市场经济及相关科技的深入发展，就业类型逐步细化，新的商业模

---

*　那·孟和巴图，乌兰巴托大学人类学系主任，讲师，硕士。

① *Социаль механизм（англи хэлээр "mechanism" нь хөдөлгөөнийг өөрчлөх ба дамжуулахад*
зориулагдсан тогтолцоо, дэс дараалыг тодорхойлдог систем, тогтолцоо гэсэн утгатай) -
энэ судалж буй нийгмийн үзэгдэл эсвэл үйл явцын шалтгаан - үр дагаварын загвар.
Н. Болдмаа "Эдийн засгийн социологи" (гарын авлага) номын эхээс.

式和企业兴起推动了新的技能工种的不断形成。

据 2017 年的统计，全国 15 岁及以上人口有 218.99 万人，其中男性 106.04 万人（占人口的 48.4%）、女性 112.95 万人（占人口的 51.6%）①。目前经济活动人口② 136.73 万人，占 15 岁及以上人口的 62.4%③。

根据 2017 年末最后 7 天的统计，按劳务性质分类，以前有工作、临时没工作和失业劳动力共 126.69 万人（占经济活动人口的 92.7%），彻底失业人口 10.03 万人（占经济活动人口的 7.3%）。有经济活动的城镇人口 80.17 万人（占经济活动人口的 58.6%），牧区人口 56.56 万人（占经济活动人口的 41.4%）。15 岁及以上无经济活动人口 82.27 万人（占 15 岁及以上人口的 37.6%），其中男性 33.69 万人，女性 48.58 万人。无经济活动城镇人口 63.94 万人（占无经济活动人口的 77.7%），牧区人口 18.33 万人（占无经济活动人口的 22.3%）④。牧区无经济活动人口的减少促成了高水平的失业率（见表 1）。

2017 年劳动力参与程度全国为 62.4%，其中城市为 55.6%，牧区为 75.5%。劳动力参与程度城市比牧区低 19.9 个百分点，与城市的学生多于牧区有关系（见图 1）。

---

① Энд өрхөөс гадуур амьдарч байгаа гадаадад суугаа иргэд болон цэрэг, хоригдлын тоог оруулахгүй.

② 译者注：经济活动人口是一个国家或地区总人口中已经参加或要求参加经济活动的人口。已经参加经济活动的人口包括在各个部门为取得工资收入的就业劳动者，从事有偿收入的家庭劳动从业人员，自负盈亏、赚取利润的经营业主。要求参加经济活动的人口主要是指失业人口。因此，经济活动人口在数量上等于就业人口与失业人口之和（吴忠观：《人口科学辞典》，西南财经大学出版社，1997）。

③ Эдийн засгийн тухайн үеийн идэвхтэй хүн амд сүүлийн долоо хоногт эрхэлсэн үндсэн үйл ажиллагааны шинж байдлаараа ажиллаж байсан болон ажилгүй байсан нь тодорхойлогдох ажиллагч болон ажилгүй иргэдийг хамруулна.

④ Эдийн засгийн тухайн үеийн идэвхгүй хүн ам гэж сүүлийн долоо хоногт сургуульд суралцаж байгаа, гэрийн ажилтай, өндөр насны тэтгэвэр тогтоолгосон болон өндөр настай, хөгжлийн бэрхшээлтэй зэрэг шалтгаанаар тухайн хугацаанд ажиллагч болон ажилгүй иргэдийн алинд ч хамаарахгүй хүн амыг ойлгоно.

表1 2017 年度 15 岁及以上人口的就业情况（按城乡、性别分类）

单位：人，%

项目	性别					
	总计		男		女	
	人数	比例	人数	比例	人数	比例
全国						
经济活动人口	1367280	62.4	723550	68.2	643730	57.0
就业者	1266942	57.9	667295	62.9	599647	53.1
失业者	100338	4.6	56255	5.3	44083	3.9
无经济活动人口	822669	37.6	336877	31.8	485792	43.0
15 岁及以上人口	2189949	100.0	1060427	100.0	1129522	100.0
城镇						
经济活动人口	801651	55.6	421355	61.3	380296	50.4
就业者	737923	51.2	383213	55.8	354710	47.0
失业者	63723	4.4	38142	5.6	25586	3.4
无经济活动人口	639387	44.4	265585	38.7	373802	49.6
15 岁及以上人口	1441038	100.0	686940	100.0	754098	100.0
牧区						
经济活动人口	565629	75.5	302195	80.9	263434	70.2
就业者	529019	70.6	284082	76.1	244937	65.3
失业者	36610	4.9	18113	4.8	18497	4.9
无经济活动人口	183282	24.5	71292	19.1	111900	29.8
15 岁及以上人口	748911	100.0	373487	100.0	375334	100.0
全国						
劳动力参与程度		62.4		68.2		57.0
就业率		57.9		62.9		53.1
失业率		7.3		7.8		6.8
城镇						
劳动力参与程度		55.6		61.3		50.4
就业率		51.2		55.6		47.0
失业率		7.3		9.1		6.7
牧区						
劳动力参与程度		75.5		80.9		70.2
就业率		70.6		76.1		65.2
失业率		6.5		6.0		7.0

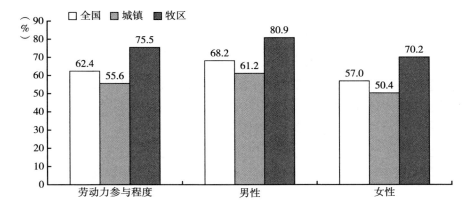

图1　2017年度劳动力参与程度（按城乡、性别分类）

无经济活动人员的结构为养老金领取者和老年人为26.49万人、学生为24.08万人、保姆为10.54万人、家务人员为6.28万人、残疾人为6.09万人、病人为1.56万人、其他为7.27万人（见图2）。

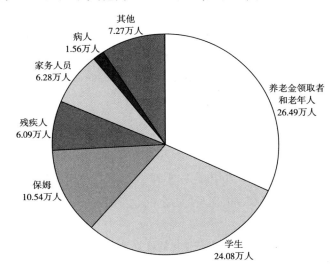

图2　15岁及以上无经济活动人口结构

无经济活动男性的36.2%和女性的24.5%在学，男性的30.5%和女性的32.5%已退休，这两项严重影响无经济活动人口的比例。

据 2017 年的统计，就业总人数为 126.69 万人，其中 58.2% 分布在城镇，就业人数地区差异较大。乌兰巴托市的就业人数为 53.50 万人（占就业总人数的42.2%），杭爱地区为最多26.68 万人（占就业总人数的21.1%），东部地区为最低8.09 万人（占就业总人数的6.4%）（见表2）。

表2　就业人数（按地区、性别划分）

单位：人，%

行政区域	性别					
	总计		男		女	
	人数	比例	人数	比例	人数	比例
城镇	737923	58.2	383213	57.4	354710	59.2
牧区	529019	41.8	284082	42.6	244937	40.8
西部地区	172879	13.6	93360	14.0	79519	13.3
杭爱地区	266815	21.1	140527	21.0	126288	21.1
中央地区	211370	16.7	113129	17.0	98241	16.4
东部地区	80924	6.4	43167	6.5	37757	6.3
乌兰巴托市	534954	42.2	277112	41.5	257842	43.0
合计	1266942	100.0	667295	100.0	599647	100.0

各省的就业者分布情况，最多的是前杭爱省，占全国的4.7%。而最少的是戈壁苏木贝尔省，占全国的0.6%。杭爱地区就业者之所以多，与前杭爱省和库苏古尔省的就业者人口多有直接关系。

2. 蒙古国就业部门结构

全国就业者中经营农业和牧业产品的37.98 万人，占全就业者的30.0%，其中男性22.22 万人、女性15.76 万人。工业就业者23.31 万人，占全就业者的18.4%。服务行业就业者65.40 万人，占全就业者的51.6%（见表3）。

表3　各行业中的就业者占比

单位：%

行　　业	占比
总　　计	100
农民、牧民、渔民和猎户	29.0
批发零售业，汽车、摩托车维修服务业	16.4
教育	7.9

续表

行 业	占比
制造业	7.2
公共管理、国防和强制性社会保障	6.8
交通运输、仓储业	5.7
建筑业	5.0
采矿业	4.4
卫生和社会工作	3.1
住宿和餐饮业	2.9
金融和保险业	2.0
信息和通信业	1.5
行政管理和社会福利	1.5
电力、热力、燃气	1.3
科学研究和技术服务业	1.2
文化、体育和娱乐业	0.7
水生产和供应业，污水、垃圾、抛弃物处理和清理活动	0.5
居民服务、修理	0.3
国际组织、基层代表活动	0.1
其他	1.5

按专业技术分类，农林牧渔业就业人员 36.77 万人，占全就业者的 29.0%。商业及服务行业就业人员 22.23 万人，占全就业者的 17.5%。技术人员 18.80 万人，占全就业者的 14.8%。生产、建筑、手工及相关工作服务人员 12.68 万人，占全就业者的 10.0%。

全国就业者中，基础设备、汽车机械操作员、维护人员的 10 个人中 9 个，生产、建筑、手工及相关工作服务人员的 10 个人中 7 个，经理的 10 个人中 6 个为男性。办事员、服务工作者的 5 个人中 4 个，商贸及服务工作者和技术人员的 10 个人中 7 个是女性（见表 4）。

截至 2017 年第四季度，根据就业状况，有工资的就业者 62.22 万人，33.92 万人经营畜牧业，24.81 万人为自营业者，4.53 万人为家庭工厂及服务行业就业者（见图 3）。

蒙古国蓝皮书

表4 按专业技术和性别分就业人员

单位：人，%

专业技术分类	性别					
	合计		男		女	
	人数	比例	人数	比例	人数	比例
总　　计	1266942	100.0	667295	100.0	599647	100.0
经理	87178	6.9	48851	7.3	38327	6.4
技术人员	187994	14.8	62288	9.3	125706	21.0
科研人员和辅助技术人员	36781	2.9	17140	2.6	19641	3.3
办事员、服务工作者	36693	2.9	8491	1.3	28202	4.7
商贸及服务工作者	222275	17.5	70771	10.6	151504	25.3
农、林、牧、渔业工作者	367720	29.0	213651	32.0	154069	25.7
生产、建筑、手工及相关工作服务人员	126775	10.0	88670	13.3	38105	6.4
基础设备、汽车机械操作员、维护人员	103701	8.2	100046	15.0	3655	0.6
普通工作技术员	91553	7.2	52111	7.8	39442	6.6
武器装备工作专业人员	6272	0.5	5276	0.8	996	0.2

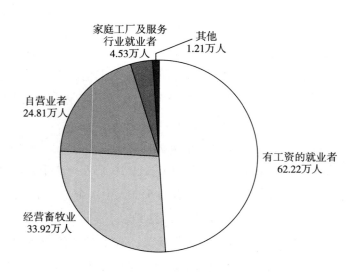

图3 按就业情况划分的就业者占比

全国就业人员有 126.69 万人，其中畜牧业者 33.92 万人，剩余的 92.77 万人按行业分类，34.96 万人受雇于私营企业、占 37.7%，29.23 万人受雇于个人、占 31.5%，22.46 万人受雇于事业单位、占 24.1%，3.93 万人受雇于国有企业、占 4.3%，1.70 万人受雇于非政府组织、占 1.9%，0.49 万人受雇于地方政府所有企业、占 0.5%（见表5）。

表5　就业者行业分类（按城乡区分）

单位：人，%

行业	总计		行政区划	
	人数	比例	城镇	牧区
国有企业	39320	4.3	32348	6972
地方政府所有企业	4908	0.5	3425	1483
事业单位	224637	24.1	147985	76652
非政府组织	17001	1.9	12822	4179
个人	292251	31.5	210300	81951
私营企业	349642	37.7	293414	56228
其中				
有限责任公司	330579	94.5	283236	47343
股份公司	11949	3.4	6660	5289
合作社	5986	1.7	3078	2908
一些成员是完全负责任的合作伙伴	479	0.1	251	228
所有成员都是完全负责任的合作伙伴	460	0.1	0	460
无法确定收入	189	0.1	189	0
合　计	927759	100.0	700294	227465

私营企业、国有企业和非政府组织雇佣人员的 8/10，个人、地方政府所有企业和事业单位雇用人员的 7/10 为城市居民。

3. 蒙古国失业人口及失业率

根据 2017 年末最后 7 天的统计，有就业欲望的 10.03 万人，其中 5.63 万人为男性、占 56.1%，4.41 万人为女性，占 43.9%（见表6）。

表6　失业人口及失业率（按性别、地区和城乡分）

单位：人，%

项目	失业人口						失业率		
	总计		男		女		总计	男	女
	人数	比例	人数	比例	人数	比例			
总计	100338	100.0	56255	100.0	44083	100.0	7.3	7.8	6.8
城镇	63728	63.5	38142	67.8	25586	58.0	7.9	9.1	6.7
牧区	36610	36.5	18113	32.2	18497	42.0	6.5	6.0	7.0
西部地区	21211	21.1	9633	17.1	11578	26.3	10.9	9.4	12.7
杭爱地区	22169	22.1	11538	20.5	10631	24.1	7.7	7.6	7.8
中央地区	18541	18.5	9015	16.0	9526	21.6	8.1	7.4	8.8
东部地区	12339	12.3	7614	13.5	4725	10.7	13.2	15.0	11.1
乌兰巴托市	26078	26.0	18455	32.8	7623	17.3	4.6	6.2	2.9

按地区分析失业人口分布，乌兰巴托市失业人口占26%，杭爱地区占22.1%，西部地区占21.1%，中央地区占18.5%，东部地区占12.3%。从省失业人口分布情况来看，失业人口最多的鄂尔浑省占8.3%，最少的戈壁苏木贝尔省占0.4%。

失业率在扎布汗省、苏赫巴托尔省、科布多省、东方省、巴彦乌勒盖省、色楞格省、前戈壁省、乌布苏省、达尔汗乌拉省、肯特省、戈壁阿尔泰省、前杭爱省、中戈壁省等省高于国家平均水平0.1~12.3个百分点，在其他省低1.1~6.3个百分点。

城镇地区居民失业率为7.9%，高于国家平均水平0.6个百分点。牧区失业率为6.5%，低于国家平均水平0.8个百分点，并低于城镇1.4个百分点。失业率东部地区为13.2%、西部地区为10.9%、中央地区为8.1%、杭爱地区为7.7%，这些地区高于国家平均水平0.4~5.9个百分点。乌兰巴托市为4.6%，低于国家平均水平2.7个百分点。

从年龄结构看失业人口，15~24岁人口占总失业人口的24.8%，25~29岁人口占总失业人口的17.4%，35~49岁人口占总失业人口的29.7%，50~59岁人口占总失业人口的10.4%。从年龄和性别来看，20~24岁的失业男性和25~29岁的失业女性比重最大。对30岁以上群体来说，男性失业率高于女性。

从受教育程度结构看，获得职业技能培训的人员或中专以及本科学历的人员占总失业人口的 66%，剩余的 34% 为高中或以下学历的人员。

失业的原因分析，4.95 万人积极地寻找工作而未找到工作，占失业人口的 49.3%；1.23 万人工作不对口而找不到工作，占 12.2%；1.12 万人没有工作经验或能适应的工作难寻而失业，占 11.1%。从牧区就业形式看，牧民占 36.6%。靠工资的员工和公职人员占 32.9%，工厂企业老板占 6.8%，企事业单位领导占 1.8%，农民占 1.5%，私人商贸服务业者占 2.0%。同时学生占 7.7%，失业人口占 7.3%，退休和提取养老金人员占 3.3%（见图4）。

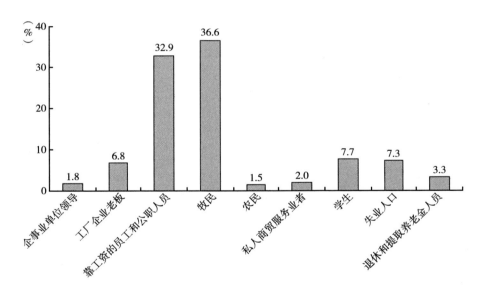

图4 就业者从事工作占比

4. 牧区就业结构

就业形式问答调查中，回答有固定工作的占 74.2%，从事季节性工作的占 4.7%，失业的占 21.1%。工作人员的劳动性质，计工资者占 34.3%，短期合同工作人员占 9.3%，自己当老板的占 56.4%。

对比以上提到的三种形式，从就业形式、就业条件、所从事的行业来说，会出现不同的 70 种形式。牧民问卷中，一年四季收入来源于畜牧业，因而可以包括在固定工作人群，但是把牧民算进季节性工作人群中，可理解成畜牧业生产没有办法作为固定收入。回答有季节性工作人群当中，正式工占 38.1%，从事农业的占 19.0%，私人商贸服务业者和学生各占 14.3%，工厂企业老板占 9.5%。反而失业人口当中学生占 34.0%，失业人口占 33.0%，退休和提取养老金人员占 16.0%（见表 7）。

表 7　就业情况

单位：%

行业种类	就业形式			就业条件		
	固定工作	季节性工作	失业者	正式工	合同制	自主
企事业单位领导	2.1	—	1.1	3.7	6.7	0.6
工厂企业老板	8.6	9.5	—	2.8	—	9.8
靠工资的员工和公职人员	41.1	38.1	2.1	81.7	83.3	2.9
牧民	44.9	4.8	13.8	7.3	6.7	80.3
农民	0.9	19.0	—	2.8	3.3	1.7
私人商贸服务业者	1.8	14.3	—	0.9	—	3.5
学生	—	14.3	34.0	0.9	—	1.2
失业人口	0.6	—	33.0	—	—	—
退休和提取养老金人员	—	—	16.0	—	—	—
总计	100	100	100	100	100	100

从表 7 的就业条件对比结果看，靠工资的员工和公职人员中正式工（占 81.7%）和合同工（占 83.3%）的比重最大，而牧民的绝大部分（占 80.3%）是自己放牧。

如前所述，牧民绝大部分是自己放牧或雇用其他人，同时为了提高家庭收入从事种水果、蔬菜，养猪鸡等辅助作业的人员增加。调查显示在牧区牧民当中从事畜牧业（占 62.6%）、商贸（占 10.2%）、农业（占 9.0%）的人口逐步增加（见表 8）。

表8 从事辅助产业比较

单位：%

产业种类	比重	产业种类	比重
畜牧业	62.6	焊接	0.5
商贸	10.2	餐饮业	0.2
农业	9.0	出租车	0.2
小型工厂	2.4	手工工艺	0.2
木匠、钳工	2.1	放牧	0.2
养猪鸡	2.1	电器修理	0.2
水果养殖	2.1	无业	7.3
采蜜	0.5		

本次问卷调查共有466名回答者，其中379名为提高收入从事辅助产业。高层管理人员的50%、工厂老板和商人的70.9%、正式工的68.5%、牧民的9%、农民的42.8%、个人商贸服务行业者的66.6%、无工作者的33.3%以及退休和提取养老金人员的53.3%从事双重工作。

从辅助产业的发展看，1990年畜牧业经营者占83.1%，而到2016年减少到31.2%。从事农业的1990～1998年间减少1.7%，但1991～2016年增长了8.9%。养猪、鸡的人1990年占2.8%，1991～1998年降到1.8%，1999～2006年增长到3.9%，2007～2016年降到了1.9%。种蔬菜水果的人数在1999～2016年间增长了2.8%，从事个人小型工厂的人数增长了2.1%，做商贸业的增长了12.3%。木工、钳工人数到2006年增长到2.5%，而到2016年减少到2%。其原因有三点：第一，进入市场经济后牧区居民就业分配多样化，形成多种劳动形式；第二，市场经济促进居民的就业意识增强，其根本目的是提高家庭收入；第三，随着技术工业的发展，年轻人越来越远离传统产业，导致牧民、钳工、木工的市场参与逐渐减少。

内蒙古社会科学院俄罗斯与蒙古国研究所哈斯巴特尔译

B.4
蒙古国社会保障基本情况及发展趋势

〔蒙古〕敖·图雅*

摘　要： 蒙古国自1995年开始建立全新的社会保障体系并逐渐实施。
社会保障体系是由政府采取一系列措施，以实现解决社会问
题以及防止普通民众生活水平大幅度下降的目标。蒙古国社
会保障体系由社会保险、社会福利补助、服务和促进就业项
目三大部分组成。每年平均有73万人获取社会保障方面的多
项服务。

关键词： 社会保障体系　社会福利　失业津贴　医疗保险

　　社会福利问题是人口社会保障系统的重要组成部分。蒙古国自1995年
开始建立全新社会保障体系并逐渐实施。社会保障体系是政府采取一系列解
决社会问题以及防止人民生活水平大幅度下降风险的有效措施的集合。蒙古
国社会保障体系由社会保险、社会福利补助、服务和促进就业项目三大部分
组成。[①] 目前，蒙古国社会保障相关事项依据五部法律实施，法律范围内对
残疾人、获得国家荣誉称号的老年人及妇女儿童和需要社会福利支持的人由
政府发放补助和补贴，并提供相关服务。针对性补贴、津贴包括社会福利补
贴、社会福利津贴、母亲和多个孩子的单亲家庭补贴、失业津贴、医疗
保险。

---

　　* 〔蒙古〕敖·图雅，乌兰巴托大学教师，硕士。
　　① 《蒙古国社会保障基础评定及费用》，载《关于社会保障评估论坛》，乌兰巴托，第25页。

一 社会福利对象及发放情况

1. 社会福利补贴

社会福利补贴是根据社会保险法规定，对获取补贴权利的居民每月发放。其中包括 60 周岁以上男性、55 周岁以上女性，满 16 周岁的侏儒，丧失劳动能力达到 50% 或以上的满 16 周岁的残疾人，监护人死亡的未满 18 周岁的未成年人。

2. 社会福利津贴

社会福利津贴包括以下几种：养老津贴、需要社会福利支持的家庭成员 – 居民津贴、特殊困难和生活困难现金津贴、儿童津贴。

3. 母亲和多个孩子的单亲家庭补贴

母亲和多个孩子的单亲家庭补贴根据《母亲和多个孩子的单亲家庭补贴法》第 5 条 5.1 款规定发放以下补贴。其中，孕期第 5 个月开始至生育期间产妇每个月领取补贴；照顾 0 ~ 3 岁孩子的母亲每个月都有权享受托儿福利补贴；未满 4 周岁双胞胎母亲有权领取一次性补贴；0 ~ 18 周岁 3 个及以上孩子的单亲家庭父母每季度有权领取补贴。

4. 社会福利基金发放情况

孕期第 5 个月开始至生育期间根据政府规定的数额每月发放 4 万图的津贴。已取得生育津贴的公民生育之后向社区、分区工作人员递交照顾 0 ~ 3 岁孩子的津贴申请①。据 2016 年统计，从社会福利基金取得社会福利补贴的居民按人员结构分类，有权接受福利补贴年龄段的 70%、残疾儿童的 87%、16 周岁以上残疾人的 63% 分别被列入了福利项目对象②。

截至 2016 年 10 月，7.3 万人从社会福利基金中取得社会福利补贴，6.3 万人取得养老津贴，6.7 万人取得特殊困难和生活困难现金津贴，3.1

---

① http：//hudulmur – halamj. gov. mn/content/90.

② http：//zasag. mn/news/view/15613.

万人取得残疾人补助，14.1 万人取得养老金，4000 人取得了国家荣誉称号的老年人补贴。同时接受基于社会群体关爱的被服务者有 3000 人，被授予"英雄母亲"勋章的每年一次补助共发放给 20.7 万人，接收驯鹿人津贴的共 3000 人，孕产妇、母乳喂养补贴发放给 13.4 万人。年均有 73 万人获取了社会福利服务。

据劳动与社会福利服务总局统计，2018 年 1 月由社会福利基金对 11.05 万人共发放了 93 亿图格里克的补贴，同比接受社会福利补贴补助的人口减少了 2.07 万人（下降率 15.8%），补贴补助金额减少 10 亿图格里克（下降率 9.9%）。2018 年 1 月社会福利补贴共发放给 4.57 万人，同比增长了 4000 人（增长率 9.6%），补贴金额增加了 1.559 亿图格里克（增长率 2.6%）。

2018 年 1 月共有 3.64 万人接受社会福利服务和优惠，其中 44.5% 取得减免补助和优惠贷款，30.8% 为老年人，19.8% 为残疾人，4.9% 为具有国家荣誉称号的老年人。

2018 年 1 月社会福利服务和优惠共发放了 31 亿图格里克，同比增长了 4.778 亿图格里克。同时对未满 18 周岁的 67.81 万名儿童发放了 136 亿图格里克津贴[1]。

二　失业津贴

蒙古国根据国际劳动公约的要求，从 1995 年开始实施失业津贴政策。从 1997 年 1 月 1 日起由失业保险基金发放失业津贴。失业津贴依据关于社会保险基金失业津贴法律规定调整实行。该法律规定："根据社会保险法缴纳费率的参加失业保险者的补贴由社会保险基金给予津贴，并负责专业技术培训相关事项。"被保险人登记健康和社会保险机构即日起 76 个工作日内发放失业津贴。符合领取失业津贴条件的被保险人达到在失业之日起 6 个月

---

① https：//www.nso.mn/content/1902#.W_ OWr2aIbDd.

之内参加专业劳动培训的要求，由失业保险基金提供相应费用。失业保险基金应当承担失业津贴和参加专业培训的相应费用。失业津贴按被保险工龄规定费率，以交保人最后 3 个月的平均工资作为依据计算金额（见表 1）。

表 1　失业津贴费率

单位：%

工龄	费率	工龄	费率
5 年以下	45	10～15 年	60
5～10 年	50	15 年以上	70

资料来源：失业保险，http://www.ndaatgal.mn/v1/info/ajilguidel。

三　医疗保险

据 2014 年统计，蒙古国总人口的 97% 参加医疗保险。政府依照医疗保险法、2016 年社会保险基金预算法、劳动和社会委员会规定的 2013 年全国最低工资标准，决定 2016 年医疗保险费率。此后 2018 年减少了费率以便人民普遍参与。0～18 周岁全部儿童医疗保险由国家承担。统一规定大专院校学生和技工学校 0～18 周岁的学生医疗保险提交额为 1920 图格里克。此外，照顾孩子到 2 周岁的父母、军人、被判刑人和本法规定的公民以及外国籍公民自己承担支付医疗保险费每月 3840 图格里克。① 个人劳动者、牧民、外籍人、无国籍人、除了养老金之外没有其他收入的人和需要社会福利支持的家庭成员均按同一标准。个人自己缴纳医疗保险，被保险人自己选择医疗机关取得服务，不管医疗机关所有制，可以从保险基金获取同等价格优惠，这样才会保证经济来源，政府对公民服务才更为广泛。同时，根据法律规定蒙古国公民均应参加医疗保险，并有义务按时支付保险费；而外籍人和无国籍人可以自愿参加医疗保险。

① 《如何支付医疗保险费?》，http://www.olloo.mn/n/24576.html。

蒙古国蓝皮书

在被保险人住院的情况下，如果病人住省区、市区总医院或区域医疗中心进行治疗的，医疗保险基金提供服务费用的 10% 由病人自己承担。住临床医院进行治疗的，服务费用的 15% 由病人自己承担。然而，患者的医疗保险缴费由国家承担支付的，将不承担任何费用，换句话说是由医疗保险基金全部承担。如果公民个人疾病风险大，而且认为一年需要的医疗费用大于91 万图格里克，可以申请双重保险。持有医疗保险的人从私立医院和药店获得治疗、开药时还能享受优惠。患者在社保总局已签协议的私立医院进行治疗的，按照规定价目表由社保局提供治疗费用。同时，被保险人凭社区、苏木、巴格医生开的药单买药的，可以优惠。连续三年支付医疗保险费并且期间没有去医院看病的，对其提供综合体检项目，相关费用由医疗保险基金承担。居民搬家到其他地区，到原来的地址和新地址的社保局进行搬迁登记变更。如丢失医疗保险本，10 天之内登报挂失后向所属管辖区社保局申请并交纳 3000 图格里克就可补办，在新本上记录医疗保险缴费，盖章确认，发放医疗保险本。社保保险本不得转借给他人。

对被保险人提供的服务项目如下。

– 住院和不住医院白天去治疗的，应确认缴纳医疗保险费，并已盖章。

– 国家承担医疗保险费之外的人员应当支付应承担的部分。

– 接受医院出具的病人病历、住院治疗记录清单和费用单。

– 在省区、市区总医院治疗的，不分户籍所在地提供医疗服务。

– 仔细审查医院出具的病人病历、住院治疗记录清单和费用单。

– 政府有关部门去医疗机构对为病人提供的医疗服务质量是否符合诊断治疗标准以及临床指南进行监督。

– 医疗保险基金出资提供被保险人医疗服务的费用给医疗机构。

– 接受门诊治疗服务时应当缴纳保险费并盖章确认。

– 在省区、市区总医院进行门诊治疗，不分户籍所在地提供医疗服务。

– 接受门诊治疗服务清单和费用清单。

– 仔细审查医院出具的治疗服务清单和费用单。

– 被保险人医疗费用由医疗保险基金出资提供给医疗机构。

- 接受被保险人关于医疗服务的投诉和反馈。

- 温泉度假村和疗养院治疗：开出被保险人入住治疗清单和费用清单。

- 确认省区、市区总医院医生颁发的"住疗养院单"是否符合规定。

- 确认疗养院病人的医保本是否缴纳保险费。

- 按照疗养院提供的医疗服务制度规定疾病清单进行审查。

- 病人服务费/医疗服务费转账给疗养院。

- 接受被保险人的关于疗养院服务的投诉和反馈。

- 医保买药折扣服务：凭社区、苏木医生开具的药单提供优惠服务。

- 医疗保险基金必须提供优惠的药品，要求在持有资质并与社保总局签协议的药店购买。

- 对国家规定的 107 种药品提供一定比例的折扣。

- 接受持有资质并与社保总局签协议的药店出具的药单、被保险人名单、折扣的药品费用清单。

- 医疗保险基金会审查折扣药单是否符合优惠药品制度。

- 药品折扣费用部分转账给药店。

- 宣传药品适当的用量和预防耐药性等医学常识。[1]

内蒙古社会科学院俄罗斯与蒙古国研究所哈斯巴特尔译

---

① 医疗保险，http：//sanhuu. mn/mn/medicine－insurance－2/。

B.5
蒙古国深化司法体制改革的问题及趋势分析

海棠 代琴 〔蒙古〕满都呼 *

摘 要： 随着蒙古国经济社会的发展，20世纪90年代社会转型时期建立的司法体制呈现诸多问题，司法腐败现象严重，法官权益得不到保障，司法公信力下降，深化司法体制改革迫在眉睫。蒙古国司法体制改革以审判权独立和司法责任制建设为改革目标，制定法院系列法，设立司法总委员会，建立司法责任制度，提高法官薪酬待遇，为司法权的公正、有效运行提供体制保障。蒙古国司法机关包括检察机关和审判机关。1992年的蒙古国《宪法》确立"以审判为中心"的司法理念，加大审判机关的权力，限缩检察机关的权力范围，审判制度的改革是蒙古国司法制度改革的核心内容。通过审判体制改革建立独立的司法总委员会，实现法院的行政管理权与审判权分离，建立"平级之首"的法院审判管理体系，提高法官的职业保障，加大审判公开和司法责任追究力度，使蒙古国法院审判环境有了很大的改善，司法社会公信力大幅提升。然而，受国家分权体制缺陷的限制，蒙古国审判体制改革存在司法总委员会的权利不受监督、审判机构的经费没有立法保障、法官选拔制度不完善等制度缺失，在制度层面上影响了法院的公正审判。

---

* 海棠，法学博士，内蒙古大学法学院教授；代琴，法学博士，内蒙古大学法学院讲师；满都呼，法学博士，蒙古国司法总委员会司法研究、信息、培训院院长。

关键词： 蒙古国 司法独立 司法责任

一 蒙古国审判机构体系及运行规则

20 世纪 90 年代，随着东欧剧变、苏联解体，蒙古国社会主义政治经济制度开始转型，政治上建立立法权、行政权、司法权分权制衡，实行多党制；经济上实行自由市场经济制度。这种政治经济制度的确立需要独立、高效的审判权力。1992 年蒙古国《宪法》依照国家权力分权制衡原则，确立了司法权力体系并制定其运行规则。

1. 蒙古国审判机构体系结构

1992 年蒙古国《宪法》确立了立法权、行政权、司法权三权分立，相互监督，相互牵制的国家权力体系。司法权独立于立法权、行政权，仅属于法院和检察院，立法机构、行政机构不得行使司法权。《宪法》第 47 条规定："审判权只由法院行使，除法律规定外，禁止任何机关设立审判机关，禁止任何机构行使审判权。依据宪法和其他法律的规定设立法院。"这是审判权独立于立法权、行政权的宪法依据。蒙古国法院体系分为最高法院，省、首都法院，县或县间法院，首都市区法院。其中，最高法院是蒙古国最高审判机关，依法行使审判权并对下级法院审理的案件进行审判监督；省、首都法院是上诉法院；县或县间法院、首都市区法院是初级法院。因蒙古国行政、司法体制相互分离，并且各地区发展不平衡，人口分布不均，各地区法院的案件数量差别较大，司法机关的设立没有以地方行政区划为依据。蒙古国《宪法》规定，根据人口分布、案件数量、案件性质等，可以设立县间法院，并可以设立民事、行政、刑事专门法院。1993 年蒙古国制定并通过《法院设立法》，设立了 22 个上诉法院、41 个初审法院。为了加大司法权对行政权的监督力度，2006 年蒙古国首个行政单设法院在乌兰巴托设立。之后蒙古国数次修改《法院设立法》，目前已经形成民事、行政、刑事单设初级法院和上诉法院的

法院体系，减少法官在民事、行政、刑事审判工作之间的流动，提高审判工作的专业化（见表1）。

表1　蒙古国法院设置情况

单位：个

法院种类	民事法院	刑事法院	普通法院	行政法院	总数
初审法院	29	29	8	22	88
上诉法院	3	2	20	1	26
最高法院			1		1

资料来源：蒙古国《法院设立法》。

根据蒙古国《法院设立法》的规定，蒙古国已设立29个民事初审法院、29个刑事初审法院、8个普通法院。普通法院为综合性法院，负责民事、刑事案件初审。上诉法院分民事、刑事上诉法院，普通上诉法院和行政上诉法院。民事、刑事、普通上诉法院共有25个，受理初审法院的民事、刑事案件。行政初审法院共有22个，均设立在省会城市和首都乌兰巴托市，行政上诉法院有1个，设在首都乌兰巴托，受理行政初审法院上诉的案件。

在审理案件的分工方面，蒙古国法院已经设立专门的民事、行政、刑事初审法院和上诉法院，因此在法院内部审判部门的设立上，除了最高法院以外，初审法院和上诉法院均不设立审判庭。普通初审法院和上诉法院法官审理民事、刑事案件，法官的专业化分工不明显。各级法院由法院院长和法官组成。受过法学高等教育、从事法律职业满10年、35岁以上的蒙古国公民有资格担任最高法院法官。受过法学高等教育、从事法律职业满3年、25岁以上的蒙古国公民有资格担任其他法院的法官。蒙古国实行法官任命制，最高法院的法官由司法总委员会向国家议会举荐。首席大法官由国家最高法院从其法官中提名，以6年任期提请总统任命。最高法院院长由最高法院提名，提请总统任命。其他法院法官由司法总委员会提名，提请总统任命。初审法院院长和上诉法院院长由原法院法官全体会议提名，提请总统任命。最高法院为综合性法院，为了案件审查的专业性，设立民事、行政、刑事审判庭。各庭庭长由最高法院院长提名，提请总统任命（见表2）。

表2　2016年蒙古国法官在编人数统计

法院		在编法官人数		总数
最高法院		24		
上诉法院	民事法院	21	105	520
	刑事法院	21		
	刑事、民事法院	52		
	行政法院	11		
初审法院	首都市区民事法院	83	391	
	首都市区刑事法院	57		
	行政法院	78		
	县间法院	刑事法院	73	
		民事法院	70	
		普通法院	30	

资料来源：《蒙古国司法总委员会2016年度工作报告》。

2. 法官审判权独立

法官审判权独立是蒙古国宪法确立的司法原则。法官审判权独立包括两个方面的内容。一是法院独立。法院独立指的是法院独立于立法机关、行政机关，不受一切政党、组织、国家机关的干涉。法院人财物权的独立是法院独立的核心内容。法院独立是法官独立的前提条件，如果实现不了法院独立，法院的经费、法官的职位和薪酬被他人控制，法官独立就无从谈起。二是法官审判权独立。法官独立指的是法官审理案件时不受法院内部外部任何人干预。蒙古国宪法规定："法官独立，只服从法律；总统、总理、国家议会议员、政府成员，国家机关、政党、其他公职人员和公民等任何人，都不得干涉法官审判权的行使。"此处的任何人包括法院外部和内部的一切人，包括法院院长、庭长以及其他人员。蒙古国宪法为法院独立提供组织保障，该宪法第49条第3款规定："司法总委员会为保障法官独立、法院独立而工作；司法总委员会不参与法院、法官的审判活动，只负责从法律职业人员中

选拔法官，以保护法官合法权益等方式保障法院独立行使审判权的职责。"

法官终身制是审判权独立的一项保障措施。蒙古国宪法规定："除宪法、审判法、法院有效判决规定解除法官职务，或者按照法官的意愿解除法官职务以外，不得解除任何级别法院法官的职务。"法官审理案件时受到权力机关或权力部门的干扰，面临法官职业的危险，法官独立就无法实现，无法保证案件审理的公正性。法官终身制保证法官的职业安全感，提高法官的专业化程度，让法官顶住外部压力，有效保障公正审判案件。

3. 审判公开制度

正如路易斯·布兰代斯所言，"阳光是最好的防腐剂，路灯是最好的警察"，司法公开是司法公正的主要途径。蒙古国宪法规定："除法律有特别规定外，案件公开审理。"司法公开包括立案公开、审理公开、文书公开、执行公开等内容。案件审判公开除需要法律制度的保障外，还需要案件公开的硬件设施设备的建设。蒙古国在世界银行、美国国际发展署等国际组织的援助下，加强法院基础设施建设，各地法院审判庭中安装视频录像设备，记录保存法庭审理情况。各法院建立网站定期公开案件受理、审理案件情况，公开法律文书等内容，接受社会群众和国家机关的监督。除此之外，为了提高审判过程中的透明度和民主程度，蒙古国建立了陪审制度。蒙古国宪法规定，初审法院审理案件时按照相关法律的规定让人民陪审员参加。蒙古国司法总委员会制定《人民陪审员选聘办法》，规范人民陪审员的选聘程序、参加审判活动的规则以及人民陪审员权益保护等内容。

二 蒙古国深化司法体制改革的动因

有法律未必有法治，有宪法未必有宪政。蒙古国宪法建立"三权分立""审判独立""审判公开"的司法制度，但在司法机制运行过程中，司法独立难以实现，司法腐败现象日趋严重，司法公信力不断下降，阻碍了蒙古国经济社会的健康发展。2007年进行的民意调查中，蒙古国司法公信力下降到23%，民众普遍不信任司法机关，司法改革呼之欲出。蒙古国司法体制改革有以下几个方面的动因。

1. 司法权没有独立于立法权、行政权

审判权由审理案件的法官独立行使，而法院的行政管理权归属司法总委员会。司法总委员会不参与法院、法官的审判活动，只负责从法律职业人员中选拔法官，并通过保护法官合法权益等方式保障法院独立行使审判权，即审判工作以外的法院人财物权由司法总委员会行使。

蒙古国深化司法制度改革之前，司法总委员会领导权的归属经历了三个历史阶段。

第一阶段是1993～1996年的最高法院内部管理阶段。在此阶段，按照蒙古国审判法的规定，由最高法院院长兼任司法总委员会主任，由法院办公室负责司法总委员会的具体工作。实际上，在这种法院行政管理体制下，法院的审判权与行政管理权无法分离，审判权经常成为法院行政管理权的"替代物"。蒙古国法院的预算是国家预算的组成部分，国家预算由国家议会审议通过后由政府部门执行。在国家议会会议上顺利通过法院预算部分，在很大程度上取决于法院取得多数议员的支持。在这种情况下，法院的审判权很有可能成为国家议会审批法院预算的"交易品"。在法院预算的执行问题上，法院也需要协调好与政府部门之间的关系。

第二阶段是1996～2002年的司法部领导司法总委员会阶段。最高法院院长兼任司法总委员会主任期间，法院与国家议会、行政机关之间的经费协调关系复杂，阻碍法院系统的顺利发展。1996年蒙古国修改《审判法》，将该法第33.3条修改为："司法总委员会的主任由政府分管司法工作的委员担任。"根据该条的规定，司法总委员会归入司法部，司法总委员会的性质从司法机关转变为行政机关。在此阶段，虽然法院经费问题得到解决，但这种管理体制违背立法、行政、司法三权分立的基本原则，司法机关的人财物权被行政机关控制，审判权独立原则失去了制度保障。

第三阶段是2002～2013年的恢复最高法院内部行政管理权阶段。2002年蒙古国国家安全委员会提出修改《审判法》的议案，要求司法总委员会由最高法院领导。2002年蒙古国修改《审判法》，将该法第61.4条修改为：

"司法总委员会的主任由最高法院院长担任。"由此，司法总委员会又回归到最高法院，由最高法院院长担任司法总委员会的主任。司法总委员会的秘书长负责司法总委员会的日常工作。在法院内部行使行政管理权的管理体制下，法院与立法机关、行政机关的利益博弈重现，法院受到国家议会和政府的牵制。与此同时，法院内部不分审判权和行政管理权，法官审判案件经常受到行政管理权的干预，审判权独立没有真正实现。

2. 法官的待遇未得到有效保障

国家议会审议国家预算过程中，对法院预算的博弈依然存在，法院的基础设施建设和法官待遇的提高遇到很大的障碍。1993～2013年，法院预算仅占国家预算的0.3%～0.4%，法院的基础设施建设严重滞后。法院基础设施的建设主要依赖国外援助，法官薪酬待遇在整个公职人员薪酬待遇平均水平以下。① 在这种情况下，一方面法官职业荣誉感不强，行贿受贿等司法腐败现象较严重；另一方面，法官职业无法吸引高层次法律人才，甚至人才流失情况严重。

3. 法官违法责任体系不健全

蒙古国审判法和诉讼法规定的回避制度不健全，没有明确禁止法官审理与本人有利害关系的案件，法官在一方当事人不在场的情况下会见另一方当事人、法官家属会见当事人等行为非常普遍，法官在审判过程中经常办人情案、关系案，腐败滋生，严重影响司法公信力。司法总委员会法官纪律检查部是监督法官违纪违法行为的主管部门。蒙古国法律没有明确规定法官违反职业纪律、违法审判的责任形式和追究程序。纪律检查部的立案程序、审查程序和结果不公开、不透明，很多涉及法官的申诉控告没有得到解决。美国国际发展署的《2007年蒙古国司法改革报告》显示，2003～2005年，蒙古国28个关于法官纪律问题的举报案件中22个案件没有官方的明确答复，案件的举报者及举报内容、处理结果等案件情况都没有向社会公开。

---

① Монгол улсын шүүхийн тайлан（2107 он）.

三 蒙古国司法体制改革的主要内容

在蒙古国现行政治体制下，法院审判权与行政管理权合一，致使法院无法摆脱国家议会和政府的控制，法院内部审判权和管理权相互影响，法官独立无法实现。法院审理案件的公开化、透明化不够，法官追责机制不健全，法官违纪违法行为不受严厉的追究。自 2012 年以来，蒙古国修订《审判法》《法律工作人员权益保障法》《法官权益保障法》《法院行政管理法》等一系列法律，单设司法总委员会，建立法官责任制度，加快推进司法改革进程。

（一）建立独立的司法总委员会，实现法院独立于国家议会和政府机关

建立独立的司法总委员会，管理法院内部行政管理职责，分离法院的审判权与行政管理权，理顺法院与国家议会、政府的关系，是蒙古国司法体制改革最重要的内容。2013 年蒙古国设立了独立于法院、政府、国家议会的司法总委员会。根据《法院行政管理法》的规定，司法总委员会是独立的国家机构，不受其他任何机关的直接管理。司法总委员会由 5 名委员组成，分别由初审法院、上诉法院、最高法院各推荐一名委员，行政司法部门推荐一名委员，司法工作者协会推荐一名委员。司法总委员会主任由委员提名，由总统任命。司法总委员会下设审判专业部办公室、法官纪律部办公室、内务办公室以及 7 个工作处，并在全国 115 个法院设立 40 个法院办公室，为审判人员提供审判技能、司法宣传、审判研究、财务管理、技术支持等行政管理服务，保障法官独立行使审判权，保证法院工作的顺利进行（见图 1）。①

司法总委员会管理法院的人、财、物等一切行政事务。司法总委员会

---

① http：//judcouncil. mn/davakhmagadlal/.

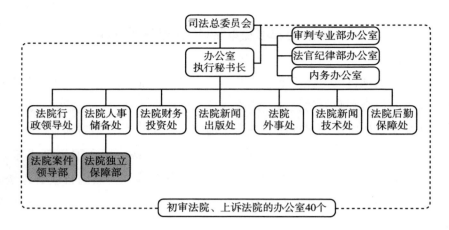

图1　司法总委员会内部组织机构

人事储备处负责管理法院法官名额的确定、法官考试服务等事务，审判职业部办公室负责招考、选拔、考核职业素质等专业技术事务，法官人选确定后，经司法总委员会全体委员审议决定，报请总统任命。法院财务投资处以及各法院的办公室做出的法院年度预算方案，由司法总委员会委员审核通过后，直接上报国家议会依法审批。法院财务投资处负责法院预算的执行事务。除此之外，司法总委员会为法官配备法官助理、审判庭秘书等司法辅助人员，提供案件管理、法条查阅、法庭记录等行政服务。

据2016年底的数据统计，司法总委员会共有1341名工作人员，其中422人为法官助理，203人为法庭书记员，716人为行政工作人员（见图2）。①

蒙古国司法总委员会成立后，法院的审判权与行政管理权分离，法院将行政管理权移交给司法总委员会，只负责审判案件工作，不再因为法院预算审批、执行的问题直接接触国家议会和政府机关，不再受到后者的牵制，实现了法院独立于国家议会和行政机关。

---

① Монгол улсын шүүхийн тайлан（2107 он）.

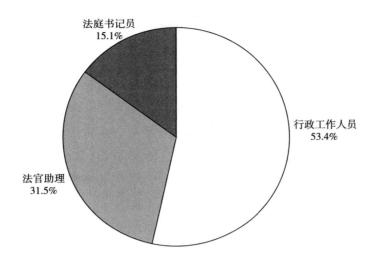

图2 司法总委员会工作人员结构

（二）法官独立有了制度保障

法院独立于立法机关、行政机关是法官独立的前提条件，如果法院不能独立于国家议会和政府机关，法官独立是难以实现的。法院独立是法官独立的必要条件，而不是充分条件。因此，法官独立制度的建设也是蒙古国司法改革的最主要内容之一。2012年蒙古国制定通过《法官权益保障法》，明确法院领导的管理权限，建立法官独立审判权受到干预的报告制度，提高法官基本物质条件，为法官审判权独立提供制度保障。

1. 法官审判权独立于法院内部管理权，为法官独立于法院内部管理权提供体制保障

法院院长、庭长等不再通过行政管理权的行使影响法官的案件审理行为，但法院案件审判管理人也有可能通过审判管理权影响法官案件审判行为。蒙古国《审判法》规定了"法院院长代表法院参加国内外活动，召开、主持法官大会，组织实施法官大会决定，自己参与的合议庭中担任主审法官，确认合议庭主审法官，确认法官调动工作的决定，组织接待群众工作，

组织处理群众的申诉、信访"等法院事务管理权。《法院行政管理法》规定，法院院长、庭长行使权力时不得干预法官的案件审理行为，不得对他人审理的案件发表意见，不得过问他人审理的案件。

2. 建立了法官审判权受干预的报告制度

《法官权益保障法》规定，法官的独立审判权受到干预的，可以向司法总委员会提出审判权受干预的报告，司法总委员会必须立案调查，对此类案件的调查不受程序限制。2013 年至今，蒙古国共有 20 起干预法官审判权的报告案件，在被指控干预法官审判权的 21 人中，4 人受到治安罚款处分，2 人受到行政拘留处分，8 人被移送到刑事司法部门。

3. 各级法院法官的生命、健康权益有了物质保障

为了落实法官权益保障法规定的满足法官的生命、健康权益的要求，司法总委员会在法院预算中保障各级法院法官的基本社会保障支出，与保险公司签订法官生命、健康保险合同。为了保证法官工资待遇的稳定，司法总委员会在法院预算中单列法官薪酬待遇条目，将来无论法院预算如何变动，法官的工资待遇不会下降。

（三）规范法官选拔、培训制度，加强法官队伍的建设

司法总委员会法官职业部办公室是负责选拔法官的行政专业机构。改革之前，司法总委员会法官职业部办公室的法官选拔制度不透明，"近亲繁殖"现象严重，对法官队伍综合素质的提高造成不利影响。2012 年，蒙古国制定《法官权益保障法》，规范法官专业考试制度、职业素质考核制度，法官选拔工作制度化、透明化，保证选拔工作的公平、公正。司法总委员会出台《法官继续教育规则》，建立法官的培训长效制度。司法总委员会司法研究、信息、培训院与美国国际发展署、世界银行等机构合作，开展法官培训工作，提高法官的专业化程度。

（四）法官审判工作的公开化、透明化

蒙古国宪法确立了审判公开原则。但长期以来蒙古国审判法律在公开什

么、如何公开的具体规定方面不甚明确，司法公开技术设备等基础条件落后，司法公开原则具体落实情况不理想，成为司法腐败的重要原因。2012 年修订的《审判法》明确规定，除法律明确规定不公开以外，审判工作应当公开进行。《蒙古国法院行政管理法》、司法总委员会《蒙古国审判保密办法》规定审判公开的具体情形，明确了审判公开的具体要求。与此同时，蒙古国加快了法院的基础设施建设进度，配备审判公开的设施设备，通过接待群众查阅、法庭直播、裁判文书上网、向媒体公开等方式向社会公开从立案到最终生效判决书送达的整个审判过程，接受国家机关、社会群众的监督。

（五）建立了司法责任制

司法责任制度改革是蒙古国深化司法体制改革的重要内容。蒙古国加强法官责任追究程序的透明化、公开化程度，法官违纪违法案件的立案、审查、处理结果向社会公开，保证案件及时、公正地判决。2012 年蒙古国制

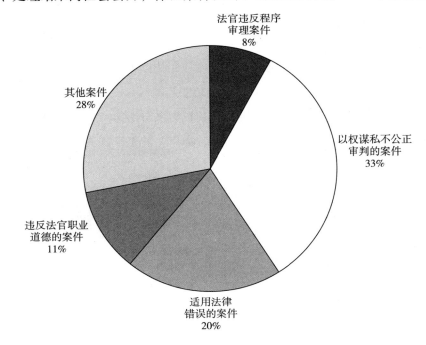

图3　2015 年蒙古国法官违纪违法案件情况

定《法官权益保障法》和《法官纪律规则》，明确规定法官及司法工作人员违纪违法的具体情形，规范法官纪律监察部办案规则。根据蒙古国司法总委员会公布的数据，2015 年司法总委员会纪律检查部审查了 213 起法官在审判工作中违纪违法的案件，涉及案件的法官达 256 人。其中，法官违反程序审理案件占 8%，以权谋私不公正审判的案件占 33%，适用法律错误的案件占 20%，违反法官职业道德的案件占 11%，其他案件占 28%（见图 3）。司法总委员会纪律检查部审查以上案件后，对 31 名法官给予降薪处罚、警告、开除的处分，认定涉及 225 名法官的 165 个案件的举报控告理由不成立，决定不立案。

四　蒙古国司法体制改革中存在的问题及深化改革趋势分析

世上没有完美的制度，改革永远在路上。蒙古国审判制度改革成果丰硕，得到国内公众和国际社会的普遍认可，但笔者认为蒙古国司法体制改革过程中，仍然存在以下不足之处，有进一步深化改革的空间。

1. 司法总委员会的权力应被纳入受监督的范围

司法总委员会是独立的国家机构，其权力来自法律。目前，司法总委员会的管理权限相当庞大。法院的人、财、物权，甚至审判人员的监督权均受司法总委员会的管理。但目前司法总委员会的权力尚不受其他机构的监督，规范司法总委员会行为的法律法规尚未出台。正如孟德斯鸠所言"权力不受监督必然会滋生腐败"。司法总委员会对法院行政管理权的垄断必然会引起其对法院或法官合法权益的侵犯，甚至干预法官的审判。因此，在法院内部设立监督司法总委员会行政管理权的监督机构，对其权力进行监督，才能防止司法总委员会侵害法院、法官权益，干预审判。

2. 完善审判机构经费保障机制

法院和司法总委员会的经费由国家拨付，为法院审判工作提供财政保障。蒙古国各级法院办公室独立编制年度财政预算并提交给司法总委员会。

司法总委员会统计各级法院的财政预算后，直接提交国家议会审议。为了保证充足的法院经费，2012 年 3 月 7 日制定的《审判法》第 28.5 条规定，法院每年的财政预算不得低于上年的标准。但 2012 年以来，受到国际能源价格回落的影响，蒙古国经济状况恶化，财政收入大幅减少，法院经费预算大幅降低，给法院基础设施的建设和法官待遇的稳定带来一定的压力。保证法院充足的经费、保持法官较高的工资待遇是防止司法腐败和保证司法公正的关键环节。蒙古国通过立法的形式建立稳定的法院经费预算，修改国家议会审批法院预算的程序，才能为公正、高效的司法制度提供物质保障。

3. 完善法官选拔制度，提高法官的素质

法官职业不仅对法官具有较高的法律专业知识要求，还对法官的司法技能、司法品性、廉正中立、对法律的忠诚度等有很高的要求。一个法官的专业能力虽强，但职业道德、公正廉洁不过关则公正司法难以实现。蒙古国初审法院法官的选拔采取的是考试制度。取得司法工作资格证书的蒙古国公民通过法官选拔考试，基本上都能被任命为法官，缺少备选人员道德素养、公正廉洁的审查和考核程序，选拔法官的门槛较低。按照美国法官选拔制度，法官备选人员不仅要通过法律知识考试，还要通过严格的个人品行考察。例如，考评委员会进行面谈、向社会公开备选人员的信息、供选民选举等。蒙古国必须完善法官选拔制度，提高选拔人员的基本要求，健全法官道德修养，采用公正廉洁的考察考核制度，建设高素质的法官队伍，才能保证审理案件的公平公正，从而达到司法制度改革的目的。

参考文献

Л. Бямбаа, Шүүхийн бие даасан, шүүгчийн хараат бус байдлыг хангах эрх зүйн асуудал, Хууль зүйн ухааны докторын зэрэг горилсон бүтээл, УБ. , 2006.

Б. Баярсайхан, 1940 Оны Үндсэи Хуульд Хийсэн Эрх Зүйн Зарим Шинжилгээ, 1940 Оны Монгол УлсынҮндсэи Хууль, Боловсролын Их Сургууль Түүхийн Тэнхим, УБ. , 2016.

Ч. Болдбаатар. Х. Чойбалсангийн Үндсэи Хуулийн Түүхийн Асуудал, 1940 Оны Монгол УлсынҮндсэи Хууль, Боловсролын Их Сургууль Түүхийн Тэнхим, УБ., 2016. Ж. бямбаа. Эрх зүй, нийгмийн шударга ёсны уялдааг шүүн шийдвэрлэхэд харгалзан үзэх нь, Газар, Удирдлалга, Эрх зүй, Түүвэр өгүүлэл, УБ., 2005.

Brent T. White. Rotten to the Core: Project Capture and the Failure of Judicial Reform in Mongolia, East Asia Law Review, 2009, Vol. 4: 209.

经 济 篇

Economic Analysis

B.6

蒙古国经济状况分析

于光军 齐 舆*

摘 要: 蒙古国是中国"一带一路"建设进程中的重要合作伙伴,同时,中蒙两国的关系历史悠久,是山水相连的友好邻邦,中国已连续17年成为蒙古国最大贸易伙伴国和外资来源国。因此,蒙古国的经济发展状况、中蒙两国的深度经贸合作对推动和落实"一带一路"倡议起着至关重要的作用。文章先后介绍了蒙古国的资源状况、2017年经济运行情况和主导产业及重点产业的发展现状,并对蒙古国的经济结构、分布格局以及经济发展的影响因素进行分析,最后得出蒙古国经济稳定发展的可预期性较高,工业高速增长和旅游业持续稳定发展可为未来经济稳定性提供更多的支持。

---

* 于光军,内蒙古社会科学院经济研究所所长,研究员,研究方向为产业经济、区域经济、制度经济学;齐舆,内蒙古社会科学院经济研究所助理研究员,研究方向为产业经济、统计学。

关键词： 蒙古国 经济 "一带一路"倡议

蒙古国地处东北亚，是世界第二大内陆国家，国土面积共 156.65 万平方公里，东、南、西与中国接壤，北与俄罗斯相邻。蒙古国于 1921 年 7 月成立君主立宪政府，1924 年建立蒙古人民共和国。1949 年 10 月 16 日，中蒙两国建交。1992 年 1 月通过新宪法，改国名为蒙古国，为议会制国家，政局稳定。

蒙古国宪法规定，蒙古国是独立自主的共和国；将在本国建立人道的公民民主社会视为崇高目标；国家承认包括公有制和私有制的一切形式；国家尊重宗教，公民享有宗教信仰自由；根据公认的国际法准则和原则，奉行和平外交政策。

蒙古国为宪政共和国，实行议会制。国家大呼拉尔为一院制议会，是国家最高权力机关，行使立法权。国家大呼拉尔可提议讨论内外政策的任何问题，并将以下问题置于自己特别权力之内予以解决：批准、增补和修改法律；确定内外政策基础；宣布总统和国家大呼拉尔及其成员选举日期；决定和更换国家大呼拉尔常设委员会；颁布总统当选并承认其权力的法律；罢免总统；任免总理及政府成员；决定国家安全委员会的组成及权限；决定赦免；等等。国家大呼拉尔成员由蒙古国公民以无记名投票的方式选出，任期 4 年；国家大呼拉尔主席、副主席任期 4 年。

蒙古国地广人稀，是世界上人口密度最低的国家之一，人口密度约每平方公里 2 人。2015 年 1 月，蒙古国人口突破 300 万大关，现总人口约 320 万人，约 70% 为 35 岁以下的人口，现有人口近半数集中在首都乌兰巴托。蒙古国矿产资源丰富，煤炭、铜、金等储量居世界前列。近年来，特别是实施"矿业兴国"战略后，蒙古国矿业快速发展，带动国民经济整体发展。①

---

① 以上内容摘自《对外投资合作国别（地区）指南》，蒙古国，2015。

一 蒙古国的资源状况

蒙古国矿产资源较丰富，大规模勘探开发未全面开展。目前，已探明的有 80 多种矿产和 8000 多个矿点，主要有铁、铜、钼、煤、锌、金、铅、钨、锡、锰、铬、铋、萤石、石棉、稀土、铀、磷、石油、油页岩矿等。

截至 2015 年底，蒙古国煤炭储量达到 258 亿吨，居世界前十位，其中 TT 矿储量为 65 亿吨（按 JORC 标准计算）；铜矿金属储量 4580 万吨，居亚洲第一；铁矿金属储量 3.9 亿吨；矿金属储量 59.8 万公斤，居世界前十位；锌矿金属储量 111 万吨；萤石金属储量 158 万吨，产量和出口量分别居世界第三位、第二位；铀矿金属储量 12.5 万吨，居世界前十位；稀土矿金属储量 183 万吨；磷矿探明储量 60 亿吨，居亚洲第一位、世界第五位；石油已探明储量 24.38 亿桶。已被列入蒙古国战略矿产名录的矿主要有巴嘎淖尔褐煤矿、那林苏海特煤矿、锡伯敖包褐煤矿、额尔登特铜钼矿、查干苏布日嘎斑岩铜钼矿、奥尤陶勒盖斑铜金矿、木耳泰铁矿、嘎楚尔特金矿、图木尔廷敖包锌矿等。[①] 其中，额尔登特铜钼矿已列入世界十大铜钼矿之一，位居亚洲之首；奥尤陶勒盖斑铜金矿是世界大型铜金矿之一，也是蒙古国最大的工业企业，探明铜储量为 3110 万吨、黄金储量为 1328 吨、白银储量为 7600 吨，该矿生产的大部分产品运往中国。

蒙古国可利用土地面积为 15646.64 万公顷，其中，农牧业用地面积占 80%，森林面积占 10%，水域面积占 1%。

蒙古国的森林面积为 1530 万公顷，森林覆盖率为 10%。木材总蓄积量为 12.7 亿立方米，其中，落叶松占 72%、雪松占 11%、红松占 6%，其余为桦树、杨树、红杨树等。森林主要分布于肯特、库苏古尔、杭爱和阿尔泰等省区的山区地带。

蒙古境内河流总长 6.7 万公里，平均年径流量为 390 亿立方米，其中

---

① 本部分信息和数据引自蒙古国矿产资源局：《2015 年 12 月矿业统计公报》。

88%为内流河。湖泊水资源量达 1800 亿立方米，地下水资源量为 120 亿立方米。①

二 蒙古国的经济现状②

受全球金融危机影响，国际大宗矿产品价格大幅下跌，导致了以矿产品出口为主要外汇来源的蒙古国经济受到了巨大的冲击，2009 年蒙古国经济呈现负增长，各项经济指标均有所下降。2010 年国际市场矿产品价格不断升温，蒙古国经济逐步回暖，实现 2010 年国内生产总值增长率 6.1%。随着全球金融危机影响的逐渐减弱，全球矿业走出低谷，国际市场矿产品价格在高位运行，蒙古国"矿业兴国"战略渐现成果，同时拉动了相关产业和基础设施建设发展，2011 年蒙古国 GDP 同比增长 17.3%，蒙古国经济出现了前所未有的迅猛发展势头。但自 2012 年以来，国内生产总值增速逐年下降，2012~2015 年的增速分别为 12.32%、11.65%、7.89%、2.3%，2016 年蒙古国全年国内生产总值达到 23.89 万亿图格里克，同比增长 1%，增长速度达到 2010 年以来的最低点，2017 年经济增长有所回暖，增长率达到 5.1%。

（一）2017年蒙古国国民经济运行情况

2017 年蒙古国全年国内生产总值为 27.2 万亿图，同比增长 5.1%。农业种植面积 52.43 万公顷，同比增长 3.8%，种植谷物总产量 23.81 万吨，同比下降 50.7%；牲畜存栏量共计约 6620 万头，同比增长 7.6%；工业产值完成 12.9 万亿图格里克，同比增长 30.3%，增长 3.0 万亿图格里克；矿业产值 93860 亿图格里克，占 GDP 的 46.3%，占工业产值的 72.58%；建筑业总产值为 31306 亿图格里克，较上年增加 1.5%；运输业总收入 13580 亿图格里克，同比增长 14%。

---

① 本部分信息和数据引自《蒙古国统计年鉴（2016）》。
② 本部分信息和数据引自中华人民共和国驻蒙古国大使馆网站和二连浩特市政府网站。

2017 年 12 月，国内居民消费价格指数（CPI）较上月上涨 0.5%，较上年同期上涨 6.4%。与同期相比，食品价格上涨 7.3%，烟酒价格上涨 3.7%，服装价格上涨 4.2%，房屋、水、电、燃料价格上涨 7.4%，家具和家电价格上涨 5.5%，医疗保健用品价格上涨 9.3%，运输价格上涨 10.4%，通信价格下降 0.5%，文化娱乐用品价格上涨 3.9%，教育价格上涨 5.5%，酒店价格上涨 3%，其他货物和劳务价格上涨 7.9%。

2017 年，蒙古国财政预算收入及外来援助总额 7.2 万亿图格里克，同比增加 24.1%；财政支出（含偿债金额）总额 8.9 万亿图格里克，同比减少 5.4%；财政赤字 1.7 万亿图格里克，同比减少 52.4%。税收收入 6.3 万亿图格里克，同比增长 27.3%，增长 1.4 万亿图格里克。其中，特别税下降 17.5%，减少 1104 亿图格里克；所得税上涨 54.3%，增加 5665 亿图格里克；增值税上涨 41.9%，增加 4785 亿图格里克；对外服务收入上涨 56%，增加 1839 亿图格里克；社保基金收入上涨 18.4%，增加 2043 亿图格里克。非税收入 9365 亿图格里克，同比下降 2.9%。

2017 年通货膨胀率为 6.4%，同比上涨 4.5 个百分点。

2017 年 12 月底，蒙古广义货币供应量（M2）余额为 15.8 万亿图格里克，较上月上涨 6.6%，较 2016 年底上涨 29.9%。

2017 年底蒙古国总人口为 320 万人，同比增加 1.96%，增加 5.98 万人；出生人口 75734 人，其中本土出生 74328 人，占 98.1%；国外出生 1406 人，占 1.9%；人口出生率为 23.8‰，人口死亡率为 5‰，人口净增率为 18.8‰。

2017 年蒙古国城镇登记失业人口为 2.55 万人，较 2016 年底减少 9%。蒙古国劳务部门登记的失业、求职人员为 3.71 万人，其中 2.55 万人（68.7%）为无职业失业人员，同比下降 26%；1.16 万人（31.3%）为择岗求职人员，失业人员中女性占 53%。2017 年重新就业人员为 2.86 万人。

（二）对外贸易情况

1. 对外贸易呈现多样化、多元化发展趋势

2017 年蒙古国与世界 163 个国家开展贸易往来，比 2016 年增加了 6 个。

对外贸易总额 105 亿美元，同比增长 27%。其中，出口额 62 亿美元，同比增长 26.1%，增加 13 亿美元；进口额 43 亿美元，同比增长 29.1%，增加 9.4 亿美元；矿产品出口值达 49.338 亿美元，矿产品出口额同比增加 14 亿美元，其中，煤炭出口增加 13 亿美元。2017 年实现贸易顺差 19 亿美元，是上年同期的 1.2 倍。2017 年肉类出口共计 29300 吨，同比增长 229.1%。其中，马肉 26118.7 吨，货值 4452 万美元；牛肉 600 吨，货值 164.33 万美元；羊肉 2061 万吨，货值 826.70 万美元。煤炭作为蒙古国的出口创汇商品，2018 年出口量达到 3560 万吨，创历史新高。

铁矿石（铁矿砂）、煤炭、铜矿粉、锌矿粉、钼矿粉、原油是蒙古国 6 种主要的出口矿产品，这 6 种矿产品的出口总额占蒙古国矿产品出口额的 98.5%。2017 年 1～12 月，蒙古国煤炭出口 3340 万吨，较上年同期增长 29.4%，出口额为 22.68 亿美元，较上年同期增长 130%；铜矿粉出口 144.72 万吨，较上年同期下降 7.3%，出口额为 16.13 亿美元，较上年同期增长 0.3%；铁矿石出口 625.78 万吨，较上年同期增长 2.8%，出口额为 3.13 亿美元，较上年同期增长 25.4%；原油出口 751.42 万桶，较上年同期减少 6.3%，出口额为 3.74 亿美元，较上年同期增长 10.9%；锌矿粉出口 11.82 万吨，较上年同期减少 6.2%，出口额为 1.81 亿美元，较上年同期增长 24.13%。[①]

2. 对华贸易稳中向好

中国已连续 17 年成为蒙古国最大贸易伙伴国和外资来源国。蒙古国从中国进口的产品总额占国家进口总额的 30%，并且有 90% 的出口产品运往中国。2017 年蒙古国对华贸易总额为 66.816 亿美元，同比增长 35.75%。对华贸易占蒙古国对外贸易的 57%，其中出口额为 52.690 亿美元，同比增长 35.7%，占其出口总额的 85%，进口额为 14.126 亿美元，同比增长 35.8%，占其进口总额的 33%，实现贸易顺差 38.564 亿美元。对华出口主要产品及货值：铜矿粉 144.72 万吨，货值 16.131 亿美元；铁矿石（铁矿砂）625.78 万吨，货值 3.134 亿美元；锌矿粉 11.82

---

① http：//mn. china-embassy. org/chn/mgdt/t1537544. htm.

万吨，货值 1.808 亿美元；煤炭 3229 万吨，货值 21.879 亿美元；原油
750.414 万桶，货值 3.741 亿美元；马肉 23422 吨，货值 3819.47 万美
元；洗净山羊绒 5409.7 吨，货值 2.056 亿美元。蒙古国自中国进口水泥
1.1 万吨，货值 62.56 万美元。截至 2018 年 11 月，蒙古国贸易顺差达到
42 亿美元，主要原因是蒙古国向中国出口了大量的矿产品和铜精粉、铁
精粉、煤炭、原油等原材料。①

三 蒙古国经济结构和布局分析②

（一）经济结构稳定，有待优化

2011 年以来，在政府的扶持下，蒙古国经济实现了复苏，2011 年 GDP
同比增长 31.8%，蒙古国经济出现了前所未有的迅猛发展势头，成为世界
上经济增长速度最快的国家之一，进出口总额也达到历史最高水平。

从表 1 可以看出，2011~2017 年，三次产业在 GDP 中的占比较为稳定，
第一产业占比保持在 10%~13.5%，第二产业占比稳定在 35% 左右，第三
产业占比则保持在 50% 以上。由此可知，随着蒙古国政府实施了产业结构
调整和优化措施，蒙古国的畜牧国家特征已经消退，服务国家的特征逐渐增
强，其产业发展模式已经由以第一产业（畜牧业）为主导转型为以第三产
业为主导，且近年来三次产业结构较为稳定。

通过对表 2 分析可知，2011~2017 年间蒙古国国内生产总值中占比较
大的行业有采矿业、批发零售和维修服务业、农林牧渔业以及制造业，采矿
业、批发零售和维修服务业所占比重在 20% 左右，是蒙古国的两大重要支
柱产业；农林牧渔业所占比重稳定保持在 10% 以上，制造业所占比重则稳
定保持在 9% 左右。

---

① 本部分信息和数据引自《蒙古消息报》。
② 本部分数据来源于《蒙古国统计年鉴》(2011~2017)。

表1　2011～2017年蒙古国三次产业在GDP中的占比

单位：%

项目	2011年	2012年	2013年	2014年	2015年	2016年	2017年
农牧业	10.2	11.2	13.4	13.3	13.3	11.5	10.6
工业、建筑业	35.9	34.6	34.4	34.7	33.7	36.6	39.4
服务业	53.9	54.2	52.3	52.0	53.1	51.8	50.0

资料来源：《蒙古国统计年鉴》（2014～2017）。

蒙古国拥有丰富的矿产资源，矿产开发给国家带来了可观的收益。2017年蒙古国采矿业的生产总值高达国内生产总值的22.6%，2012～2017年这一比率仍然保持在20%左右。根据《蒙古国统计年鉴》统计，近年来，采矿业产值占工业生产总值的约60%，而以畜产品为主要原料的轻工业和食品加工业产值仅占工业生产总值的大约11%，这极不利于经济部门间的持续、平衡、健康发展，有待进一步改进、优化。

表2　2011～2017年蒙古国国内生产总值的主要构成

单位：%

项目	2011年	2012年	2013年	2014年	2015年	2016年	2017年
国内生产总值	100.0	100.0	100.0	100.0	100.0	100.0	100.0
农林牧渔业	10.2	11.2	13.4	13.3	13.3	11.5	10.6
采矿业	21.8	17.8	15.9	17.0	17.6	20.7	22.6
制造业	8.6	9.0	10.7	10.6	9.1	8.8	10.2
建筑业	3.7	5.9	5.8	5.1	4.7	4.3	4.0
批发零售业和维修服务业	22.1	19.9	18.4	16.9	16.4	16.1	16.7
交通运输和仓储业	6.2	5.2	4.3	4.8	5.2	5.0	4.7
房地产业	6.8	5.8	6.2	6.8	6.9	6.9	6.2
公共管理、国防和强制性社会保障	3.9	4.2	4.1	4.1	4.6	4.7	4.2
教育	3.8	4.5	4.5	4.5	4.4	4.4	3.9

资料来源：《蒙古国统计年鉴》（2014～2017）。

（二）蒙古国的经济分布格局

1. 乌兰巴托经济总量优势明显

蒙古国按行政区划分为 21 个省和首都乌兰巴托市，2001 年制定的《蒙古国区域发展理念》将 21 个省和乌兰巴托市归为五个区域，由西到东依次为西部区域、杭爱区域、中部区域、东部区域以及乌兰巴托区域。从生产总值上看，由表 3 可知，乌兰巴托作为全国的政治、经济和文化中心，其总体经济状况明显高于其他四个区域，而且这一差距存在逐年递增的趋势，其他四个区域的总体经济状况基本一致，杭爱区域略好于其余三个区域，东部区域和西部区域最差。

表 3　2011～2017 年蒙古国各地区经济总量

单位：亿图

区域	2011 年	2012 年	2013 年	2014 年	2015 年	2016 年	2017 年
西部区域	6563.91	8604.11	11369.19	14019.52	15111.13	14598.15	15350.78
杭爱区域	19024.86	22690.30	27016.39	30803.06	30539.13	30015.12	38288.35
中央区域	14271.60	17446.52	21371.23	23533.84	23482.41	24390.44	26829.60
东部区域	5452.11	6880.40	9458.38	13214.60	12724.00	13394.17	15623.98
乌兰巴托区域	86425.16	111262.87	122527.23	140699.52	149647.19	157030.79	175577.64

资料来源：《蒙古国统计年鉴》（2014～2017）。

2. 各区域经济分布差距较大、优势明显

综合分析图 1、图 2、图 3 和表 4，可以得出，蒙古国各区域产业构成十分单一，基本只有 1～2 个支柱产业。

乌兰巴托区域由于土地面积小，农牧业所占比重特别小，而且乌兰巴托是蒙古国的首都，是全国的政治、经济、文化、交通、工业、科技中心，人口密度大，以年轻人居多，这使得工业、建筑业和服务业成为乌兰巴托区域主要的经济产业，这几大产业相比其他四个区域优势极其明显。

杭爱区域包括后杭爱省、巴彦洪格尔省、布尔干省、鄂尔浑省、前杭爱省和库苏古尔省 6 个省，该区域的农牧业生产总值位居 5 个区域之首，

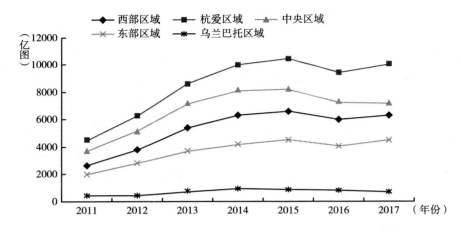

图1　2011～2017年蒙古国各地区农牧业生产总值

资料来源：《蒙古国统计年鉴》（2014～2017）。

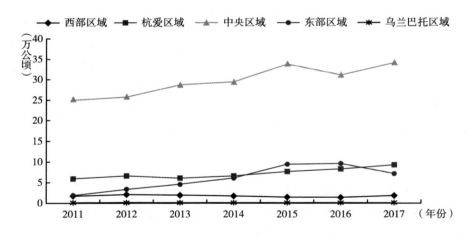

图2　2011～2017年蒙古国各地区农作物播种面积

资料来源：《蒙古国统计年鉴》（2014～2017）。

由于这个区域草场面积大、降雨量和地表水丰富、温度适宜，特别适合畜牧业的发展，所以主要优势体现在畜牧业方面，牲畜头数远高于其他四个区域。另外，该区域拥有工业大省鄂尔浑省以及工业和采矿业占有较大比重的库苏古尔省，其中鄂尔浑省 GDP 仅次于乌兰巴托，由此提高了杭爱区

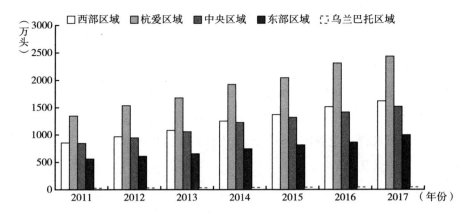

图3 2011~2017年蒙古国各地区牲畜头数

资料来源:《蒙古国统计年鉴》(2014~2017)。

域整体经济水平。工业、建筑业的生产总值略高于中央区域、东部区域和西部区域,位居第二。

表4 2011~2017年蒙古国各地区工业、建筑业和服务业生产总值

单位:亿图

区域	2011年		2012年		2013年		2014年	
	工业、建筑业	服务业	工业、建筑业	服务业	工业、建筑业	服务业	工业、建筑业	服务业
西部地区	945	2914	1015	3734	1535	4400	2229	5538
杭爱地区	10977	3558	11663	4720	12779	5592	13738	7054
中央地区	6408	4053	7031	5199	8057	6134	7460	7978
东部地区	2284	1150	2511	1555	3783	1930	6436	2603
乌兰巴托	26619	59374	35493	75325	39699	82093	47275	92440

区域	2015年		2016年		2017年	
	工业、建筑业	服务业	工业、建筑业	服务业	工业、建筑业	服务业
西部地区	2508	5984	2774	5825	3024	5956
杭爱地区	12643	7543	13267	7324	20905	7390
中央地区	6904	8336	8585	8585	11000	8720
东部地区	5204	2952	6536	2746	8312	2797
乌兰巴托	50730	98019	56531	99715	63910	110965

资料来源:《蒙古国统计年鉴》(2014~2017)。

中部区域包括 7 个省，其中既有工业比重较大的前戈壁省，又有以畜牧业为支柱产业的东戈壁省和中戈壁省，同时还有服务业较发达的达尔汗乌拉省，这些省弥补了戈壁阿尔泰省这块短板，致使中部区域整体经济水平次于杭爱区域，居五个区域的第三位，其农牧业生产总值排名第二，这个区域以平原和林地为主，交通便利、降雨和地表水丰富、温度适宜，为其工农业发展提供了优越条件，农业作为该区域的支柱产业，生产总值远超其他四个区域，具有压倒性优势。

西部区域包括巴彦乌勒盖省、戈壁苏木贝尔省、扎布汗省、乌布苏省和科布多省 5 个省，东部区域包括东方省、苏赫巴托尔省和肯特省 3 个省，这两个区域多为沙漠、戈壁，干旱少雨，自然环境相比其他区域较差，分别以畜牧业和农业为主要的经济产业，虽然比重呈下降趋势，目前与第二产业基本持平，但是其地位是第三产业短期内无法撼动的。如此的产业结构特点是一把双刃剑，优点是受到经济危机的影响要弱于其他区域，缺点是由于产业结构单一，多年来经济增长速度始终缓慢，经济水平远低于其他区域。

四　主导产业及重点产业的发展现状[①]

（一）农牧业

根据蒙古国家大呼拉尔新闻办报道，2017 年蒙古国农牧业生产总值同比增长 4.4%。

1. 农业

农业并非蒙古国国民经济的主导产业，但关系国计民生，历来受到蒙古国政府的重视。蒙古国的主要农作物有小麦、大麦、马铃薯、白菜、萝卜、葱头、大蒜、油菜等。

---

① 本部分信息和数据引自《蒙古消息报》，中华人民共和国驻蒙古国大使馆网站，http：//mn. china - embassy. org/chn/。

继 20 世纪 50 年代和 70 年代的两次垦荒种植计划之后，2008 年起蒙古国政府实施了"第三次垦荒计划"，使得蒙古国的内部生产开始逐渐好转。到 2010 年时，全国粮食总产量 35.51 万吨，可以完全满足国内需求，马铃薯产量达到 16.8 万吨，也可以 100% 满足国内需求，其他蔬菜的 62% 可以内部供给，这是过去 5 年平均值的 2.3 倍。近年来，蒙古国对蔬菜需求量及蔬菜产量不断增长，蔬菜的种类随之不断增加，各种蔬菜除了进口，国内也开始种植。

根据蒙古国国家统计局统计，2018 年农业种植面积 50.81 万公顷，同比减少 3.1%，虽然种植面积有所减少，但是各种粮食和蔬菜的产量反而有了大幅增长。2018 年谷物总产量 45.38 万吨，比上年增产 21.57 万吨，同比增长 90.6%；马铃薯产量 16.89 万吨，比上年增加 4.71 万吨，同比增长 38.6%；蔬菜产量达到 10.07 万吨，比上年增加 1.86 万吨，同比增长 22.7%。此外，储备干草 120 万吨，比上年增加 22.12 万吨，同比增长 21.9%；手工饲料 5.11 万吨，比上年减少 1200 吨，同比下降 2.3%。

2. 畜牧业

畜牧业是蒙古国基础产业，是传统的经济部门。蒙古国主要育养马、牛、骆驼、山羊和绵羊，主要生产并出口的畜产品有奶、肉、毛、皮、绒等，这些产品的生产和出口为蒙古国的经济发展做出了重要贡献。2018 年蒙古国畜牧业仍然处于支柱产业地位，牲畜数量在 2017 年达到历史新高之后，仅有小幅增长或小幅减少。根据蒙古国国家统计局统计，截至 2018 年底，蒙牲畜存栏量共计约 6650 万头，比上年增加 30 万头。其中，马 390 万匹，同比增长 0.4%；牛 440 万头，同比增长 0.2%；骆驼 45.97 万峰，同比增长 5.9%；绵羊 3060 万只，同比增长 1.5%；山羊 2710 万只，减少 20 万只，同比下降 0.8%。五种牲畜占牲畜总数比重分别为：马 5.9%、牛 6.6%、骆驼 0.7%、绵羊 46.0%、山羊 40.8%。

（二）矿产业

蒙古国拥有丰富的矿产资源，矿产业是其重要的支柱产业。2012 年以来，随着国际金融危机的影响逐渐减弱，国际矿产品价格开始高位运行，全

球矿业走出低谷，蒙古国矿产业开始迅猛发展，2015 年达到峰值。

根据蒙古国国家统计局统计，2017 年工业产值完成 12.9 万亿图，同比上涨 30.3%，增长 3.0 万亿图。其中，矿业产值 93860 亿图，增长 2.3 万亿图，同比上涨 32.8%。矿业产值中煤炭产值增长 78.7%，增长 1.1 万亿图；金属类矿产值上涨 20.7%，增长 1.0 万亿图。2017 年工业产品销售额为 15.2 万亿图，同比上涨 36.9%，其中出口销售 10.1 万亿图，占销售总额的 66.4%。其中，矿业销售额为 105727 亿图，同比上涨 34.1%，占工业销售总额的 69.74%；加工制造业销售额为 36608 亿图，同比增加 57.6%，占工业销售总额 24.08%；水电暖供应等行业销售额为 9208 亿图，同比增长 7.2%，占工业销售总额 6.05%。

2017 年矿业产值占 GDP 的 46.3%，占工业产值的 72.58%。其中，矿山开采产值 42913 亿图，占 GDP 的 21.1%。2017 年矿产品生产量：铜矿粉 131.71 万吨，钼矿粉 5616.7 吨，黄金 19.85 吨，萤石、萤石粉 5.52 万吨，铁矿石、铁矿砂 367.75 万吨，锌矿粉 8.27 万吨，煤炭 4948.03 万吨，原油 762.40 万桶。2017 年主要矿产品出口量：铁矿石、铁矿砂 625.78 万吨；铜矿粉 147.22 万吨；锌矿粉 11.82 万吨；黄金（半成品）14.555 吨；煤炭 3340.0 万吨；萤石（萤石粉）31.93 万吨，货值 8420 万美元；原油 750.414 万桶。

（三）建筑业

受益于中国政府"一带一路"建设，蒙古国的建筑业进入了一个飞速发展的新阶段，2013～2015 年年均增长率达到 30% 以上。蒙古国的建筑业主要投入在基础设施建设和住宅建设两个方面，对建材的需求不断增加，每年进口的建筑材料中，大约 80% 来自中国。根据蒙古国国家统计局统计，2017 年建筑业完成产值 31306 亿图，同比增长 1.5%，增加 459 亿图。其中，住宅建筑产值 12349 亿图，同比增长 13.4%；非住宅建筑（工业、贸易、医院、学校等）产值 11120 亿图，同比减少 12.0%；一般通用建筑（道路、桥梁、公共设施等）产值 7000 亿图，同比增长 2.1%；建筑维修产值837亿图,同比增长80.6%。国内企业完成29446亿图,占94.1%;外国企业完成1860亿图,占5.9%。建筑业中,住宅建筑占39.4%,同比增长4.1个百分点;非住宅建筑占35.5%,同比下降5.5个百分点;通用设施建筑占22.4%,同比增长0.2个百分点。

(四)旅游业

蒙古国幅员广阔,自然景观复杂多样,草原、森林、丘陵、河流、湖泊、沙漠兼备,同时,它也是以喀尔喀蒙古族为主体的多民族国家,历史文化悠久,是一个至今依然保存着游牧景观与游牧文化的国家,依托其丰富的旅游资源,已经形成以首都乌兰巴托为中心的一个辐射全国的旅游景点网络。进入21世纪以来,蒙古国旅游业发展迅速,旅游产业在蒙古国国民经济发展中起着重要作用,为蒙古经济发展做出了重要贡献。根据蒙古国国家统计局和二连浩特外事办统计,2017年蒙古国出入境旅客累计590万人次,同比增长15.2%,增加7.15万人次。入境外国人52.7万人次,同比增长15.2%,增加7.15万人次。入境外国旅客中,中国公民占37.2%,俄罗斯公民占20.3%,韩国公民占14.1%,日本公民占4.3%,美国公民占3.3%,哈萨克斯坦公民占2.7%,其他国家公民占18.1%。2017年蒙古国公民出国旅行240万人次,其中,180万人次为因私出国,占出国人员比重的75%。

(五)交通运输业

蒙古国对外贸易和旅游业蓬勃发展的同时,极大地带动了交通运输业的发展。根据蒙古国国家统计局和二连浩特外事办统计,2017年,蒙古运输业总收入13577亿图,同比增长14%;运输货物5391万吨,同比增长33.5%;运送旅客2.157亿人次旅客,减少18.3%。其中,公路运输收入5064亿图,同比增长8.5%,运输货物3121万吨,同比增长53%,运送旅客2.12亿人次,同比减少18.6%;铁路运输收入5291亿图,同比增长21.1%,运输货物2270万吨,同比增长13.6%,运送旅客262万人次,同

比减少 0.8%；航空运输收入 3222 亿图，同比增长 12.2%，运输货物 3082.6 吨，同比减少 0.5%，运送旅客 82.54 万人次，同比增长 22.6%。

五　蒙古国经济发展的影响因素

（一）促进蒙古国经济发展的有利因素

1. 矿产资源丰富

蒙古国具有非常丰富的矿产资源，目前已探明的有 80 多种矿产，其中，有分布较多、较广的煤炭和铁矿，还有特别值得关注的稀土和铀矿。资源的富集对工业投资具有很强的吸引力，可以带来技术和人才的聚集，而蒙古国的经济技术水平较低，大量的矿产资源有待开发利用。因此，进一步开发利用矿产资源，可以有力地推动蒙古国经济的发展。

2. 重视教育

蒙古国一直很重视教育投入，近年来对教育的投入一直占到其国家总预算的 20% 以上。据世界银行数据库统计，蒙古国的入学率自 2006 年以来，一直保持 100% 以上，2010 年达到最高 125.678%，2017 年蒙古国的小学入学率为 104.48%，且大部分年轻人有被政府公费外派留学的机会。[①] 教育是提升劳动力素质和培养人才的主要途径。世界银行研究表明，一国劳动力受教育时间平均每增加 1 年，国内生产总值会增加 9%。教育水平的提高可以促使高素质劳动力和先进技术的聚集，从而推动经济的全面发展。

3. 商业环境逐渐改进

良好的商业环境是经济发展的重要保障。蒙古国是世界贸易组织的成员国，享受无条件、多边、永久和稳定的最惠国待遇以及国民待遇，具有低税收的优势和投资便利性；同时，自 2007 年开始蒙古国的国家统计体系有了很大的改进，支持网上申报，企业可以直接进行信息登记，极大地提高了商

---

① 本部分数据引自世界银行公开数据网站，https：//data.worldbank.org.cn/。

业交易的便利程度。根据世界银行 2018 年 5 月公布的营商环境指数，蒙古国的营商环境便利度排第 74 名，其中开办企业和办理施工许可证这两项指标在 190 个国家中的排名分别为第 87 位和第 23 位。①

需要明确的是蒙古国为保障本国公民就业，限制外国劳工进入，实行严格的外籍劳务工作许可审批制度，企业引进外籍劳工需要经过蒙古国多个政府部门逐级审批后，才能办理劳动许可，并需交纳名目繁多的费用。

4. 旅游业发展乐观

蒙古国不仅拥有丰富的自然资源和人文资源等旅游业发展优势，而且政府为了积极发展旅游业，还采取了一系列措施，夯实旅游业基础设施，不断提高旅游接待能力。随着蒙古国政局趋于稳定、经济发展环境不断改善、基础设施和交通服务水平的不断提高，蒙古国独特的草原风光、大漠风情、浓郁的民族特色对旅游者的吸引力也将进一步显现。因此，蒙古国政府不断积极采取措施，改善接待条件，简化签证手续，加强对外宣传，蒙古国的旅游产业必将为蒙古国经济发展做出更多贡献。

（二）阻碍蒙古国经济发展的不利因素

1. 基础设施建设落后

近年来，蒙古国政府致力于基础设施建设，通过财政拨款和多双边援助资金，先后启动西部公路和省级联通公路项目、东部和西部地区的标轨铁路项目以及新建国际机场项目。但目前，蒙古国仍未形成连通全国的公路运输网络，交通运输仍以铁路为主，运力十分有限。根据世界银行公布的全球物流绩效指数，2018 年蒙古国的国际物流绩效指数为 2.37，排名从 2016 年的第 140 位攀升至第 130 位，但仍低于世界平均水平，处于交通基础设施最差之列。② 蒙古国落后的基础设施建设，无法满足矿业资源开发出口和经济发展的需要。

2. 产业结构单一

蒙古国的产业结构单一，以矿产业和畜牧业为主导产业。其中，蒙古国

---

① 本部分数据引自《世界银行营商环境报告（2018）》。
② 本部分数据引自《世界银行物流绩效指数（2018）》。

全国投资总额的85%、国民生产总值的20%、财政预算收入的40%、出口收入的90%源自矿产业。蒙古国经济发展过度依赖矿产资源的开发，国际矿产品价格的任何风吹草动，都会引起蒙古国经济的较大波动，经济的抗风险能力极低。产业结构的严重畸形，必将抑制经济的持续健康发展。

3. 劳动力资源不足

蒙古国劳动力市场一直存在结构性失衡问题，普通劳动力基本满足需求，但技术岗位，尤其是高技术岗位劳动力供应不足。因此，尽管劳动力资源紧张，但存在结构性失业问题。每年在蒙古国的外籍劳工为2万~3万人，主要集中在建筑和矿产开发领域。受蒙古国经济下滑影响，近年来市场对外籍劳工需求有所减少。劳动力是经济增长的要素之一，熟练劳动力的短缺，严重阻碍了蒙古国经济的发展。

4. 商业贷款难度加大

从2014年起，受国际大宗商品价格低迷、国内工业建设缓慢影响，蒙古国经济开始下滑，陷入了"举国还债"的困境。为应对经济危机、扭转这一困境，蒙古国政府采取了相应措施，在接受国际货币基金组织救助计划的框架下，政府必须改善预算分配机制，继续实行紧缩性财政政策，商业银行也随之收紧商业贷款的额度。商业贷款是促进经济发展的重要因素，对工业的发展和商业企业的发展，都有重要的资金链扶持作用，从而促进经济的发展。商业贷款难度加大，使得商业贷款对经济发展的活性作用减弱，抑制了蒙古国经济的发展。

六 蒙古国经济的发展展望[①]

据蒙古国国家统计局提供的数据，2018年前5个月蒙古国与131个国家开展贸易，外贸总量达到41.1亿美元，同比增长26.5%。其中，出口额

---

① 本部分信息和数据引自中华人民共和国驻蒙古国大使馆经济商务参赞处网站，http://mn.mofcom.gov.cn/。

20.9亿美元，同比增长3.793亿美元；进口额20.2亿美元，同比增长6.811亿美元。出口额增长主要是因为矿产品出口增长3.719亿美元，纺织品出口增长1500万美元。进口额增长主要是因为矿产品进口增长1.218亿美元，采油增长6530千万美元，机械、设备、电器和零部件增长1.4亿美元，金属及其他产品增长1.29亿美元。矿产品、纺织品、金属制品占出口总量的95%；矿产品、机械、电器、汽车、零部件和食品占进口总量的66.8%。

据《蒙古消息报》7月19日报道，国际信用评级机构惠誉宣布将蒙古国长期信用评级从"-B"提升至"B"，同时将其状态上调为"稳定"。惠誉机构指出，2017年11月以来，蒙古国财政指标持续改善。该机构预测，2018年底，蒙古国预算赤字在GDP中占比将降至3.9%，政府债务在GDP中占比为75.3%（2017年为81.2%、2016年为91.4%）。国际货币基金组织（IMF）于2018年6月批准了为期三年的中期贷款计划第四阶段评估，并表示2018年3月各项指标向好，改善了IMF及其他援助国家和投资商对蒙古国进行投资的条件。随着消费和矿业投资的增长，蒙古国经济增长率持续增高，2018年一季度达6.1%。惠誉预测，2018年底蒙古国实际GDP增长将达到5.2%，2019年将达到6.3%。

截至2018年3月底，蒙古国官方登记失业人口为3.42万人，较2017年同期减少32.8%。2018年1~3月，社保资金总收入为5295亿图，较2017年同期增长9.2%。社保资金总支出为5040亿图，较2017年同期增长11.9%。

从国内经济运行的主要指标分析，根据蒙古国国家统计局公布的2018年一季度经济社会运行数据，2018年第一季度，蒙古国财政总收入为18109亿图，较2017年同期增长20%；财政总支出为18366亿图，较2017年同期增加2.8%；财政赤字258亿图，较2017年同期减少89.8%。一季度末，蒙古国外汇储备29.83亿美元，同比增长168.98%。

作为以矿产品出口为主的国家，在经济运行效益好转的同时，矿产资源出口数量有所下滑，得益于国际市场矿产资源、大宗原材料价格提升，价值

量增加。值得注意的是，蒙古国工业增长较快。

2018年1~3月，蒙古国煤炭出口676.9万吨，较2017年同期减少16.81%，共计5.14亿美元，较2017年同期减少4.9%；铜精矿出口33.77万吨，较2017年同期减少7.7%，共计4.62亿美元，较2017年同期增长21.6%；铁矿石出口144.09万吨，较2017年同期增长30.2%，共计0.63亿美元，较2017年同期减少8.9%；原油出口163.12万桶，较2017年同期减少11.3%，共计1.01亿美元，较2017年同期增加8.5%；锌精矿粉出口3.29万吨，较2017年同期增长20%，共计0.6亿美元，较2017年同期增长49.3%。2018年1~3月，蒙古国工业总产值为3.3万亿图，较2017年同期增长21.7%。交通运输业，通过铁路运输货物620万吨，同比增长28.5%；运送旅客61.2万人次，同比减少4.1%；运输收入1394亿图，较2017年同期增长31.9%。通过航空运输货物732.3吨，同比增长16.1%；运送旅客19.7万人次，较2017年同期增长30.7%；运输收入729亿图，同比增长9.4%。

可以预计，从国际煤炭、铜、铁矿石等与蒙古国矿产资源出口关联密切的期货市场期货合约情况分析，本年度该类商品将持续稳定并略有回升。基于蒙古国工业体系的可持续性发展，以及蒙古国消费趋势与经济运行趋势的高度一致性，蒙古国经济稳定发展的可预期性较高，从工业高速增长、旅游业持续稳定发展，结合近年来蒙古国工业体系投资项目所展示的结构变化情况判断，蒙古国经济结构调整进展虽然相对缓慢，但运行较为稳健，对未来经济稳定性可提供更多的支持。

B.7
蒙古国财政金融制度发展
现状以及未来发展方向[*]

〔蒙古〕楚·苏米亚

摘 要: 蒙古国通过制定中长期财政发展规划、强化国家战略与财政预算的结合,在 IMF 救援计划的指导下降低或再融资国家债务等方式不断推进财政制度改革,2018 年基本实现了国家财政收支的稳定增长。但由于经济结构单一、经济增长与资源开发矿业发展联动性较大,蒙古国财政经济的发展状况并不理想,还是存在财政赤字和国家债务水平高等问题。与此同时,财政制度改革也并未使蒙古国国家的财政状况得到根本性改善。一是财政收支规模仍处于较低水平,二是财政制度改革还主要集中于税收制度改进阶段,以结果为导向的现代综合预算制度构建还相对缓慢。本文即是对蒙古国国家财政金融发展状况及近几年财政经济形势的总体分析。

关键词: 蒙古国 财政经济 收支规模 国家债务

自 1991 年开始,蒙古国由计划经济向市场经济过渡,实行国有资产私有化,但初期遭遇转型衰退,改革效果并不明显,并导致社会经济发展呈现

---

* 〔蒙古〕楚·苏米亚,蒙古国交通发展银行经济分析师。

出负增长和高速通货膨胀的状况。蒙古国于 1997 年 1 月加入世界贸易组织①，经过 20 多年的"阵痛"，其经济开始复苏并呈现较快增长态势。21世纪初，蒙古国的财政收入增长较快，而且中央财政收入增速快于地方，中央政府在调控经济、加强对地方控制、促进社会协调发展等方面的能力不断增强。与此同时，蒙古国财政面临的主要风险在于，国家财政收入主要来源于采掘业，支出主要用于社会事业，但对采掘业的投资却不大，该行业发展主要依靠外资。一旦外资减少或国际市场主要矿原材料价格下跌，则蒙古国财政收入很容易出现紧张。为维护经济和预算稳定，蒙古国专门成立了国家基金（Human Development Fund etc）。但是该基金运营效果不是特别好。蒙古国在金融方面的成就很大，不仅发行了自己的货币，有效地保证了国家经济独立和稳定，而且金融市场越来越活跃，主体不断增多，规模不断扩大。不过，蒙古国的贷款利率平均高于大部分周边国家市场，刺激部分金融机构先从亚太发达市场融资，再回国赚取利率差，一旦国际市场资金紧张，则蒙古国金融机构很容易遭遇融资困难，增加经营风险。

一　国家财政管理体制

财政管理体制是财政管理的核心和最基本的管理制度，其实质是处理各级政府间的财政关系，有广义和狭义之分。广义的财政管理体制主要包括预算管理体制、税收管理体制、公共部门财务管理体制等。狭义的财政管理体制仅指政府预算管理，即划分各级政府间的财力，规定预算资金使用的范围、方向和权限。财政管理体制的实质是处理财政资金分配和管理上的集权与分权、集中与分散的关系问题，通常考虑以下三方面问题：一是界定各级政府间的事权范围和财政支出责任；二是根据事权与财权相结合原则，合理

---

① Mongolia and the WTO. https：//www. wto. org/english/thewto _ e/countries _ e/mongolia _ e. htm.

划分各级政府收入；三是建立转移支付制度，促进各地区间的财力状态均衡，增强地方政府满足社会公共需要的能力。

（一）国家综合预算编制

为规范和完善国家预算和国库管理体制，蒙古国的预算活动由专门的《预算法》规定。根据《预算法》①，国家综合预算按内容分为预算收入和预算支出两部分，按层级分为中央预算和地方预算，地方预算又分为省（首都）预算和市预算两级。

蒙古国国家预算由中央预算和地方预算组成。中央预算由中央各部门（含直属单位）的预算组成。地方预算由各省、首都、各县、乡区总预算组成。地方各级政府预算由本级各部门（含直属单位）的预算组成。

各预算级次的政府（部门、单位预算总督）负责制订预算发展计划、协调政府总未来三年期预算项目之间的互相关系、拟定不同财政年度的预算草案、确定国家和地区项目以及国家社会经济发展的主要指标等。在预算执行过程中可根据形势变化和实际需要，依法定程序调整部分指标。

在预算计划阶段，预算委员会把重点放在如何使预算资金取得高效率和实际效果。首先根据总统意图、国家发展战略、经济指标计划和政府项目情况等，确定项目发展战略。然后在预测分析国家中期宏观经济前景基础上，测算预算规模，确定几个重要的国家预算指标，如预算收入数、支出数、赤字或结余数、赤字的弥补和结余的运用、当年政府债券的最高发行限额和发行政府担保的限制等。最后确定预算项目计划，通常以项目用款计划等形式予以体现。

为充分利用预算资源，蒙古国实行以项目为基础的目标预算，如国家管理、转移支付和补贴、贷款、投资、资本支出、国债管理等。纳入目标预算的项目在复式预算制度基础上，分成经常性预算项目和建设性预算项目两大类。预算项目根据各政府部门行使职能的实际需要编制，在确定之前都要经

---

① ТӨСВИЙН ТУХАЙ/Шинэчилсэн найруулга，https：//www. legalinfo. mn/law/details/12254.

过各级行政长官的严格审核。财政部门则根据各政府部门汇总情况制订预算计划，这样既能有效提高预算资金的实际使用效果，又能对预算项目执行情况实施有效监督与管理。

蒙古国的预算分类制度包括机构分类、经济性质分类和职能分类，每一类又具体分为类、款、项、特别事项 4 部分。按机构分类的目的是确定各政府部门的活动领域，促进各部门落实政策和项目。按经济性质分类的目的是从经济分析的角度测量政府收支对各经济社会领域的影响，比如分为工资福利、社会保障、商品服务、债务本息、基本建设等。按职能分类，就是按政府主要职能活动分类，比如分为一般公共服务、外交、国防、公共安全等几大类。

（二）国家综合预算收支体系

预算收支分类是一项基础性财政工作。为改变苏联计划经济时期的财政管理模式，按照市场经济和公共财政要求，蒙古国对预算收入和支出项目进行类别和层次重新划分。

预算收入分类反映政府收入的来源和性质，即钱从哪来的。在蒙古国的财政统计中由"财政进项"（广义的预算收入，Budgetary income）反映。财政进项的内容包括财政收入、财政借款、财政贷款的回款、出售财政资产所得 4 个部分。其中，财政收入（Fiscal revenue）通常包括税收收入（由税法典确定）、非税收入（行政罚款、滞纳金、未使用完的预算资金等）、出售固定资产所得（如出售国有资产、国家物资储备、国有土地区块、国有无形资产等）、转移支付（包括同级预算转移和从国家基金转入）4 项内容；财政借款是指发行政府债券或签订借款合同等获得的货币进项；财政贷款的回款是指财政借出款项的归还，以及法人因国家担保的支付；出售财政资产所得是指出售国家掌控的各类资产所得。

预算支出分类反映政府各项职能活动的规模和用途，即政府究竟做了什么。在蒙古国的财政统计中由"财政出项"（广义的预算支出，Budgetary expenditure）反映。财政出项的内容包括财政支出、预算贷款支出、获得财政资产支出和偿还债务支出 4 个部分。其中，财政支出（Fiscal expenditure）包括各部门活动支出、债务管理费用支出和转移支付支出 3 大部分，通常分为一般公共服务，国防，公共安全，教育，卫生医疗保健，社会保障与救助，住房，文化、体育、旅游和传媒，能源综合体和资源利用，农林牧水、环保，工业和建筑业，交通与通信，债务管理，转移支付等 15 项内容；预算贷款支出主要是指向企业提供的有偿或无偿贷款；获得财政资产支出是指收购法人（包括国际组织）股份或有价证券，使其变为国有资产的支付；偿还债务支出是指偿还内债或国外借款的支付。

在上述进项和出项基础上，蒙古国的总预算结构总表分为 7 大部分：一是财政收入（＋税收、非税收入、出售固定资产所得、转移支付）；二是财政支出（－）；三是预算贷款净额（－预算贷款，＋贷款回款）；四是财政资产活动净得（－获得财政资产支出，＋出售财政资产所得）；五是预算结余（＋盈余，－赤字）；六是弥补赤字（＋借债，－还债）；七是全年剩余（留给下一年）。

蒙古国的总预算审计和监督主要针对支出环节。具体审计和监督手段包括以下几方面：一是推行统一的政府经常性收入和支出开支标准。二是提高制订支出计划的效率，各个预算支出机构要制订项目用款计划。三是建立预算评估机制。在预算执行阶段，财政部和审计署将对国家总预算执行的所有项目进行评估，写出预算执行季度和年度审计和监督工作报告，年度预算执行报告提交国家大呼拉尔（议会）进行讨论。四是制定专门的蒙古国家审计法和国家预算法，为预算审计和监督提供法律保障。

（三）国家综合预算收入划分

蒙古国预算法对中央与地方的财政事权做出明确划分，属于中央预算收入的项目主要有：税收收入，包括进出口关税、海关监管手续费、为保护民族企业而征收的关税、企业所得税（不含石油企业）、增值税（含进口增值税）、进口商品的消费税、原油和凝析油消费税、博彩税、超额利润税（不含石油企业）、签字费（不含石油企业）、自然资源开采税（不含石油企业）、出口调节税（不含石油企业）、签订产品分成合同的国家战略资源矿企业（或石油等资源开采企业）的产品分成（或补充支付）、除地方收费公路外的道路通行费、发放无线电使用许可费、无线电及高频设备登记费、无线电波段使用费、传媒登记注册费、药品登记费、版权及其作品登记费、国内和国际长途通信费、自然保护区使用费、动物资源使用费、水面通行费、国家级公路沿线设置广告费、领事签证费、办理身份证费、办理驾驶证费、办理机动车行驶证费、办理数字标志费、公证费、文件旁注手续费、诉讼受理费、办理知识产权手续费、交通工具技术检验费等；非税收入，包括国有资产收入（国有企业的部分纯收入，中央银行的部分纯收入、国有股份的红利、国有股份的利润分成、国有资产租赁收入、购买的外债收益、贷款收益），财政供养的国家机构销售商品、服务和劳务收入，财政供养的国家机构从事政府采购所得，罚款和滞纳金，其他非税收入；出售固定资产收入，包括出售国家机构的国有财产、出售国家储备物资、出售国家无形资产；转移支付所得，包括来自地方政府的转移和来自国家特约基金的转移。

属于地方级预算收入的项目主要有：税收收入，包括个人所得税（与区市收入分成），社会税（与区市收入分成），污染排放费，烟、酒、酒店、娱乐单位的城市消费税，地方自然保护区使用费，土地区块使用费，个体户登记费，从事个别活动许可费，法人注册分支机构费，拍卖费，除领事费和归属中央预算的手续费之外的手续费，不动产交易和登记费，船舶注册费，交通工具登记费，地方级公路通行费，地方级公路两旁广告设置费，地表水使用费，森林使用费，地方级自然保护区使用费等；非税收入，包括市政收入（地方级公用事业法人部分纯收入、地方级公用事业法人的股份红利、州级公用事业法人的国家股利润分成、地方级公用事业法人的资产租赁收入、地方级贷款收益、地方级预算储蓄利息、其他），财政供养的地方级国家机构销售商品、服务和劳务收入，财政供养的地方级国家机构从事政府采购所得，罚款和滞纳金，其他非税收入；出售地方属固定资产的收入；转移支付所得，包括来自下辖区市的转移和来自中央预算的转移。

在预算支出方面，蒙古国对中央、地方级、市级、县乡区级预算都有较明确划分。比如教育方面，中央预算负责公立普通义务教育、高等教育、学前教育和职业教育。在社会保障领域，地方预算主要负责住房及孤儿、无赡养人的老者、残疾人等的社会救助等，中央预算负责发放养老金、国家统一的社会补贴、军属补贴、生态灾害受害者和政治迫害受害者补贴等。总体上，教育、卫生、住房、社会救助和社会补贴开支以中央财政为主。

（四）国库管理

财政部内有国库司①，各地方都有财政国库部门，并在国库总局基础上成立国库委员会，作为财政部的内部职能部门，下设总会计审核处和支付结算处。国库司即中央国库，负责总账、预算收入管理、发行国库券、现金管理、组织协调国库支付系统与银行清算系统的业务往来、记录国家债务与信用和政府担保债务情况等。总会计审核处负责预算收入管理、财政承诺的通知、承诺管理与控制、资产账户、记录国家债务与信用等。支付结算处负责蒙古国政府支付结算、票据交换和银行账户管理规章制度的执行、监督检查，建设现代化支付系统，维护支付清算秩序等。

为保证财政部获得完整、可靠、及时的关于预算资金流动情况、预算执行情况以及各级政府相关活动信息，以便根据社会经济发展情况调整预算，蒙古国在国际货币基金组织和世界银行等国际金融机构的帮助下，于20世纪90年代开始开发设计政府财政信息管理系统。这套系统包括五个主要功能模块：一是总账；二是承诺管理与控制；三是支付管理；四是现金管理；五是资产管理。该系统实现了任何一个支出单位的财政交易报告都能够被财政在线接收，计算机数据库自动记录国家所有现金流动情况，这些报告可帮助所有机构在预算执行过程中做出正确决定，提供各预算级次的预算执行情况，提高预算交易的透明度。

---

① Ministry of Finance, Mongolia. , https：//mof. gov. mn/.

蒙古国蓝皮书

（五）国家财政收支结构

从蒙古国的综合财政收入规模看①，2010～2018 年分别是 21.64 亿美元②、35.54 亿美元③、35.63 亿美元④、43.00 亿美元⑤、38.06 亿美元⑥、31.68 亿美元⑦、29.24 亿美元⑧、31.82 亿美元⑨、32.39 亿美元⑩。9 年间共增长了近 50%，主要源于税收增长。

从综合财政支出规模看，2010～2018 年分别是 21.35 亿美元、39.74 亿美元、43.09 亿美元、44.28 亿美元、43.05 亿美元、37.79 亿美元、47.58 亿美元、36.07 亿美元、39.76 亿美元。9 年间共增长超过 80%，主要是各领域开支均增加所致。除 2010 年财政收支总体平衡外，其他年份因政府增加基础设施和工业项目投资而出现巨大赤字。

从收入结构看，蒙古国的财政收入主要来源于税收。2010～2018 年税收收入占财政收入的 79%～87%，具体是 86.09%、82.10%、84.47%、84.73%、81.64%、85.55%、84.85%、79.55%、79.73%。导致税收减少的主要原因是受国际矿产品价格低迷、中国需求不振、国内主要矿奥尤陶勒盖一期项目铜金矿产量减少等因素影响，企业生产和人民收入下滑。非税收入（主要是行政收费和罚款、未使用完的资金、各福利基金的租金等）在财政收入中的比重不大，一般低于 10%。资本收益所占比重更低，一般不到 5%，主要原因是 2000 年前后，大规模私有化已经结束，国家资产管理

---

① Төсвийн холбогдол асуудлаар мэдээлэл., http://www.iltod.gov.mn/.
② 美元汇率 1∶1442.84MNT（2009.12.31）。
③ 美元汇率 1∶1257.18MNT（2010.12.31）。
④ 美元汇率 1∶1396.37MNT（2011.12.31）。
⑤ 美元汇率 1∶1392.10MNT（2012.12.31）。
⑥ 美元汇率 1∶1659.34MNT（2013.12.31）。
⑦ 美元汇率 1∶1888.44MNT（2014.12.31）。
⑧ 美元汇率 1∶1995.51MNT（2015.12.31）。
⑨ 美元汇率 1∶2489.53MNT（2016.12.31）。
⑩ 美元汇率 1∶2427.13MNT（2017.12.31）注：2018 年的是国家大呼拉尔已经通过综合政府财政预算案。

重点转移到增强企业活力、改善企业管理、提高经济效益等方面，而不再像苏联解体初期那样，把出售企业和其他固定资产作为财政收入的主要来源。还有国家财政稳定基金（Fiscal stabilization fund）向财政的转移支付随着预算状况变化而改变，在预算充足时，主要发挥储蓄功能，当预算不足时，主要发挥稳定功能，弥补预算赤字。

从税收结构看，企业所得税、增值税、个人所得税和特别税分别约占税收总收入的 1/3、1/4、1/4 和 1/10。为鼓励企业缴纳各类税，同时减轻企业负担，蒙古国政府几次调低企业所得税税率，使该税在总税收中的比重由 20% 左右降到现在的 10%。

从支出结构看，2010～2018 年蒙古国财政具有三个特点。一是社会经常性支出（Current expenditure）占蒙古国财政支出的比重较大，教育、医疗、社会保障和住房四项加起来每年都占总支出的 64%～78%。蒙古国建国以来非常重视教育，教育支出每年占总支出的 20% 左右。近些年无论绝对值还是相对比重都出现增长趋势。二是经济建设领域支出（农牧业、工业、建筑、交通和通信等）占 10%～15%，2010～2014 年为救市而加大基础设施、农牧业和工业项目建设力度，财政支出比重略有上升，但仍不足 20%。其中，在能源和矿产资源领域支出不到 2%，主要原因是该领域有能力吸引民间和外国投资，可以利用外资和民间投资发展。国家可以把节省下来的经费投入其他领域。三是尽管绝对值不断增加，但教育、医疗、交通通信、社会保障与救助、债务管理领域在总支出中的占比总体呈上升趋势，而一般公共管理、能源和矿产资源领域支出和"其他"项开支总体则呈下降趋势。

（六）国家出口收入管理①

蒙古国实行外汇上缴与外汇留成制度。企业和合作社根据国家出口指标所获得的没有超过指标的外汇收入，一般要全部上缴国家（由外汇兑换回

---

① Central Bank of Mongolia, https：//www. mongolbank. mn/eng/default. aspx.

图格里克）；超过指标的外汇收入可全部保留。没有出口指标的企业和合作
社，可分别保留其出口收入的 50% 和 90%。旅游机构的外汇收入必须上缴
40%，国际航空公司上缴 90%。上缴的确切比例由财政部依据以上比例逐
项做出具体规定。个体出口商可保留全部外汇收入。留成外汇可存入外汇账
户，符合有关规定的使用不受限制，也可通过协商出售。非贸易收支管理：
外汇预算也适用于与可兑换货币区域的非贸易收支。学生和游客以旅游和商
务目的，可按官方公布价格限量购买外汇。用于国外医疗的外汇必须逐项审
核。目前，蒙古国不允许将外汇用在与商品贸易无关的非贸易支付方面。

二　蒙古国经济及外债状况

从 2011 年起，矿产资源需求和价格波动影响了蒙古国的国际收支和财
政状况。

与此同时，2012 年（议会大选）、2013 年（总统大选）、2016 年（议
会大选）大选时期的巨额开销及推出宽松的宏观经济政策，缓解了外部冲
击对经济的影响，在一段时间内支持了经济增长，但不可持续的养老金制度
及财政赤字越来越大，引发通货膨胀和财政危机，导致蒙古国政府公共债务
激增，逾期欠款不断累积。而政府融资所严重依赖的银行体系也深受高逾期
贷款率困扰，融资压力不断增大。

为帮助蒙古国政府解决这些财政金融挑战，2017 年 5 月 24 日，IMF 批
准了一项为期 36 个月的中期贷款（总额为 4.343 亿美元），旨在通过巩固
公共财政，维持金融稳定，并实施以改善能源部门和商业环境为重点的结构
性改革，从而恢复经济增长，并有效控制公共债务。

随着主要出口矿产资源需求和价格上升，经济增长前景向好。蒙古国经
济增长与资源开发矿业发展联动性较大，易受矿产资源需求和价格波动影
响。2017 年以来受益于国际矿产资源价格回升以及中国进口需求扩张，蒙
古国经济增长有望加快。蒙古国以畜牧业和采矿业为主，采矿业在经济、财
政和出口中所占比重较大。受益于资源大宗商品价格上涨，2005～2014 年

经济平均增速达到 8.56%。2015 年以来，受国内投资环境恶化阻碍外国矿产投资、矿产资源价格走低以及最大贸易伙伴中国经济增速放缓导致进口需求下降影响，2015 年和 2016 年蒙古国经济增长率分别降至 2.4% 和 1.0%。同时，持续的扩张性财政政策导致财政赤字扩大，外债水平不断攀升，外资持续流出，图格里克大幅贬值，蒙古国逐渐陷入债务危机。2017 年 2 月，国际货币基金组织（IMF）宣布①提供一揽子经济救援计划提供中期贷款（EEF），帮助解决债务及货币贬值问题。随着蒙古国主要出口产品煤和铜价格回升，中国环保限产政策带来进口需求扩张，以及最大矿产奥尤陶勒盖（Oyutolgoi）铜金矿二期扩张计划的实施带动投资和消费增长，2017 年蒙古国经济增速有望达到 4.2%，并有望于 2018 年进一步加快。

在 IMF 救援计划的帮助下，财政赤字有望得到控制。蒙古国财政实力较弱，财政赤字缺口较大，政府债务负担较重，随着 IMF 一揽子紧急救援计划的实施，政府赤字状况有望得到控制。多年来蒙古国实行扩张性财政政策刺激经济发展，政府维持赤字运营。2016 年由于经济增长放缓，同时政府支持抵押贷款补贴导致财政赤字规模显著扩大，财政赤字占 GDP 的比重由 2015 年的 5.0% 迅速增长至 15.3%，同期政府债务占 GDP 的比重由 2015 年的 31% 增长至 41%。2017 年 2 月由于无力偿还由政府担保的国家开发银行 5.8 亿美元债务而向 IMF 寻求援助。在 IMF 的审查下，蒙古国政府实施紧缩性财政政策，包括削减支出、增加税收、推迟退休年龄等措施。2017 年随着税收收入的增加以及一次性资本支出的减少，预计财政赤字占 GDP 的比重有望降至 6.4%。根据 2017 年 11 月发布的 2018 年财政预算，随着税收收入以及社保缴款的增加，财政收入预计增长 13.2%；财政支出预计增长 5%，全年财政赤字占 GDP 的比重下降至 8.0%（见表 1）。

---

① IMF ＄440 Million Loan，＄5 Billion Package，Bails Mongolia Out Of Commodity Slump Troubleshttps：//www. forbes. com/sites/timworstall/2017/02/19/imf－440－million－loan－5－billion－package－bails－mongolia－out－of－commodity－slump－troubles/#fd056fd45748.

表 1　蒙古国近年来外债情况

单位：亿美元，%

年份	2014	2015	2016	2017	同比（2017/2016)	
外债总额	21851	22718	24625	27493	2868	12
1. 中央政府	3501	3760	4869	7321	2452	50
政府债务占 GDP 的比重	28	31	41	66	24.3	59
2. 蒙古国中央银行	1570	1960	1791	2025	234	13
3. 接受存款公司（除中央银行外）	1762	2129	2417	2194	−223	−9
短期	357	407	469	659	190	40
长期	1406	1721	1948	1535	−413	−21
4. 其他部门（包括公私企业、个体）	3977	3749	8121	7956	−166	−2
短期	555	326	394	666	272	69
长期	3421	3423	7727	7289	−438	−6
5. 公司间贷款（Intercompany lending）	11041	11121	7426	7996	570	8

资料来源：蒙古国中央银行、国家统计局，数据为作者整理。

　　蒙古国政府的对外偿付能力较弱，2017 年 10 月成功发行美元债券有效缓解了短期对外偿付压力。蒙古国经常账户长期维持高额逆差，2012 年经常账户逆差占 GDP 比重高达 43.8%，此后随着矿业投资低迷以及图格里克持续贬值，经常账户逆差逐年缩小，2016 年逆差占 GDP 比重降至 6.1%。2017 年随着主要出口产品价格回升，经常账户逆差有望缩小至 2.7%。外债方面，由于外资流入减少，政府举借外债导致外债规模迅速膨胀，从 2013 年的 190.2 亿美元增长至 2017 年的 274.9 亿美元，占 GDP 的比重从 152.2% 增长至 245.6%，但外汇储备的规模却从 2013 年的 22.48 亿美元减少至 2016 年的 12.96 亿美元，外储对外债的覆盖能力很低。但是 2017 年升至 30.08 亿美元，是 5 年以来的历史新高。2017 年，蒙古国央行举办"蒙古国黄金"活动，从公民和企业手中收购了 20 吨黄金[1]。增加外汇储备的

---

[1]　Mongolia's central bank launches campaign to increase gold reserves. http：//www. xinhuanet. com/english/2018 −06/06/c_ 137232904. htm.

一项措施就是中央银行购买大量黄金，近几年蒙古国央行不断向其外汇储备中增加黄金。2017年10月蒙古国成功发行8亿美元外债①用于偿还2018年到期的债务，有效缓解了政府短期对外偿付压力。2018年，我国宏观经济运行总体平稳，保持稳中向好的态势，推动跨境资金流动更加稳定平衡。国际收支形势一定程度上稳健为外汇储备规模连续稳步回升提供了保障。

---

① Mongolian Government raises USD 800 million bond http：//www. montsame. mn/en/read/12111.

B.8
蒙古国农牧业发展面临的
挑战与展望分析

韩成福*

摘　要：　蒙古国农牧业发展潜力巨大，尤其畜牧业资源极其丰富，具有明显的比较优势，是蒙古国经济社会稳定发展的根基。本文从农业产值、粮食产量、牧户数量、五畜头数发展等角度分析了种植业和畜牧业发展现状。同时，蒙古国农牧业发展也面临着诸多挑战与发展的难得机遇。在种植业方面的挑战是以干旱为主的气候、水土流失严重、粮食产量不稳定、基础设施落后、抗灾能力较低等；在畜牧业领域的挑战是牲畜疫病防疫面临巨大挑战、牧民老年化问题突出、牧民生活成本不断提高、投资能力降低、畜牧业抗灾能力十分低下、牧户收入不稳定、畜产品深加工业落后浪费着诸多优质资源、蒙古国羊肉需要更多出口市场等。蒙古国应发挥比较优势的同时抓住中国提出的“一带一路”倡议发展机遇，在全国上下形成加快发展农牧业的重要性和必要性的共识，大力促进农牧业加工业发展，提高农畜产品精深加工水平，这将成为蒙古国经济的新增长点。

关键词：　蒙古国　种植业　畜牧业

---

* 韩成福，内蒙古社会科学院俄罗斯与蒙古国研究所研究员，研究方向为农牧业经济。

蒙古国农牧业是国民经济的支柱产业,可是,蒙古国农牧业目前面临着国内外双重压力与挑战,如何应对挑战和促进农牧业平稳健康发展是亟待研究解决的重大问题。应深入研究蒙古国农牧业可持续发展问题,制定科学合理的发展规划。从养殖、种植、加工、运输、销售、消费等一系列产业链的角度详细调查研究,制定强有力的激励政策,大力支持畜产品深加工业的发展。集中人力、物力、财力,把畜牧业优质绿色廉价资源优势转化为经济优势,成为蒙古国经济新增长点,从而使传统优势产业为蒙古国经济结构优化和增长做出突出贡献。这是蒙古国经济发展和社会稳定及国家安全的基石。

一 农牧业发展现状分析

(一)从农业产值角度分析

从蒙古国农业产值(大农业)占 GDP 比重来看,2015 年占 13.3%、2016 年占 11.5%、2017 年占 10.6%,可见,蒙古国农业产值占 GDP 比重呈现下降趋势,这也说明农业在国民经济的基础地位进一步加强。畜牧业是蒙古国传统支柱产业,目前畜牧业产值占 GDP 的 10.0% 左右,占蒙古出口收入的 8.0% 左右,占农业总产值的 87.0%,是蒙古国重要的民生产业。

(二)种植业发展趋势

蒙古国的种植业关系国计民生和社会稳定发展,所以历来受到政府的重视。蒙古国的主要农作物有小麦、大麦、土豆、白菜、萝卜、葱头、大蒜、油菜等。20 世纪 90 年代初,蒙古国从计划经济走向市场经济,生产资料私有化,转制过程未能有效转型,导致种植业衰退,农产品无法满足国内需求,只能从邻近的中国和俄罗斯进口粮食和蔬菜满足国内需求。近年来,蒙古国政府出台激励政策鼓励发展种植业,获得显著效益,从 2018 年粮食产量看,基本自给国内粮食需求。

粮食、蔬菜产量现状。2018 年,小麦产量 45.38 万吨,同比增产 22.24

万吨，增长 96.1%；蔬菜产量 10.07 万吨，同比增产 1.86 万吨，增长 22.7%；马铃薯产量 16.89 万吨，同比增产 4.71 万吨，增长 38.7%。2018 年度虽然蒙古国小麦、马铃薯、蔬菜产量同比大幅增长，可是表 1 数据显示产量并不稳定，主要在于靠天生产的缘故。

表1　小麦、蔬菜、马铃薯产量趋势（2011～2018 年）

单位：万吨

年份	2011	2012	2013	2014	2015	2016	2017	2018
小麦	39.23	41.88	33.15	43.95	18.35	45.91	23.14	45.38
蔬菜	9.91	9.90	10.19	10.49	7.25	9.37	8.21	10.07
马铃薯	20.16	24.59	19.16	16.15	16.38	16.53	12.18	16.89

资料来源：2016 年、2017 年《蒙古国统计年鉴》；2018 年数据来自《2018 年蒙古国社会经济统计》，《蒙古消息报》2019 年第 3 期，总号（4903）。

（三）畜牧业发展趋势

蒙古国是世界上保持完好的游牧畜牧业国家，通过游牧有效保护着草原生态环境。畜牧业是蒙古国的传统优势产业，是国民经济的基础，也是加工业和生活必需品的主要原料来源。据统计，蒙古国 98.9% 的牲畜为私人所有，现有牧户 17.1 万户，牧业人口 32.71 万人。畜牧业产值占农牧业总产值的 80%，占出口收入的 10%。[①] 截至 2018 年底，蒙古牲畜存栏量共计 6650.00 万头（只），同比增加 30.0 万头（只），增长 0.45%，与往年相比，蒙古国牲畜结构并未发生较大改变，仍以绵羊和山羊为主，其中绵羊占牲畜总头数的 46%，山羊占 40.8%[②]。目前依然保留着草原五畜即牛、马、骆驼、绵羊、山羊的结构，为畜牧业的可持续发展提供着源源不断的原料。

---

① 中华人民共和国驻蒙古国大使馆经济商务参赞处，http://mn.mofcom.gov.cn/article/ddgk/zwjingji/200208/20020800035775.shtml。

② 《蒙古国畜牧业发展良好》，《蒙古消息报》2019 年第 3 期，总号（4903）。

1. 牧户和牧民数量变动趋势

2011～2017 年，蒙古国从事畜牧业的牧户数量整体上呈现上升态势，由 2011 年的 154917 户增长为 2017 年的 169743 户，增加 14826 户，增长 9.6%。2012 年牧户数量同比减少 8836 户、2013 年同比减少 770 户、2014 年同比增加 4424 户、2015 年同比增加 3350 户、2016 年同比增加 7565 户、2017 年同比增加 9093 户。从区域分布看，西部区域、杭爱区域、中央区域、东部区域牧户数量增减趋势与全国总户数变动趋势一致，2014 年、2015 年、2016 年、2017 年牧户数量连续四年增长，乌兰巴托区域牧户数量也呈现增长态势（见表 2）。

表 2　蒙古国牧户变动趋势

单位：户

年份	2011	2012	2013	2014	2015	2016	2017
全国总户数	154917	146081	145311	149735	153085	160650	169743
西部区域	41490	38557	37741	38521	38967	40593	42378
杭爱区域	63723	60368	59908	61674	63007	65393	69105
中央区域	30418	29153	29638	30784	32054	33993	35648
东部区域	17350	16434	16560	17050	17805	18943	20499
乌兰巴托区域	1936	1569	1464	1706	1252	1728	2113

资料来源：2016 年、2017 年《蒙古国统计年鉴》。

根据表 3 分析，蒙古国牧业人口总数由 2011 年的 311185 人下降为 2013 年的 285691 人，减少 25494 人，到 2014 年上升为 293620 人，同比增加 7929 人，2015 年牧民总数为 297828 人，比 2014 年增加 4208 人，2016 年牧民总数为 311373 人，比 2015 年增加 13545 人，2017 年牧民总数为 303590 人，同比减少 7783 人。西部区域、杭爱区域、中央区域、东部区域、乌兰巴托区域的牧民数量增减与牧民总数增减趋势基本一致，其中杭爱区域牧民在全国最多，2011 年 126336 人，2012 年和 2013 年两年下降，到 2014 年上升为 121149 人，同比增加 3594 人，2015 年为 123056 人，同比增加 1907 人，2016 年为 127687 人，同比增加 4631 人，2017 年 124684 人，同比减少 3005

人。可见，牧业人口数量 2014 年、2015 年、2016 年连续三年增长。这说明，牧民发展畜牧业获得一定的收入，刺激牧民养殖积极性。

表 3 蒙古国牧民数量变动趋势

单位：人

年份	2011	2012	2013	2014	2015	2016	2017
牧民总数	311185	289646	285691	293620	297828	311373	303590
西部区域	84694	79150	77137	78351	79220	82239	79192
杭爱区域	126336	119514	117555	121149	123056	127687	124682
中央区域	59869	55098	55287	57348	58759	61722	60290
东部区域	35513	32935	32914	33685	34483	36547	36411
乌兰巴托区域	4773	2949	2798	3087	2310	3178	3015

资料来源：2016 年、2017 年《蒙古国统计年鉴》。

2. 牲畜头数变动趋势

蒙古国畜牧业发展潜力巨大的优势之一是草原五畜头数齐全并且呈现增长态势。2018 年，蒙古国牲畜总头数为 6650.0 万头（只），同比增加 30.0 万头（只），增长 0.45%，达历史最高数量。其中，"沙漠之舟"骆驼数量达 45.97 万峰，同比增加 2.56 万峰，增长 5.9%，占牲畜总头数的 0.69%，蒙古国骆驼数量的稳定增长为骆驼产业的发展提供了宝贵的资源，因为科学家发现骆驼的开发价值远远高于其他牲畜，俗称"浑身宝贝"；马匹数量为 390.0 万匹，与同比持平，占牲畜总头数的 5.9%，目前马肉消费量越来越增多，同时马奶的开发逐步成型，所以马匹为牧民也带来不少收入；牛的头数为 440.0 万头，与同比持平，占牲畜总头数的 6.6%，蒙古国牛肉是蒙古国出口的主要产品之一，唯一的不足是蒙古国对蒙古牛的牛奶开发加工率较低，开发发展潜力巨大；绵羊头数为 3060.0 万只，同比增加 50.0 万只，增长 1.7%，占总牲畜头数的 46.0%，绵羊是蒙古国五畜当中最多的畜种，是蒙古国出口的重要畜产品；山羊头数为 2710.0 万只，同比减少 20.0 万只，下降 0.7%，占总头数的 40.8%，山羊头数仅次于绵羊头数，也是蒙古国出口的重要畜产品之一，中国高端市场对蒙古国山羊的需求量巨大，可是由于种种原因蒙古国山羊肉仍未大批量进入中国市场。可见，蒙古国草原畜牧业发展潜力巨大，有望成为蒙古国经济较快增长点。

表4　牲畜存栏数量（2011～2018年）

单位：万头（只）

年份	2011	2012	2013	2014	2015	2016	2017	2018
骆驼	28.01	30.58	32.15	34.93	36.80	40.13	43.41	45.97
马	211.29	233.04	261.94	299.58	329.53	363.55	390.00	390.00
牛	233.97	258.49	290.95	341.39	378.04	408.09	440.00	440.00
绵羊	1566.85	1814.14	2006.64	2321.48	2494.31	2785.66	3010.00	3060.00
山羊	1593.46	1755.87	1922.76	2200.89	2359.29	2557.49	2730.00	2710.00
总数	3633.58	4092.12	4514.44	5198.27	5597.97	6154.92	6620.00	6650.00

　　资料来源：2016年、2017年《蒙古国统计年鉴》；2018年数据来自《2018年蒙古国社会经济统计》，《蒙古消息报》2019年第3期，总号（4903）。

　　注：2018年草原五畜数量累计后不等于公布的总头数。

二　农牧业发展的优势和机遇

（一）优势

1. 土地资源丰富

　　蒙古国深居亚欧大陆的腹地，国土面积为156.65万平方公里，是世界上第二大内陆国家，平均一平方公里1.9人的地广人稀国家。蒙古国草原畜牧业发展最基本的资源是天然草牧场。草牧场面积11943.4万公顷，占农牧业用地面积的97%，占土地利用面积的76%，草原面积世界第一位，是典型的草原畜牧业国家；耕地面积121.7万公顷，轮耕地面积136.4万公顷；蒙古国境内河流总长6.7万公里，面积大于0.1平方公里的湖泊有4000多个，泉水有7000多个，河流平均年径流量约为390亿立方米[①]，湖泊水资源

――――――――――

　　① 敖仁其：《转轨时期的蒙古国经济研究》，内蒙古人民出版社，1998，第348页。

总量约为1800亿立方米①，地下水资源总量约为120亿立方米，可是水资源主要集中在东部地区，国内水资源分布不均。森林面积为1530万公顷，其中森林覆盖区为1400万公顷，木材总蓄积量为12.77亿立方米。② 辽阔的土地为蒙古国的畜牧业可持续发展提供了自然资源保障。由此，蒙古国草原畜牧业具有养殖成本较低、畜产品加工业发展的原材料优质廉价的比较优势。

2. 草原五畜头数增长保障了优质原料的供应

蒙古国牲畜总头数持续保持高速增长，达历史新高。截至2018年底，蒙古国牲畜总头数高达6650.0万头只，同比增长0.45%，其中马和牛头数同比持平，山羊头数同比下降，绵羊和骆驼头数均同比增长。从而具备了可开发潜力巨大的优质资源，例如，蒙古国牛肉、牛奶、马肉、马奶、驼肉、驼奶、羊奶、羊绒、驼绒等，这些优质资源为蒙古国畜产品加工业做大做强保障了优质原料供应。

（二）机遇

1. "一带一路"为蒙古国畜牧业加快发展提供了广阔市场

"一带一路"为蒙古国畜牧业转型升级和畜产品的销售带来巨大市场。"一带一路"沿线主要有65个国家，覆盖约44亿人口，经济总量约21万亿美元，人口和经济总量分别占全球的63%和29%。这是目前世界上地理范围最大、最具有发展潜力的经济大通道。"根据中国国际经济交流中心课题组测算，未来十年，'一带一路'沿线国家创造的GDP将占到全球GDP的60%。借助'一带一路'的平台和载体，沿线后发国家将获得更加广阔的发展机会。"③ 所以，蒙古国作为"一带一路"沿线后发国家之一应抓住难得机遇，推进畜牧业加快发展。

---

① 乌云嘎：《"一带一路"开放战略下内蒙古自治区与蒙古国农畜产品加工产业合作发展战略研究》，《中蒙俄经济走廊学术论丛》，经济管理出版社，2016，第52～59页。
② 敖仁其：《转轨时期的蒙古国经济研究》，内蒙古人民出版社，1998，第348页。
③ 黄群慧主编《"一带一路"沿线国家工业化进程报告》，社会科学文献出版社，2015，第4页。

2."一带一路"为蒙古国培育人才提供了机遇

"一带一路"为蒙古国畜牧业科技型人才和经营管理型人才培养提供了难得机遇。2017 年在中国召开的"一带一路"国际合作高峰论坛开幕式上，习近平主席在演讲中提出："我们要建立多层次人文合作机制，搭建更多合作平台，开辟更多合作渠道。要推动教育合作，扩大互派留学生规模，提升合作办学水平。"同时中国政府还提出，计划 5 年内吸引 2500 人次沿线国家青年科学家来华从事短期科研工作，培训沿线国家科技和管理人员 5000 人次，青少年科普交流达到 1000 人次，将大幅提高中国与"一带一路"沿线国家科技人文交流的规模和质量，形成多层次、多元化的科技人文交流机制。① 所以，蒙古国应抓住机遇大力培养畜牧业科技型人才、经营管理型人才，为畜牧业的转型升级深度发展提供人才支撑。

3."一带一路"为蒙古国提高畜产品深加工业水平提供了机遇

"一带一路"为蒙古国畜产品深加工业发展带来难得机遇。中国的工业化进程正在产生着更大的"外溢"效应，将促进"一带一路"沿线国家产业升级、经济发展和工业化水平的进一步提升。所以，蒙古国借助中国工业走出去的"搭便车"尤其引进畜产品深加工业技术、工艺、设备、管理等促进畜产品深加工业加快发展，延长畜牧业产业链，提高产品附加值，提升畜牧业国际竞争力。

三 农牧业发展面临的挑战

（一）种植业面临的挑战

1.在蒙古国大范围发展种植业，面临着气候的挑战

在蒙古国不能大范围发展种植业是由当地的气候条件所决定的。蒙古国

---

① 陈芳、胡喆：《用科技点亮创新之路——"一带一路"建设创新发展三大看点》，新华社，2017 年 5 月 14 日。

气候有以下特征：一是蒙古国为典型的大陆国家，降雨量偏低，并且降雨主要集中在 7~8 月，部分地区以急雨或雷阵雨为主，土壤未吸收就流失，这种降雨极不利于农作物生长；二是春秋干旱，不利于春播秋熟收割。而且，经常发生"黑灾"，不仅耕种不了，畜牧业也受到严重影响;① 三是有些地区经常发生风沙，并且风沙强度较大，容易使土地有机含量流失而沙化；四是无霜期短，而且经常提前降霜，农作物成熟度低。②

2. 水土流失严重的威胁

由于蒙古国大自然特征、气候变化、干旱等缘故，过去 20 年时间里，蒙古国耕地面积的土壤流失程度增长 48.3%。尤其后杭爱省和前杭爱省等地区耕地面积的 51.9%~81.3% 成为严重水土流失耕地，耕地中等流失地和严重流失地的产量下降 50%~80%。土壤流失和土质下降情况在农耕地区普遍存在，并且越来越严重。根据研究，蒙古国全部耕地面积的 72% 属于农作物生长营养短缺地区，从而影响了农作物生长成熟和耕地产量。③ 并且，适合种植的土地只有 1012.8 千公顷，仅占国土面积的 0.2%。④ 为此，蒙古国种植业不但面临着现有耕地水土流失严重还受到宜耕种的土地极其有限的影响。

3. 种植业基础设施落后，粮食产量不稳定

由于蒙古国经济结构较单一，市场风险较大，所以缺乏资本积累，对种植业基础设施建设的投资能力较弱、历史欠账较多，种植业抗灾能力十分薄弱，种子短缺问题突出，粮食产量不稳定，粮食自给率低，不能完全自给。例如，在蒙古国能灌溉的耕地目前只有 54000 公顷，仅占全部耕地面积的

---

① 《元史》卷 2 载："是岁大旱，河水尽涸，野草自焚，牛马十死八九，人不聊生"；卷 34 中也写道："铁里干、木怜等三十二驿，自夏秋不雨，牲畜多死，民大饥"。包玉山：《关于蒙古国耕地退化与水土流失问题》，《中国蒙古学》2016 年第 5 期，第 147~153 页。

② 包玉山：《关于蒙古国耕地退化与水土流失问题》，《中国蒙古学》2016 年第 5 期，第 147~153 页。

③ 包玉山：《关于蒙古国耕地退化与水土流失问题》，《中国蒙古学》2016 年第 5 期，第 147~153 页。

④ 韩住：《蒙古国农业现状及存在的问题思考》，《中国蒙古学》2016 年第 5 期，第 154~163 页。

4.2%，并且灌溉系统不完善，有效运行的不多；① 蒙古国小麦种子短缺，国家食品安全委员会决定 2017 年进口小麦种子 1 万吨。因此，蒙古国粮食产量存在不稳定因素，种植业灌溉工程建设和种子开发工程未能满足种植业发展的需求。

4. 种植业机械和种植技术滞后

目前蒙古国种植业机械设备明显老化。机械设备的 40% 左右已经运行 15 年或以上，生产效率低下。② 尤其中小型经营者由于缺乏资金无法更新机械设备和生产技术。所以，急需资本引进更新种植业机械设备和生产技术。

（二）畜牧业面临的挑战

1. 牲畜疫病防疫难度面临巨大挑战

蒙古国畜牧业稳定发展的最大威胁是牲畜疫病防疫技术、人员、资金的严重短缺，牲畜疫病防疫能力十分低下。例如，口蹄疫等疫病的防治能力薄弱，导致蒙古国畜产品出口受到严重影响。疫病的频繁发生严重阻碍畜产品国际贸易活动的展开，影响蒙古国畜产品开拓国际市场。蒙古国 2000～2017 年发生的疫病主要是口蹄疫、小反刍兽疫、山羊羊痘和绵羊羊痘。口蹄疫重灾区在东方省、东戈壁省、苏赫巴托省和肯特省，这 4 个省养殖了全国 16.9% 的牲畜。小反刍兽疫主要发生在科布多省。根据蒙古国兽医总局的统计资料，2000～2017 年蒙古国共发生了 208 起牲畜疫情，其中口蹄疫 41 起、小反刍兽疫 24 起、山羊羊痘 3 起、绵羊羊痘 140 起。③ 2016 年中国和蒙古国签订协议，中国从没有发生疫情的蒙古国西部口岸进口冷冻牛、羊肉，可是蒙古国西部也出现了小反刍兽疫后中国检验检疫局立即停止进口蒙古国肉制品，后来逐步恢复进口经高温加工的熟肉制品。蒙古国草原广阔，人口稀少，大量的黄羊等野生动物在自由迁徙时传播疫病，防不胜防。所以，牲畜疫病防疫是蒙古国畜牧业面

① 包玉山：《关于蒙古国耕地退化与水土流失问题》，《中国蒙古学》2016 年第 5 期，第 147～153 页。

② 韩住：《蒙古国农业现状及存在的问题思考》，《中国蒙古学》2016 年第 5 期，第 154～163 页。

③ 曾翠红等：《蒙古畜牧业的发展现状、困境与出路》，《世界农业》2018 年第 5 期，第 24～30 页。

临的较大难题，更是影响畜产品出口的最大障碍。

2. 牧民老年化问题突出

畜牧业是蒙古国的基础产业、支柱产业、国计民生产业，可是蒙古国牧民老年化问题值得关注重视。15～34 岁的牧民占牧民总人口的比例，2015年为36.0%、2016年为34.8%、2017年为34.5%，呈现下降趋势；35～59岁的牧民占牧民总人口的比例，2015年为54.4%、2016年为55.3%、2017年为55.7%，呈现上升趋势；60岁以上牧民人数占牧民总人口的比例，2015年为9.6%、2016年为9.9%、2017年为9.8%，[①] 呈现上升趋势。为此，牧民老年化突出问题也是蒙古国畜牧业面临的现实难题，将来"谁来养殖""怎么养殖"是亟待探讨的课题。

3. 牧民生活成本不断提高，投资能力降低

首先，经济下滑带来的物价持续上涨，加大了牧民生产生活成本。牧民的生产生活使用的生产资料和生活资料普遍上涨，尤其部分蔬菜水果价格更高。据后杭爱省温都尔乌兰苏木牧民敖特根巴雅尔的介绍，3月购买一袋面粉（25公斤），价格为22000图格里克（折合人民币73.3元），而8月购买时，却上涨到26000图格里克（折合人民币86.7元），一袋面粉上涨13.4元，上涨18.3%。[②] 其次，子女上大学也是牧民的较大支出，增加了生产生活成本。根据相关报道，蒙古国培养一名大学生需要出售200只羊，而一个家庭培养出几个大学生就需要销售1000来只羊。除此之外，蒙古国牧民税负负担很重。例如，柴火税（27000图格里克/户、年）、土地税（10000图格里克/户）、牲畜头数税[③]等税赋也加大了成本。

---

① 2017年《蒙古国统计年鉴》，第470页。

② 乌日陶克套胡、包凤兰：《蒙古国牧民贫困化研究》，《中蒙俄经济走廊与东北亚区域合作国际论坛论文集》，2017。

③ 牲畜头数税是指人均牲畜超过50只的牧户向政府每年每只羊单位缴纳500～1000图格里克的税赋。其中，牲畜头数的确定，以绵羊为单位折算。牛、马、骆驼的头数以每5只绵羊计算，一只山羊以每1.5只绵羊单位计算，预算年度确定征税牲畜头数时，以上一年的年末统计数为基数计算。来自乌日陶克套胡、包凤兰《蒙古国牧民贫困化研究》，《中蒙俄经济走廊与东北亚区域合作国际论坛论文集》，2017。

4. 畜牧业抗灾能力十分低下，牧户收入不稳定

蒙古国自然环境非常严酷，冬季寒冷而漫长。牧民在严寒冬天和暴风雪中度过着严酷的生产生活。加之，蒙古国畜牧业生产方式是传统游牧或者较大范围之内轮牧，牧民赶着牲畜逐水草而居，择地势而过寒冬，没有完备的抗寒设备设施，牲畜的抗旱、抗灾能力极其低下。如果遇上暴风雪等恶劣天气，牲畜成群地冻死，导致牧民一夜之间变为贫困户。尤其是蒙古国没有发达的交通设施，牧区地广人稀、交通不便、信息不畅通。从而无论国家抗灾救灾还是牧民抗灾救灾能力都十分低下。近年来，蒙古国畜牧业虽然连续大丰收，可是出现草场退化"公地悲剧"现象，牧民和畜牧业赖以生存的草场退化是现实问题，也是不可避免的趋势。

5. 畜产品深加工业落后，浪费诸多优质资源

蒙古国是畜牧业王国，畜牧业资源极其丰富，深度开发的资源诸多，可是截至目前，蒙古国畜产品加工业依然处于起步阶段，以原料形式或半成品形式出口为主，更谈不上深加工业发展。这是蒙古国畜牧业提高国际竞争力的最大"短板"。可深度开发的资源包括马奶、马肉、驼奶、驼绒、皮革、羊绒等，这些原料亟待深度开发，提高国民收入。例如，乳制品加工能力较弱。目前蒙古国乳制品加工能力依然无法满足国内市场需求，需要依靠进口来满足国内消费者需求。例如，蒙古国家食品安全委员会决定，2017 年蒙古国需要进口奶粉 4240 吨。这说明，蒙古国对国内优质原料奶开发利用率低，未把奶源资源优势转化为经济优势。还有对骆驼奶的开发利用率很低，浪费了宝贵资源。

6. 蒙古国羊肉需要更多出口市场

根据访谈，有的学者表示蒙古国百姓每年大约需要 1200 万只牲畜，而亟须出口 2000 万只左右的牲畜，目前对草牧场过度放牧现象普遍存在，所以，蒙古国需要更多出口市场，出口牛羊肉，减轻草场压力，保护生态环境。例如，2018 年，蒙古国绵羊和山羊头数累计为 5770.00 万只，占总牲畜头数的 86.8%，由此，羊肉是蒙古国肉类总产量的主体，不但满足国内需求还亟须出口，减轻草原承载量，同时获得外汇收入，促进经济结构优化发展，提高百姓福祉。

四　农牧业发展的展望

（一）种植业方面

1. 发展适合蒙古国气候特征的种植业

蒙古国主要气候特征是无霜期短，早晚温差较大。由此，选种植品种是非常关键的环节，发展适合当地气候特征的农作物品种，不能随意扩大种植品种。根据气候特征发展区域化种植业，集中种植一个品种，精耕细作。

2. 加大治理水土流失地区

由于蒙古国连续三次振兴种植业后，出现部分水土流失、耕地有机质含量下降、单产量降低、耕地退化等现象，加之，蒙古国大部分国土属于适合发展畜牧业地区，适合耕种的土地并不多，所以，在蒙古国发展种植业选择适合的土地很重要。在水土流失严重地区应加快退耕还草，修复自然生态，保护土质。

3. 通过两个市场两种资源，保障粮食安全问题

首先，充分利用好国内已开垦的耕地资源，增加耕地有机肥料的投入并完善水利基础设施，尽量保持现有产量，自给粮食90.0%左右，把饭碗牢牢端在自己手上。其次，利用好国际粮食市场，适当进口小麦、稻谷等基本口粮，这等于进口了水资源和土地资源，因为国际公认生产1吨小麦需要1000吨水资源，所以，蒙古国进口小麦是在一定程度上缓解国内水资源供给不足和有限耕地资源生产压力问题，满足国内市场。

4. 完善种植业基础设施建设

粮食关系到国际民生问题，粮食是百价基础，是政治安全和社会稳定甚至国家安全的基石。蒙古国加快出台一揽子激励政策鼓励民间资本投入农业基础设施，可通过PPP模式融资缓解资金短缺问题，尤其完善种植业水利设施，提高种植业抗旱能力，最大限度减少粮食产量的损失。

5. 大力支持国内粮食生产，提高安全供给能力

蒙古国应出台强有力的政策措施鼓励粮食生产，保障自给粮食90%左右，夯实社会稳定运行的根基。首先，从国家角度加大投资力度，更新机械设备设施，提高生产率，同时培育国内粮食生产的中小型农场，打好粮食稳定生产基础；其次，出台吸引外资的利好政策，可通过招商引资或者合资合作模式培育粮食生产者，稳定粮食生产队伍；最后，在全国上下形成重视粮食生产的氛围和共识。从而提高本国粮食保障能力，这将有利于本国长期稳定发展。

6. 完善轮耕制度，保护耕地面积和稳定耕地产出率

蒙古国以前实施的轮耕休耕制度非常适合蒙古国耕地特征，因为蒙古国是畜牧业王国、人口相对较少、宜耕地也不多，在休耕期间还需投资追肥改善土壤有机元素，所以，蒙古国不需要年年种植全部宜耕地，其通过完善轮更补贴制度，保障耕种者休耕后收入不减少，从而降低改善耕地的成本支出，尤其通过科技手段加快提高耕地有机元素，稳定或者提高耕地产出率，这本身就是"藏粮于地"和"藏粮于技"的措施，有利于保障本国粮食基本自给。

（二）畜牧业方面

1. 较大提高牲畜疫病防疫能力

畜牧业是蒙古国国民经济的支柱产业，百姓的主要生活来源。可是，目前蒙古国牲畜疫病防疫能力十分薄弱，需要国家加大投资力度，大力培养兽医人才，建设行动快、效率高的疫病防疫队伍；建立各省之间联手防疫机制，密切关注疫情，把疫情控制在较小范围之内；根据以往的疫病种类储备好兽药，确保兽药充足供应；无害化处理疫病区牲畜，并建立完善的赔偿机制，最大限度降低牧民损失。

2. 将来"谁来养殖""怎么养殖"问题应提上日程

饲养牲畜、管理牲畜是非常艰苦繁重的劳动，而且劳动报酬并不高。随着城市化、工业化的加速发展，有知识、有能力的年青一代进城务工提高收

入，享受城市带来的便捷是必然的趋势。由此，在牧民老年化的趋势下，蒙古国加强顶层设计，制定法律法规，从法律层面上有效保护牧民利益，加大牧民生产资料补贴力度，降低牧民生产成本，从教育、医疗、社保等方面提高牧民待遇，大幅度降低牧民生活成本，让广大居民看到养殖牲畜、经营畜牧业有"甜头"，以吸引更多人关注畜牧业生产发展问题。在如何养殖方面，集约化养殖是方向，应适当控制头数，提高质量和出栏率。

3. 全社会亟待重视畜牧业抗灾能力

由于蒙古国畜牧业是全国范围之内一年四季游牧或者轮牧经营，所以没有固定的避灾棚圈等基础设施，一旦遭遇大的"白灾"或"旱灾"，将给畜牧业带来毁灭性的打击。在这种情况下，依据灾害特征建设针对性的基础设施，例如，国家增加基础设施补贴减轻牧民压力，或者几家牧户合作建设简易的棚圈等"避风港"和储存饲草料设施，为顺利渡过春季干旱和冬季"白灾"储存饲草料。虽然蒙古国草场是公用草场，可是牧民为了可持续使用草场必须适当控制牲畜，避免产生"公用地悲剧"。反之，草场持续退化后必定降低草场载畜量和产草能力，最终影响到牧民自身的生存和国家的稳定发展。针对这一点从国家层面上应宣传保护草原的重要性，同时建立制度，牧民经营在制度范围之内进行，是利国利民的举措。

4. 加快发展畜产品原料精深加工业

蒙古国具有全世界公认的优质畜产品加工业发展的原料。例如，羊绒、羊毛、骆驼毛、皮革、牛奶、驼奶、羊奶等资源，而且上述畜牧资源是优质绿色的、廉价的，具有很强竞争力的比较优势。可是，目前基本处于初级加工阶段，精深加工业未发达，所以未把优质资源转化为经济优势。如果蒙古国加快发展畜产品精深加工业的话必定成为蒙古国经济的新增长点，并且可持续地增长，为蒙古国走出困境做出重要贡献。由此，畜产品的生产、加工、销售都必须按照国际市场规则和标准来进行，这将提高蒙古国比较利益。例如，以乳制品原料深加工为例，蒙古国应出台吸引外资的优惠政策，引进外资、技术、设备、管理、工艺等，利用好本国优质乳业资源，大力发展精神加工业，把绿色有机牛奶加工成一系列产品，像中国伊利、蒙牛等龙头企业一样发展乳制品加工业，较大提高牛奶附加值，尤其深加工驼奶，因为驼奶重要功能是降低血糖，这个市场是广阔的，需要通过生物技术和其他组合技术工艺深加工驼奶，生产消费者可随身携带的产品，从而为人类健康做出贡献的同时有利于本国产业的加快发展。为此，蒙古国乳制品加工业发展潜力巨大，产品销售市场广阔，能成为蒙古经济恢复增长的新亮点。

5. 与多国合作扩大肉类产品出口市场

目前，中国提出实施的"一带一路"倡议为蒙古国肉类产品出口渠道和市场建设提供了千载难逢的机遇。蒙古国政府应积极主动融入"一带一路"倡议，与中国多沟通，积极配合合作，通过"一带一路"通道把本国肉类产品出口到更多国家，带动本国畜牧业加快发展。在"中蒙俄"经济走廊中如何发挥重要作用和深度融入"一带一路"倡议是蒙古国社会各界亟待研究宣传的重大课题。要通过"一带一路"促进生产要素自由流动、资源的高效配置和市场的深度融合，把畜牧业优质资源转化为经济优势，在蒙古国经济加快发展、提高百姓福祉方面将起重要作用。

6. 严格保护草原生态环境

草原原生态是蒙古国可持续发展的基础，也是巨大发展潜力的比较优势资源。目前也存在不合理使用草原、过度使用草原的现象，并且有的地区已存在草原退化现象，所以，应加强国家层面的定测设计，科学合理规划各省发展畜牧业的规模和牲畜种类，在草原承载能力以内科学养殖，在草原生态环境较脆弱、较差地区减少牲畜头数，减轻草原压力，提高草原的自然修复能力，从而有效保护原生态草原。

B.9
蒙古国工业及采矿业发展现状分析

胡格吉勒图*

摘　要： 工业是蒙古国推广高效先进技术、发展出口主导型经济、实施进口替代战略以及保障经济安全的优先发展产业。蒙古国工业以采矿业为主，加工业欠发达，肉类产品出口受制，电力尚且不能自给，采矿业是蒙古国目前唯一符合现代生产条件的支柱性产业。外国直接投资存量的70%多流入矿业，并在内外资比例中越来越占主导地位，很显然是矿业增长的主要驱动因素。蒙古国采矿业的发展深受国际大宗货物市场波动周期和国内政策法规环境所致的外资流量增减的影响。从目前情况看，制约外资进入的最大因素，仍然是大宗货物预期的不确定性和前期矿法修改所造成的"恐惧后遗症"。利好的因素是，新的《投资法》《国家矿业政策（2014～2025年）》《矿产法修正案》出台实施和对资源能源的刚性需求。毋庸置疑，蒙古国是新兴的矿能资源供给大国，"中蒙俄经济走廊"建设将助推蒙古国矿业开发和经济多元化进程，蒙古国在我国能源多元化和地缘政治经济布局中具有举足轻重的地位。

关键词： 蒙古国　工业　采矿业

对任何国家来说，其持久发展的根本动力在于工业。工业是蒙古国推广

---

* 胡格吉勒图，内蒙古大学蒙古国研究中心副教授，研究方向为蒙古国矿产经济。

高效先进技术、发展出口主导型经济、实施进口替代战略以及保障经济安全的优先发展产业。目前，蒙古国工业领域能够生产 400 余种产品，而铜精粉、石油、黄金、煤炭、铁矿石、钼精粉、锌精粉、啤酒、白酒、面粉、饮料、梳洗羊绒、烟草、果汁、鲜奶、纺织品、金属铸造品、面包、糕点、电力、供暖、饮用水等 20 余种产品约占工业产值的 90%，且这些主要产品产量呈现增长趋势。近几年，蒙古国政府实施工业化政策和具体项目的结果，在加工业中自己能够生产保健茶，旅行被褥，布质、皮质、纸质包装袋，口罩，浓缩棉过滤器，贴纸，棉花压榨机，煤球，医用加捻材料，软膏，药用酒精，香皂，洗洁精，节能灯，浴缸，水槽，建筑抹灰板，瓷砖黏合剂，混凝土，彩钢板，铝夹具，屋顶瓦铁，电气导管延长线，彩色电视机等新产品。

工业是蒙古国经济的主要部门，根据蒙古国统计分类法，把工业分为矿山采掘业（以下简称采矿业）、加工业、电力供暖业和城市环保业四大类。按 2016 年的情况，虽然蒙古国拥有的 14.15 万家注册企业中仅 8.5% 在工业领域开展业务，但其产值占 GDP 的 28.9%，其员工总数占 15 岁以上就业人口的 12.8%。2016 年工业产值 16.72 万亿图格里克（当年价，以下简称图），其中，采矿业占 58.9%，加工业占 32.4%，电力供暖业占 7.1%，供排水、城市环保业占 1.7%。2016 年工业部门的就业人数为 14.65 万人，其中，8.61 万人在加工业就业，3.82 万人在采矿业就业，1.62 万人在电力供暖业就业，0.6 万人在供排水、城市环保业就业。2016 年工业部门的总投资为 1.89 万亿图，其中，77.2% 注入采矿业，18.4% 注入电力供暖业，4.3% 注入加工业。2016 年工业产品销售 11 万亿图，其中，采矿业销售占 71.2%，加工业销售占 21%，电力供暖业销售占 7.8%。工业外销额的 88.8% 来自采矿业，11.2% 来自加工业。

一　采矿业

采矿业成为蒙古国工业内部最大产业已久。蒙古国根据国际经济部门分

类 4.0 标准，把采矿业分成五类，即采煤、石油开采、金属矿采掘、其他矿产采掘、采矿业辅助行业。近十余年来，蒙古国采矿业得到迅速发展，已成为蒙古国经济的支柱性产业。蒙古国议会于 2006 年通过的 15 处战略矿目录，在蒙古国整个经济中占有举足轻重的地位。在工业产值中，采矿业所占比重 2007 年为 64.7%，2011 年为 64.8%，2016 年为 58.9%。采矿业销量 2016 年达到 7.88 万亿图，同比增长 10.3%，比 2007 年增加 4.4 倍，比 2011 年增加 2.2 倍。2016 年采矿业外销额 6.19 万亿图，同比增长 4.3%。

（一）矿产资源

蒙古国地质勘查工作起步较晚，1925 年以后才有了真正意义上的地质勘查，1945 年以后蒙古国和苏联专家开始了广泛而系统的勘探工作，但进展仍比较缓慢。[①] 自 1990 年经济转型以来，为了吸引外国资本，先后颁布了涉及矿业的《外国投资法》[②]《矿产法》。[③] 其中，1997 年颁布的《矿产法》相当优惠，任何国籍的法人、自然人都可以申领矿产证并可转让和做抵押。在该政策的刺激下，大批蒙古国内外资本纷纷涉足矿业，大力推进了蒙古矿业的发展。

目前，蒙古国发现了 80 余种矿物、1500 余处矿床和 8300 余处采矿点。主要有铜、铁、煤、锰、铬、钨、钼、铝、锌、汞、铋、锡、砂金矿、岩金矿、磷矿、萤石、石棉、石墨、云母、水晶、绿宝石、紫晶、绿松石、石油、页岩矿等。[④] 其中，具有重要地位和开发潜力的矿种有：铜、钼、锌、煤、铁、金、钨、萤石、石油以及铀、银、稀土、页岩等。

截至 2015 年底，[⑤] 铜矿金属储量 4580 万吨，居亚洲第一。目前发现的三大铜矿包括额尔登特敖包大型斑岩铜钼矿、查干苏布日嘎大型斑岩铜钼

---

① 〔蒙古〕彭·奥其尔巴特：《策略和生态学使煤炭工业得到发展》，2002，第 24 页。
② 1990 年颁布，若干次修改，2013 年 11 月《投资法》生效而被取代。
③ 1997 年颁布，2006 年做重大修改，2014 年 7 月 1 日做最近一次修正。
④ 《矿产资源交易所法案主张》得以通过，http：//olloo.mn/n/19992.html.2015.03.20。
⑤ 蒙古矿产石油局：《2015 年 12 月统计公报》，http：//mram.gov.mn/？page_id=128。

矿、奥尤陶勒盖（OT 矿）特大型铜金矿，它们均已被列入蒙古国战略矿名录。蒙古国煤炭储量 258 亿吨，居世界前 10 位。其中，引人注目的塔本套勒盖煤矿（TT 矿）储量按 JORC 标准计算为 65 亿吨，约 20 亿吨为焦煤，其余为优质动力煤。[①] 此外，巴嘎淖尔褐煤矿、那林苏海特煤矿、希伯敖包褐煤矿，已列入蒙古国战略矿名录。蒙古国铁矿金属储量 3.9 亿吨，图穆尔泰铁矿已列入蒙古战略矿区名录。蒙古国金矿金属储量 59.8 万公斤，居世界前 10 位，嘎楚尔特金矿被纳入国家战略矿名录。蒙古国钼矿金属储量 66 万吨，锌矿金属储量 111 万吨，图穆尔庭敖包锌矿已列入蒙古战略矿名录。蒙古国萤石矿储量 1578 万吨，产量和出口量居世界第三、二位。蒙古国铀矿金属储量 12.5 万吨，居世界前 10 位。马尔岱铀矿、东方铀矿和古尔班布拉格铀矿等三处矿被纳入国家战略矿名录。蒙古国稀土矿金属储量 183 万吨，位居世界前列。

此外，蒙古国磷矿探明储量 60 亿吨，居亚洲第一、世界第五，主要分布在蒙古国北部库苏古尔湖盆地，[②] 布伦罕磷矿属于国家战略矿。蒙古国石油勘探和开采采用产品分成合同法的国际招标，已探明储量为 24.38 亿桶。[③]

（二）采矿业发展现状

1. 采煤业

蒙古国煤炭储量位列世界前十，目前探明的矿床点有 300 余处。蒙古国采煤业始于 1922 年纳赖赫煤矿的恢复生产，据蒙古国矿产石油局公布的最近数据，目前蒙古国 7 家国有和地方所有公司在 8 处煤矿开展业务；28 家内资和内外合资公司在 33 处煤矿开展业务；7 家外资公司在 8 处煤矿开展业务。

2016 年煤炭开采量为 3550 万吨，同比增长 11.3%。从蒙古国国内煤炭

---

① 《塔本套鲁盖煤矿简介》，塔本套鲁盖国有公司网站，http：//tavantolgoi. mn. 2015. 03. 22。
② 《蒙古矿产资源》，蒙古维基百科网，http：//www. mn. wikipedia. org/wiki/2015. 02. 20。
③ 同上。

消费情况看，78.2%用于电力发电，21.8%用于其他经济部门和家庭生活燃烧。2016年煤炭出口2410万吨，同比增长81.2%，比2011年增长45.2%，煤炭成为第一出口创汇产品，且这些全部出口到中国。

2016年采煤业产值1.69万亿图，同比增长77.5%，比2011年下降21.2%。采煤业在工业产值中的比重，2016年为10.1%，同比增长3%，比2011年下降14.3%。2016年开采煤炭的81.4%为动力煤（包括焦煤），18.6%为褐煤。动力煤主要产自南部戈壁地区，褐煤主要产自中东部地区。

2. 石油开采业

目前，在石油领域蒙古国政府采用产品分成的国际招标方法，已与国内外16家公司签署了21区块的石油勘探、开采业务合同，这些公司包括7家中资企业，6家内资企业，瑞资、澳资、加资企业各1家。其中，只有石油大庆公司和东胜石油（蒙古）公司两家中资企业进行开采业务。[①]另外，还有8区块为合同备签区块，1处为开放区块。

蒙古国石油开采业始于1998年，从2006年后迅速增长，2016年石油开采量824.98万桶，同比下降5.9%，开采的原油全部出口中国。

蒙古国成品油需求全部依赖进口，其80%以上来自俄罗斯，其余部分来自中国、韩国、马来西亚、日本、新加坡等国家。

另外，蒙古国有8家公司已获得兴建炼油厂的许可证，它们的备选地址大致是达尔汗市、宗巴彦、乌兰巴托市郊、额尔登特市、赛音山达市等，设计年产能除一家在达尔罕的1200万吨以外，均在200万吨及以下。

蒙古国自己兴建炼油厂所面临的困难因素有两点。一是生产能力问题。目前探明的石油储量不多，其产量不足以满足兴建一座年加工能力200万吨的炼油厂，而小于其则一般认为在经济技术上不可行。二是选址问题。假设前期利用俄罗斯原油，则应该靠近俄罗斯一侧且在铁路沿线布局。如果考虑主要依赖后期的国内原油供应，则应靠近产油地布局，但问题是何时以哪个为主目前尚未明确。因此，备选地址中最具竞争的应该是宗巴彦、赛音山

---

① 蒙古石油管理局网站，http://www.pam.gov.mn/page/2622.shtml。

达、达尔罕三处。

3. 采金业

蒙古国黄金储量位居世界前列，自 1992 年开始实施《黄金纲要》后，黄金产量迅速增长，至 2005 年增长 31.1 倍，达到 21.9 吨。2006 年暴利税法[1]出台，2009 年实施水源地、森林核心区禁止勘探开采法，至 2011 年降至 5.7 吨，2011 年取消暴利税之后其产量逐年上升，2016 年黄金产量达18.4 吨，同比增长 26.9%，比 2007 年增长 7.6%，比 2011 年增长 2.2 倍。蒙古国 2016 年颁布《黄金纲要 2》，并从 2017 年开始实施。

蒙古国最大的采金企业为加拿大 Centerra 金矿股份有限公司控制 95% 股份的包绕（Boroo）金矿公司，其产量约占蒙古国采金总量的 15%，是蒙古国采金业的龙头企业。该公司还持有 2007 年被列入战略矿名录的嘎楚尔图金矿的采矿证，该矿距包绕金矿仅 35 千米，储量 50 吨以上，因环保和文化遗址保护问题至今未果。其次为蒙俄合资的若干企业，如金东方金矿公司等。

4. 其他采矿业

与采矿业相关的其他主要矿产品，2016 年铜精粉、铁矿石、铁粉，同比有所增长，钼精粉持平，而萤石同比有所下降。其中，铜精粉产量144.51 万吨，同比增长 8.3%。

（三）采矿业面临的挑战

蒙古国虽然矿产资源丰富，但因深处内陆、地广人稀以及基础设施滞后等原因，其产品的"走出去"和进入第三市场受运输成本以及出海口的制约。蒙古国经济严重依赖采矿业，采矿业可以说是其目前唯一符合现代产业特征的支柱性产业，经济结构单一，在没有资本积累和产业结构多元化的前提下，易受国际大宗货物价格波动周期影响，其发展面临着诸多挑战。

---

[1] 2006 年蒙古国议会通过了关于从铜、金出口征收暴利税的法案，大幅度提高了铜、金的税收额度，对每盎司金的价格在 500 美元以上的部分和每吨铜的价格在 2600 美元以上的部分征收 68% 的税款。

1. 基础设施滞后及没有出海口的困局

深处内陆、地广人稀、基础设施滞后和没有出海口是蒙古国地缘经济特征的显著标记。众所周知，在采矿业生产成本中运输成本所占比重很大，采用铁路运输和海运是其理想方式。从蒙古国目前情况看，只有一条南北向1800余公里的铁路主干线和几条支线。2016年铁路载货量7.2万吨，① 只有部分有色金属精粉、部分铁矿石和少量煤炭才拥有利用铁路运输出口的配额。蒙古国公路多为沙石路和土路且仅12%左右为硬化路，这些公路承担着绝大多数煤炭和矿产品的对外运输任务，而公路运输在大宗货物运输中相较于铁路和海运，在成本和环保方面明显处于劣势。2010年通过的新铁路计划（宽轨）和2014年10月通过的向南铺设两条标轨铁路修正案，仅一条在建路基，其余都在酝酿筹备阶段。最近，中俄蒙三国铁路过境运输合作机制达成增加经由蒙古国的过境运输配额，这无疑将更加加重本已饱和的蒙古国铁路运输负荷，需要其本身的提质提速。蒙古国边境口岸设施陈旧落后，通关能力差，远远不能满足企业的贸易与投资并举的实际需求。在这些制约因素的叠加作用下，蒙古国矿产品在主要目标市场——中国市场上的竞争，除焦煤、有色金属精粉的刚性需求外，动力煤和铁矿石的竞争往往难敌澳大利亚等海运国家。近年来，蒙俄、中蒙、蒙日、中蒙俄之间虽有一些基础设施方面的计划和有关协定，但蒙古国土辽阔，建设所需资金缺口巨大，把这些计划和协定落到实处尚需有关方的积极意愿和细化安排。此外，水电短缺、施工期短也是蒙古国矿产开发中会遇到的另类重要制约因素。

蒙古国作为内陆国，开辟第三市场必须通过两个邻国，中国天津港和俄罗斯远东港口是有协议的出海口。其中，中国天津港是其最近便的出海口，且蒙古国的大部分出口货物在走天津港。但在蒙古国最主要的出口货物——矿产品方面，由于天津至集宁段运输任务繁重，故没有多少配额让渡给蒙古国。2014年8月，习近平主席访蒙时承诺可利用中国华北、东北开放的国际性港口。对此，中蒙两国积极互动，在利用曹妃甸港口方面有所进展。如

---

① 蒙古国统计局：《铁路周转、载货量》，http：//www. 1212. mn. 2016. 04. 24。

若蒙古国境内铁路建设在"中蒙俄经济走廊"建设框架内得以早日启动或提质提速，则蒙古国矿产品走向第三市场问题将得到有效缓解。另外，近来蒙方同俄罗斯正在商谈利用俄罗斯远东港口运输矿产品问题，但从运输距离、气候、地质和现有条件等因素考虑，其可行性将会大打折扣。

2. 经济过度依赖矿业，易陷入"荷兰病"陷阱

"荷兰病"是指源自荷兰，并在非洲、拉美国家多次发生的过度依赖单一性资源产品导致的其他行业衰退乃至最后经济的全面衰退现象，且是高发症。蒙古国采矿业近六年来在 GDP 的占比波动于 19% ~ 25% 之间，始终是第一大产业，在工业产值的占比则在 58% ~ 65% 之间，7 种矿产品出口占总出口的 80% 左右，完全处在发生"荷兰病"的基本条件阈值内。2009 年发生的短暂的经济危机，2012 年以后延续至今的经济困境，均与经济过度依赖矿业有关。蒙古国政府认识到这一点，虽已经开设"稳定基金"，但财政始终入不敷出而积累并不多，效果甚微。倘若蒙古国在大宗货物价格走高时，不积累稳定基金和适宜的财政货币政策来发展多元化经济，则容易掉进所谓的"荷兰病"陷阱。如今蒙古国所面临的经济困境也是这一"病症"的集中发作。

3. "资源民族主义"的掣肘

矿产资源是蒙古国及其人民的宝贵财富。然而，利益分配不均和寡头集团的收割，致使在蒙古国出现诸多以环保、民权名义开展活动的非政府民间组织，导致 21 世纪初席卷全蒙古国的"资源民族主义"运动，并最终引发了自 2006 年开始的矿法大修改。加之，自 2012 年起国际大宗货物市场价持续走低，使企业经营的经济成本和政治风险骤然上升，进一步打击外国投资者的信心，招致以矿业投资为主的外资进入观望和撤离状态。面对此情此景，虽然蒙古国议会和政府自 2013 年开始采取一些补救性措施，出台新的法律政策，取消排斥外国资本的条款，并努力营造舒适的经商环境，但此次主要由"资源民族主义"作祟的矿法大修改和大宗货物低迷周期导致的外资大逃离以及经济下行延续至 2016 年，以债务和财政赤字为特征的经济困境愈演愈烈。虽然，2016 年 7 月上台的蒙古国新政府采取应急措施，自

2017年3月开始，又与国际货币基金组织合作实施"扩展性融资计划"，在克服债务危机和经济困境方面效果显现，2017年初就出现止跌回升的利好局面，但应急措施中的紧缩性财政政策未能缓解，反而激化社会生活中长期存在并困扰政局的贫困和就业问题，致使"资源民族主义"思潮久盛不衰，与蒙古国有些政治力量相互勾结，在立法、审批、设厂、监督、检查等各个环节设置障碍，成为外资进入、矿山开发的又一个长期性制约因素。预计只要蒙古国矿业利益分配不均、寡头集团收割、跨国公司利润的"外溢"不在合理区间以及蒙古国政治治理不善等不良因素缓解或消除，在蒙古人传统游牧文化的浇润下，"资源民族主义"思潮难以消弭，对蒙古国矿产开发也将产生长期的作用。

4. 成为中国经济附庸的安全担忧

中蒙两国在经贸合作上有地缘、经济互补、人文等优势，矿产开发是两国确定的经贸合作的重点领域，中国早已是蒙古国最大的贸易伙伴国和重要的投资来源国。近年来，中蒙贸易占蒙古国外贸总额的60%~70%。其中，出口依存度在80%左右，大约90%的矿产品出口中国。目前，中国在蒙直接投资占蒙古国外国直接投资存量的34%左右，这是上述优势所决定的蒙古国对外经贸合作现状。但是，这一过程随着蒙古国对华经贸依存度的增加、现实合作中一些问题的出现、小国惧怕心理以及某些历史问题阴影的叠加累计，致使蒙古国对经济安全的担忧越发急切，在其出台的《国家安全构想修正案》中规定，与任何一国的经济依存度不能超过30%。为此，蒙古国在引进"第三邻国"或其他国家资金和技术以制衡对两个邻国的过度依赖方面，采取重大项目上三方或多方参与、国家控股或参股、限制外国国有公司等具体举措，这也成为前些年在蒙中国直接投资占比持续下滑的主要原因。蒙古国外交战略的核心内容是实施以两邻为首要的多支点、均衡、中立政策并以"第三邻国"政策来制衡两邻。一般而言，双边或多边关系的发展走势，应该是因条件、内容的变化而发生变化。我国目前推行的"一带一路"倡议和周边命运共同体理念，正是地区一体化的一种版本。从历史经验看，像"欧盟""东盟"等一体化组织的国家间的紧密型经济乃至政治安排，将逐渐消除彼此间的猜疑和不信任，在一体化过程中获得更多的经济福祉乃至安全保障，不设置或少设置限制性条款，形成你中有我、我中有你，谁也离不开谁的局面，从而有力地推动地区和平稳定发展。

5. 生态环境十分脆弱

蒙古国土的近 1/3 是戈壁荒漠，大部分是高地草原和山地草原，其生态环境非常脆弱。矿业本身是环境风险极大的产业，环境风险具体包括以下几个方面。①采矿业需要排干地下水而打破地表水、地下水的平衡，容易导致水源、河流湖泊的枯竭。这些年来，蒙古国河流、泉眼的大量干枯与矿业不合理利用尤其与砂金矿的乱采有关。②矿产资源富集的蒙古国南部是戈壁荒漠地区，水资源奇缺，其地表水难以满足人畜需求，而采矿业及其加工业只能利用深层地下水。据蒙古国专家的估计，目前矿区的浅层水与深层水的使用比重为 1∶9，这已经严重打破了当地水循环平衡。他们建议，"北水南调"，但问题是蒙古国难以靠自身力量实现这一耗资巨大的工程。③在采矿及其加工、运输过程中，由于法律不健全、管理滞后和设施落后，容易出现水污染、空气污染、粉尘污染、草原践踏、固体污染等环境问题，而且因其本身生态系统的脆弱性而形成的污染难以短时间内消除净化。从单纯环保意识角度来说，蒙古国矿业发展过程也是蒙古人环保意识增强的过程，"资源民族主义"的正面作用是促使出台了环保、负责任、透明、国际接轨性的法律法规，给蒙古国矿业可持续发展打下了不错的法律基础。

在蒙古国采矿业发展中虽有诸多的问题和挑战，但其利好因素也是显而易见的，具体包括：矿能资源的不可再生性和稀缺性、战略性矿能资源丰富且前景看好、较长时间内其采矿业主导型总体战略无法更改、中国仍在很长一段时间内保持世界第一资源需求国地位、域内日本和韩国的需求也巨大、中国和域内国家都在实施能源多元化战略而投资动机强烈、"中蒙俄经济走廊"建设将大大改善蒙古国基础设施条件和金融融资环境等。

二　加工业

根据蒙古国统计分类法，加工业分成以下部门。它们包括食品业、饮料业、卷烟业、纺织业、服装业、皮革业、非家具木器业、造纸业、出版影像、炼焦炼油、化工业、医药和传统医药、橡胶塑料加工、非金属矿产品生产、金属加工、机器设备和其他金属品加工、计算机电子和光学产品生产、电机生产、其他机器设备生产、汽车拖车和半拖车生产、家具生产、其他加工业以及机器设备安装维修业等。

从加工业内部产值结构看，2016年食品占49.2%，饮料占12.8%，纺织业占7.2%，非金属矿产品生产占5.6%，其他占25.2%。

2016年加工业销售额达2.32万亿图，占工业产品销售总额的21%。其中，食品饮料产品销售占46.9%，纺织品销售占17.1%，金属加工产品销售占11.3%，炼焦、煤球销售占8.6%，非金属矿产品销售4.6%，其他产品销售占11.5%。

（一）食品饮料生产

在加工业中，食品饮料业产值所占比重最大，2016年占工业产值的46.9%。近年来，蒙古国十分重视食品安全，在食品生产领域实行鼓励中小企业和实施进口替代性政策的结果，该领域生产正趋于多元化和规范化。蒙古国的食品业由以下几个部门组成：肉类、鱼类、水果、蔬菜、肥肉、油脂加工，鲜奶、奶制品加工，面粉、淀粉、饲料加工，其他食品加工，酿酒业。

1. 肉类、肉制品生产

2016年工厂内生产的肉类8900吨，同比下降29%，比2011年下降36.2%，而比2007年增长32.2%。2016年香肠类产品4628.3吨，同比增长37.7%，比2011年增长2.1倍，比2007年增长3.5倍。历来肉类产品在蒙古国饮食结构中占据着重要分量，所生产的生肉类产品的减少和熟制香肠类产品的迅速增加，说明蒙古国人饮食习惯的变化和肉类外销的新趋向。蒙古国是传统的畜牧业国家，目前牲畜头数已经超过6000万头，但其生产方式仍延续半游牧草原畜牧业状态，生产效率低下，商品率不高。发展集约型畜牧业，培育畜产品加工业，是蒙古国政府实现经济多元化的目标之一。蒙古国肉类产品的出口，目前还面临着许多制约，需要做肉类产品的分类加工、检验检疫的国际接轨、疫情疫病的防控体系构建和集约化经营方式的转型。

2. 鲜奶、奶制品生产

目前，蒙古国鲜奶和奶制品大部分能够国内生产。2016年鲜奶产量6330万吨，同比下降9.1%，比2011年增长15.1%，比2007年增长6.3倍。

3. 面粉生产

面粉是蒙古国最主要的主食。至今，蒙古国总共实施三次"垦荒计划"，且每次效果明显。自2008年开始实施"第三次垦荒计划"以来，除特别年份以外，小麦产量逐年增加，基本满足了国内需求。2016年面粉生产20.97万吨，同比增长1.5%，比2011年增长2.1倍。

4. 饮料生产

饮料类产品包括白酒、酒精、奶酒、啤酒、汽水、矿泉水、软饮料、饮料、糖浆、果汁等种类。2016年生产酒精860万升、白酒和奶酒2390万升、啤酒7570万升、纯净水5910万升、软饮料和饮料1.2890亿升、果汁5580万升。

（二）非金属矿产品生产

在非金属矿产品中，主要生产建筑所需的水泥、石灰、混凝土砂浆、抹灰砂浆、轻质混凝土、铝合金门窗、泡沫板、空心砖、金属构件混凝土、金属铸造、金属涂料、红砖、枕木、栏杆等产品。2016年生产水泥43.24万吨、石灰4.76万吨、混凝土砂浆7.56万方。2016年烧制红砖2047.32万块，加工塑钢门窗3.27万平方米，生产空心砖31.75块。自2011年开始迅速增长的塑钢门窗和红砖生产，从2014年开始趋于下降，说明蒙古国建筑业和房地产的市场波动情况。

（三）毛绒制品生产

近年来，蒙古国毛绒制品生产发展比较迅速，能够生产各种新颖花样的产品。据蒙古国统计局数据，蒙古国生产毛绒制品的约60%在国内销售，其余部分销往国外，且主要是由来蒙观光的外国游客购买。主要毛绒制品之一的梳洗羊绒产量2016年为776.3吨，同比增长2.9%，比2011年下降11.2%，比2007年下降200%倍。梳洗羊绒产量的持续下降，主要是山羊头数的减少和生羊绒的非法偷渡屡禁不止所致。

（四）皮革生产

皮革业是蒙古国轻工业的重要部门之一。目前，有34座大型皮革加工厂在乌兰巴托市罕乌拉区、巴彦郭勒区、达尔罕乌拉区开展业务。与此同时，约100座中小皮革加工企业在蒙古国各地开展业务。按2016年情况，生产皮靴和皮鞋3.41万双、皮大衣1.06万件、皮上衣300件、羊皮外袄9200件，加工羔羊皮2100平方米、皮质鞋底6.5吨以及硬皮3900平方米。

（五）服装生产

目前，蒙古国服装业不仅能够从事国际订单业务，还可以生产国内各行各业所需工作服、制服。2016年生产的主要服装种类包括裤子8.25万件，工作服3.47万件，男女、儿童制服2.24万件，衬衣19.69万件，男女蒙古袍2900件，手套2004双，T恤衫4400件。

三　电力、热力生产及供水

（一）电力生产

2016年蒙古国电力生产71.14亿千瓦时，同比增长2.6%，比2011年增长47.8%。2016年国内生产满足电力消费量的79.7%，其余20.3%从中国和俄罗斯进口，南部省份主要是矿业集中的南戈壁省的电力需求由中国引进，北部和西北地区的电力需求由俄罗斯引进。2016 年发电厂的内部损耗7487 万千瓦时，同比减少 2950 万千瓦时。2016 年用于生产、服务和居民需求的电力是 54.46 亿千瓦时，同比增长 3.1%，比 2011 年增长 57.7%。2016 年电力部门产值为 11.7980 万亿图，占工业产值的 7.1%，所占比重同比增长 0.4%，比 2011 年增长 0.6%。

2016 年电力消费结构是，工业与建筑业占 61.6%，居民与公共事业占24.3%，运输与通信业占 4.1%，农牧业占 1%，其他业占 9%。2016 年生产的电力人均 18 亿千瓦时，同比增长 4%，比 2011 年增长 10.6%。

（二）热力供暖生产

2016 年生产热力 1079.9 万兆卡，同比增长 1.1%，比 2011 年增长24.4%。热力生产的 5.2% 用于发电厂与供暖厂的内部需求，91.8% 用于居民和经济部门需求，3% 耗损于供热过程。

（三）能源生产

蒙古国的能源生产主要由煤炭、电力和热力供暖生产部门组成。如果把所生产的电力、热力供暖和煤炭折算成标准能源值，2016 年生产的能源值总共为 1893.7 亿图，同比增长 39.4%，比 2011 年增长 12.4%。其中，88.2% 为煤炭生产，8.2% 为热力供暖生产，3.6% 为电力生产。

在电力供应方面，目前蒙古国有三个各自分离的电网。西部电网包括巴彦乌勒盖、乌布苏、科布多省，电源有阿尔泰发电厂、乌里雅苏台发电厂以及杜尔根河水电站，其余电力缺口由俄罗斯进口。东部电网主要由东方发电厂供应电力，只能满足东方省省会、苏赫巴托省省会城市和部分县城的电力需求。中央电网的电源包括第二发电厂、第三发电厂、第四发电厂、达尔罕热电厂、额尔登特热电厂、达兰扎德嘎特热电厂等，通过乌兰巴托供电网、额尔登特－布拉根供电网、达尔罕－色楞格供电网、巴嘎淖尔－东南区供电网输送电力。

（四）供排水以及垃圾处理

蒙古国的供排水、垃圾处理和环卫部门主要在乌兰巴托市以及省会城市开展业务。2016 年积水、净化、供水成本为 1529 亿图，污水处理成本 83 亿图，垃圾回收、处理、加工成本 1132 亿图，环保管理成本 75 亿图。

综上所述，蒙古国工业以采矿业为主，加工业欠发达，电力尚且不能自给，基础设施产业滞后，肉类产品出口受制，采矿业是蒙古国目前唯一符合现代生产条件的支柱性产业。外国直接投资存量的 70% 多流入矿业，并在内外资比例中越来越占主导地位，很显然是矿业增长的主要驱动因素。蒙古国采矿业的发展深受国际大宗货物市场波动周期和国内政策法规环境所致的外资流量增减的影响。在世界性大矿发现的年份，跨国矿业公司资金趋之若鹜；在蒙古国矿法大调整的年份或国际大宗货物价格的下跌周期，外国直接投资流量垮塌式下滑，不仅直接影响了采矿业的持续发展，而且间接影响了相关产业联动发展，继而筑高了蒙古国的国际和预算赤字存量。矿业开发是资金大、周期长、风险高的投资，相较于硬件条件，它更需要投资政策法规环境的稳定性和连续性。从目前情况看，制约外资进入的最大因素，仍然是大宗货物预期的不确定性和前期矿法修改所造成的"恐惧后遗症"。利好的因素是，新的《投资法》《国家矿业政策（2014~2025 年）》《矿产法修正案》出台实施和对资源能源的刚性需求。外界希望蒙古国最具优势的产业——矿业的发展，不要成为受制于地缘政治经济博弈和少数寡头集团追逐私人利益的场所。毋庸置疑，蒙古国是重要的新兴矿能资源供给大国，"中蒙俄经济走廊"建设在我国"一带一路"倡议中具有重要的率先示范效用，蒙古国在我国能源多元化和地缘政治经济布局中具有举足轻重的地位。

B.10
蒙古国旅游业发展现状与前景预测

阿拉坦 *

摘　要： 近年来，全球旅游发展倾向于亚太地区，对于蒙古国来说发展旅游是绝佳机遇。蒙古国政府几经把发展旅游业作为助力经济发展的首要任务之一。另外，中国的“一带一路”倡议与蒙古国“发展之路”计划对接推进加速了双方旅游业交流合作进程。本文对蒙古国旅游业发展现状进行分析研究，提出了相应预测建议。

关键词： 蒙古国　旅游业　现状

近年来，全球旅游发展倾向于亚太地区，对于蒙古国来说发展旅游是绝佳机遇。蒙古国政府已经把发展旅游业作为助力经济发展的首要任务之一。另外，中国的“一带一路”倡议与蒙古国“发展之路”计划对接推进加速了双方旅游业交流合作进程。本文对蒙古国旅游业发展现状进行分析研究，提出了相应预测建议。

中蒙两国关系的发展虽然有过坎坷之路，但主要还是以友谊交流为主题，就旅游产业发展来说，两国一直保持着良好的交流与合作关系。蒙古国政府也在积极寻求与我国进行旅游业方面的交流与合作，努力实现旅游产业的联动发展带动较为疲软的经济发展。另外，近几年，蒙古国也与日本和韩国等亚洲国家发展旅游，而且进度非常之快。

---

* 阿拉坦，内蒙古大学蒙古国研究中心博士，中国蒙古国研究会秘书长，中国蒙古国研究会会刊《蒙古国研究》编委，主要研究方向为蒙古国国别研究和中蒙俄关系研究。

一　旅游业现状

蒙古国大选前后，蒙古各党派之间竞争激烈，政局一直明显不稳。但没有发生重大的暴力和恐怖袭击事件，也没有和国际上的恐怖主义沾上边，社会矛盾没有明显显现。在经济方面一直低迷不振，物价偏低，旅游业欠发达，与之相关的贸易和基础设施有待提高。不过蒙古国计划到2020年将旅游业发展到世界排名前80位，旅游收入要占GDP的14%。

到蒙古国旅游费用不高，适合多数发展中国家游客。随着中国经济持续发展和壮大，出国旅客数不断增长，到蒙古国的客流量也呈现逐年增高态势。随着蒙古国航空业不断发展，韩、日、德、法等亚欧各国赴蒙客流量也居高不下。入境游客从2015年的2415091人次增长到2018年的7343175人次，增长率为32.88%（见表1）。

表1　入境客流量（按年度）

单位：人次

年份	2015	2016	2017	2018
入境游客	2415091	2711919	2964029	7343175

资料来源：《蒙古国统计年鉴》2015年、2016年、2017年、2018年。

近几年，蒙古政府已经意识到发展旅游业的重要性。先后出台较多优惠政策，2008年国家整体发展规划《千年发展目标》中，提出了2007~2021年间的旅游业各项发展规划。按以上规划，计划在2016~2021年加快旅游业发展。逐步完善旅游基础建设，建大型民族特色旅游园区。发展区域旅游多样化，提升旅游业各项服务质量力争提高至国际标准。蒙古在2008年时已经颁布了决议文件，其将旅游产业作为本国国民经济发展的优先领域之一。2009年的320号决议文件中提出了“哈尔和林-13世纪”等大型项目逐步实施规划。为吸引更多外国游客，参加世界级大型旅游博览会，宣传蒙古国旅游优势。2014年举办“第七届亚洲旅游交易会”；2015年以“伙伴国家”身份参加“柏林国际旅游展览会"。近几年每年都参加"世界旅游交易会"和"JATA旅游博览会"。

蒙古旅游业进入快速发展阶段。国外入境游客数量从2015年的467231人次增长到2018年的1408000人次，增长率为3.0%（见表2）。旅游生产值增长率为年均16%，旅游产值占蒙古国当年国内生产总值从2010年的10%，增长到2018年的12%。蒙古国民众生活水平也有所提高，国内旅游客流量也明显增多，大多数人喜欢跟亲友出游，以休闲观光和探亲访友方式旅游的较多。探亲访友的占40%，度假旅游占33%，商务旅游占13%，野游占7%，调研旅游占2%，还有5%左右为临时性的早出晚归自驾性"漫游"。因许多民众已习惯在节假日或周末，带着食物和帐篷与亲友驾车赴旅游点或郊区旅游，一般不通过旅行社出游。因此，统计国内游客数量较难。

表2　入境客源国客流量（按国家）

单位：人次，%

国家	2015年	2016年	2017年	2018年	增长率（%）
入境游客总数	467231	471242	542703	1408000	3.0
中国	215500	185824	201912	508395	2.4
俄罗斯	73489	87655	110353	319054	4.3
韩国	48979	59514	76637	198668	4.1
日本	19837	20568	23093	31541	1.6
美国	15187	16758	17663	45542	3.0
哈萨克斯坦	14747	13606	14553	24697	1.7
澳大利亚	5795	6885	9241	24701	4.3
英国	6467	6567	6486	15529	2.4
德国	9114	9879	10777	25553	2.8
法国	8126	9137	10154	22987	2.8

资料来源：《蒙古国统计年鉴》2015年、2016年、2017年、2018年。

蒙古国旅游客源以国外游客为主，而且逐年增长。主要来自中国、俄罗斯、韩国（见表2）。因蒙古国位于中国和俄罗斯中间，出入境交通便利，另外中国"一带一路"倡议和"中蒙俄经济走廊"建设不断推进，使赴蒙古国的中国和俄罗斯游客尤其近两年明显增多。虽然韩国、法国和澳大利亚等国家离蒙古国较远，但这些国家的旅游企业以各种宣传方式和频繁的商贸交往推动了客流量的不断增长。此外，蒙古航空业不断发展，从美国、英

国、德国、澳大利亚和哈萨克斯坦等国赴蒙古国的游客逐年多。

目前，已开设旅游专业的国立大中专院校有 5 所，私立大中专院校有 35 所。每年能培养出旅游专业学生近 400 名。大中专院校一般以教学大纲教授，缺乏理论与实践结合教育，暂缺乏对导游和住宿管理培训。

二　旅游业特点

（一）资源禀赋

1. 自然资源禀赋，以草原旅游为主题

因地广人稀，很多景点仍然保持着原始的风貌，人为痕迹相对少，物种也很丰富独特。对游客来说，原始野生动植物尤其具有相当的吸引力。有世界稀有野生动物戈壁熊。

2. 社会文化资源丰富

大多数民众仍然过着原始游牧生活，这也是国外游客所向往的。游客青睐的生态景观有：戈壁滩、乌兰巴托市及城郊风景、成吉思汗骑马雕像旅游园区、特日勒吉森林公园、阿尔泰山脉及珍稀动物自然保护区等（见表 3）。距离乌兰巴托较近的景点有特日勒吉国家森林公园、"三美山"、被称为蒙古的瑞士的克尔伦大草原、哈勒和林遗址、位于乌兰巴托南郊的吉布尊丹巴活佛住宅"博格达汗冬宫"、位于乌兰巴托市中心的甘丹寺、蒙古国历史博物馆、成吉思汗纪念堂等。除此之外，还有蒙古国最大淡水湖"库苏古尔湖"。上述景点不仅蕴含着蒙古民族深厚历史文化精髓，也彰显了蒙古大草原壮丽的自然美景，以此独特魅力每年能吸引 50 多个国家和地区的旅游爱好者。

3. 具有历史悠久的民族传统文化

草原游牧文化和纯朴的民族风情会吸引众多国内外游客。这也是蒙古民众独有的宝贵的精神财富。首都乌兰巴托市的历史发展和地缘环境积淀了丰厚的民族文化。一直以来，乌兰巴托蒙古族时代传承着民族宫廷文化、历代王朝最高端祭祀仪式和经典民俗礼仪，而且在悠悠历史长河中积淀了独特的祭祀、宫廷和民俗文化。目前，一般在秋冬季举办隆重的那达慕，其活动内容也丰富多彩。尤其一年举行一次的国家级那达慕，吸引国内外众多旅游爱好者。在春节和那达慕大会时，隆重展示各种民风民俗。全国各地民众会盛装出门，与亲友团圆聚会，共度美好时光。

表3 主要景点分布情况

景区位置	名称
西北地区	库布德的四季雪山
东北地区	阿尔泰湖、盐湖、喷泉
西南地区	乌布斯河、特斯河、金沙
西部地区	阿尔泰山脉两侧及珍稀动物自然保护区
北部地区	乌里雅斯台、特勒门湖
中部地区	嘎鲁特河
	哈勒和林古迹和额尔浑河
	乌兰巴托市、周边
南部地区	达兰扎德盖沙丘
	苏赫巴特尔省

4. 由于蒙古国地理位置和气候原因，旅客的数量也随季节和气候的变化而增减

一般每年的6～9月是旅游旺季。由于冬季寒冷、风雪大、空气污染较重等原因游客数量会明显缩减。

（二）地理位置优越

蒙古国位于中俄两个大国之间，而且中蒙俄三国的陆海空都已全线贯通。由于三国一直保持着睦邻友好关系，中国的"中蒙俄经济走廊"建设不断推进，蒙古国的客源市场潜力大幅度提升。

三 旅游产业群发展状况

（一）住宿业

据不完全统计蒙古国国内有50多家星级宾馆，主要集中在乌兰巴托市，

有近八千多床位，300多家宾馆。国内大型宾馆有成吉思汗宾馆、乌兰巴托宾馆、巴音郭勒宾馆、韩帕拉斯宾馆、帕拉斯宾馆、孔提尼塔拉宾馆等6家。此外，还有标准不同的中小型宾馆、旅舍和集体宿舍。

很多宾馆和旅行社为了吸引更多宾客，住宿费中会含三餐或市区游览等服务。市外郊游者的住宿一般是首选小型宾馆，宾馆数量也相对少。据不完全统计蒙古国国内有近300家度假村，一天能接待六七千游客，牧民居住地有近100多家旅游点。旅客也可以住蒙古包，餐室、休闲吧、洗漱间等基础设备相对齐全。

据蒙古国旅游部门的统计，国内有600多家旅游中介公司，主要接待国外旅客，国内很少有人通过中介公司去旅游观光。

（二）交通运输业

近年来，蒙古国为了发展旅游业在不断完善着交通路线。国内已有4家国际航空公司，即MAT民族航空公司、韩国的KORANAIR、俄罗斯的ARPLOTA、中国的AIRCHINA航空公司。有3家国内航空公司：MAT、ARMONGOLIA、EZNISAIRWAYS，分别服务于国内各个省区。

铁路方面，连接北京和伊尔库斯克的国际列车虽然少，但都经过蒙古国。国内达尔汗、额尔顿特、赛音山达、巴格诺尔、温杜尔之间有铁路相连。

公路还不能够满足国际旅游需求，很多旅游景区景点可进入性差。

四　旅游业发展对社会文化的影响

长期以来旅游业被称为"无烟工业""无形贸易"，但由于旅客数量不断增长，对国内社会文化发展产生一定影响是不可避免的。

1. 正面影响

旅游本身是一项社会文化活动。一方面促使身心放松，另一方面陶冶情操、视野开阔、升华身心素质，不断提高国民各方面的素质。同时，旅游也是现代科技与独特民俗文化的碰撞，体现着国内外和区域间民众的友好交往，不断促进民间友好关系，巩固民间外交。

2. 负面影响

旅游业发展会使旅客和当地居民双向收益。但旅客数量不断增长，会加深加大旅游点的商业化，逐渐影响和淡化当地民俗，最原始的生活方式也会受影响，与此同时显露的是世俗价值观。旅游者本身携带各种文化，在发展旅游业过程中必然存在诸多影响因素。

近几年蒙古国加速发展旅游业，使更多的国外游客亲身体验和了解蒙古国的社会文化、民俗风情，使之传统草原游牧文化也得到了弘扬。当然也有不少游客在某种程度上故意破坏原始文化。

五　发展旅游业前景及可行性研究

刚有点起色的蒙古国旅游业还处于发展初级阶段，达到发展水平还需要走一段路。

（一）发展旅游业前景

（1）旅游资源适应时代要求。旅游资源以独特民族风俗和原始自然风景为主题，这正是大多数长期居住在高楼大厦中的城市人所向往的，迎合了重返自然意愿和返璞归真心态。这是蒙古国加速发展旅游业的优势所在，也是发展国内经济的重要依托。丰富多样的资源是发展旅游业的绝好基础条件，还能适应市场的多种需求。

（2）客源市场不断扩大。有潜在的国内客源市场。近几年政府不断提高国民收入，节假日闲暇时间也不断增多，民众的出游需求和愿望也不断增长；另外，国外客源市场也不断扩大，尤其近两年到蒙古国旅游的国外游客数量呈逐年递增的趋势。

（3）邻国经济发展推动旅游业的发展。独特的游牧文明和原始草原风貌足以吸引众多游客，很多游客通过邻国前往蒙古国。邻国的经济发展也助推了蒙古国的旅游业发展。在重大节庆来临之际，应考虑在邻国进行积极宣传，突出旅游独特趣味，进一步加强与邻国合作交流，同时吸引更多的游客。

（4）旅游产品和市场开发有待提升。因蒙古国经济发展水平有待提高，在对旅游产品的开发利用、对外宣传和促销、旅游市场的开拓等方面还有待加强。

（5）政府已经把发展旅游业作为重点。从20世纪90年代为发展旅游业，制定过一系列推动旅游产业发展的政策法规。旅游产业具有综合性和复杂性。政府要主导发展旅游产业是必然的。2018年蒙古国政府已经把发展旅游业作为主要发展领域之一。

（二）旅游业发展可行性研究

在经济全球一体化的推动下，旅游业发展竞争日益激烈，蒙古国也把旅游业发展作为主要的发展领域。若要在竞争中获得一席之地，还要走很长的路。现阶段蒙古国虽然有旅游业相关管理条例、不同等级的住宿标准等规定，但尚未出台旅游相关的法律，旅游业政策法规有待进一步完善，以为旅游产业提供安全稳定的发展空间。

（1）政府机构在发展旅游业过程中发挥作用。以此不断完善旅游业基础设施建设。协调社会各界力量，规范旅游管理。

（2）建旅游院校和培训机构。旅游院校是旅游业人力资源开发的主体，应加快旅游院校建设，并且进行旅游专业的教育体制改革。重点培育旅游业复合型人才。从某方面而言，旅游基础设施的不足用良好的服务质量来弥补也是可行的。随着经济全球化进程加速，人才流动频繁，蒙古国要实施"请进来和走出去"人才培养，吸纳优秀旅游专业人才。另外，应让国内学生赴国外交流学习提高技能。

（3）扶持旅游公司建设。"互联网＋"时代，人们的生活和思维方式都有了崭新的变化。这也使得旅游消费方式发生了前所未有的变革，旅游业的各项信息化建设已经势在必行。互联网为旅游资源大数据架起了桥梁，整个行业的信息链能迅速得到革新与传递。旅游业的信息化建设最终受益者还是旅游公司。旅游业应转变传统的营销观念，积极构建旅游信息工程。

（4）开发和挖掘旅游资源，打造顶级品牌。针对旅游市场的需求导向，深化旅游文化内涵。近年来，以开发草原旅游为主，推动着蒙古国旅游业的发展。另外，旅游业发展过程中除了政府的指导和支持外，也离不开当地居民的参与。依靠当地居民开发出有特色的旅游产品。利用当地原材料，生产符合旅游者需要的特产和手工艺品。

（5）明确市场定位，开发挖掘旅游市场。不同国家各个阶层旅客消费心理和需求会有所不同。目前蒙古国的入境旅游者主要来自中国、俄罗斯、日本、韩国等国家，旅客数量也呈不断增长的趋势。

参考文献

孟松林：《走进蒙古国》，内蒙古大学出版社，2007。

张广瑞：《中俄蒙三国旅游合作的意义条件与方略》，《俄罗斯中亚东欧市场》2006年第 10 期。

张秀杰：《蒙古旅游市场》，《俄罗斯中亚东欧市场》2007 年第 6 期。

高舜礼：《中国旅游产业政策研究》，中国旅游出版社，2006。

《蒙古国统计年鉴》2015 年、2016 年、2017 年、2018 年。

B.11
蒙古国对外贸易发展现状及未来趋势分析

焦志强*

摘　要： 蒙古国是全世界外贸依存度最高的国家之一，对外贸易在其国民经济中占有极高的比重。加入 WTO 后，蒙古国对外贸易伙伴实现多元化。21 世纪后，随着能源价格上涨及中国对能源产品需求增加，蒙古国实施"战略矿兴国战略"，蒙古国对外贸易呈现出对外依存度高且高度集中在少数几个国家，出口产品单一且以原材料为主，国家原材料市场的价格波动对蒙古国的对外贸易影响很大等特点。未来蒙古国对外贸易未来发展格局短期内难有方向性突破。其中，中国仍然是蒙古国对外贸易伙伴。制度性建设的稳定性依旧是重中之重，汇率的变动对蒙古国外贸的影响有限。

关键词： 蒙古国　对外贸易　对外依存度　制度稳定性

一　蒙古国对外贸易发展历史

蒙古国的对外贸易发展，早期基本上依附于政治体制。20 世纪 90 年代前蒙古国外贸经济的发展不是基于效率和效益，在当时的国际环境影响下，蒙古国外贸在 60 年代前严重偏向于俄国（苏联），60～90 年代基本上限于经济互助委员会范围内。经济互助委员会是一个由苏联发起的社会主义阵营

---

* 焦志强，内蒙古社会科学院科研组织处副处长、副研究员。

的经济共同体,与经济互助委员会的成员进行的贸易在 1989 年占到蒙古对外贸易总额的 90%。随着该组织在 1991 年的正式解散,蒙古国与德国、瑞士、意大利、法国、英国、日本建立了新的贸易联系,而传统贸易国——中国逐步成为蒙古对外贸易的首要目标国。

蒙古国在 1997 年 1 月加入世界贸易组织(WTO),正式成为该组织的成员,从而打开了与世界各国进行平等的多方面交易的可能性。在加入 WTO 之后,蒙古国对外贸易进入快车道,呈现快速增长趋势,贸易结构也由之前的单一的矿产出口逐渐扩展到其他领域。对外贸易对本国经济增长的贡献率逐渐增加。

从 1997 年开始,蒙古国事实上对所有类型的进口产品征收超低关税,甚至有段时间也有为零的情况。进口规模的快速增长事实上形成了"双刃剑"效应。一方面,廉价的外国商品极大地改善了蒙古国国民的物质生活。另一方面,大规模进口低价商品在一定程度上使得蒙古国国内的产业体系建设的动力不足。蒙古国政府也没有充分执行世界贸易组织规则允许的贸易保护措施,如特殊贸易限制和不公平竞争的相关工作,使得本国的产业结构、产业规模至今未有实质性的改变。畸形的产业发展形态对蒙古国的对外贸易结构尤其是出口商品的类型、档次都产生了相当大的影响。

进入 21 世纪,蒙古国的对外贸易尤其是出口贸易得到长足发展,2000 年出口贸易额和进口贸易额分别为 5.35 亿美元和 6.14 亿美元。从 2006 年开始,依赖于矿产品出口的出口模式恰逢世界能源矿产需求的快速释放,蒙古国出口贸易发展迅猛。2007 年末全球金融危机爆发对蒙古国产生严重影响,全球市场上的矿产品价格大幅下跌,需求停摆,蒙古国经济增长陷入停滞。2009 年蒙古国经济还出现了负增长。但自 2010 年开始,得益于中国出台强劲的经济刺激政策,国际矿产品价格持续走高,蒙古国经济也开始快速复苏,国际矿产品价格迎来新一轮上涨并持续走高。蒙古国凭借丰富的资源禀赋,实行矿业兴国,经济形势一片大好。2012~2013 年蒙古国经济出现了史无前例的迅猛发展势头,国内生产总值增速达到了 12.13%,成为全球经济增长最快的国家。但是好景不长,国际矿产品价格自 2014 年开始逐步走低。受到世界能

源需求不足和环保要求不断提升的双重要求，传统能源的需求旺点迟迟不能到来，蒙古国对外贸易近几年亦进入盘整阶段。从2017年开始，随着国际矿产能源价格的稳步回升，蒙古国的进出口贸易将会逐渐活跃。所以这十几年，蒙古国的对外贸易乃至于经济发展基本与世界能源矿产价格走势趋于一致。

蒙古国政府考虑到单一产品（矿产品）出口利润少，外国独资的矿业公司容易出现问题等一系列因素，进入21世纪以来的几届政府的贸易投资政策逐渐改变，采取鼓励在当地加工转化、发展多方合作、加大蒙方资本股份比例等方法。由于其政府交接更迭期间政策多变，民族主义有所抬头，很多以单纯矿产品原料出口为导向的国际投资集团在经营中遇到了一些困难，这在一定程度上限制了外国投资者的热情，进而对其在国际贸易中的形象及实绩产生了一些影响。

二　蒙古国对外贸易现状分析

（一）总体情况

2018年上半年，蒙古国与世界140个国家和地区的贸易总额为63.4亿美元，同比增长26.0%。出口35.81亿美元、同比增长15.3%，进口27.59亿美元、同比增长43.4%；贸易顺差8.22亿美元；蒙对华贸易总额42.75亿美元，同比增长25.4%。其中，对华出口贸易总额33.14亿美元，较上年同期增加18.23%；自华进口贸易总额9.61亿美元，较上年同期增长58.4%；蒙古国煤炭出口1827万吨，较上年同期减少4.6%，共计14.12亿美元，较上年同期增加10.2%；铜精矿出口73.3万吨，较上年同期增加0.1%，共计10.14亿美元，较上年同期增加32.6%；铁矿石出口337.3万吨，较上年同期增加23.1%，共计1.56亿美元，较上年同期减少3.6%；原油出口329.9万桶，较上年同期减少11.3%，共计2.12亿美元，较上年同期增加16.7%；锌精矿粉出口6.16万吨，较上年同期增加6.7%，共计1.07亿美元，较上年同期增加24.9%。2012~2014年，基于煤炭及其他矿产品价格高企，蒙古国贸易总额持续走高，均保持在百亿美元之上。2015~2016年，国际能源消费市场需求低迷，主要能源矿产品低位徘徊，尤其是在中国市场不振的影响下，蒙古国对外贸易也大受影响，跌落至80亿美元一线。2017年随着主要矿产品价格企稳，尤其是煤炭价格的阶段性走高，蒙古国增加了煤炭出口供应量，贸易总额重回百亿美元之上，出口贸易历史性地突破60亿美元大关（见表1）。

表1　2015～2017年蒙古国对外贸易额变化

单位：亿美元，%

年份	进出口总额及增速		进口总额及增速		出口总额及增速	
	进出口总额	增速	进口总额	增速	出口总额	增速
2015	84.66	−23.1	37.97	−27.5	46.69	−19.1
2016	82.75	−2.3	33.58	−11.6	49.17	5.3
2017	105	26.9	43	28.1	62	26.1

（二）主要贸易伙伴

在近几年蒙古国的对外贸易中，贸易额在1亿美元以上的国家，基本稳定在中、俄、英、韩、日、德、美、瑞士等国家，每年实现的贸易总额占蒙古国外贸总额的九成以上。其中，中国已连续18年成为蒙古国最大贸易伙伴国和重要外资来源国。俄罗斯是蒙古国第二大贸易伙伴国。中国是蒙古最大的贸易顺差来源国，俄罗斯是蒙古最大的贸易逆差来源国。2017年蒙古国对中国实现贸易顺差近39亿美元，其对中国的出口占到其出口总额的90%以上。蒙古国与俄罗斯的进口贸易主要集中在汽油、柴油这些战略性物资产品上。韩、日等国近些年由于其在蒙古国年轻人心目中的地位日渐重要，很多新兴产品如电子产品、汽车、日常消费品，韩日各大品牌随处可见，尤其在人口规模较大的城市这一特征更加明显。乌兰巴托的街上满眼尽是丰田车，公交系统采购的是韩国双龙新能源公交车。美国及部分欧洲国家均是蒙古国的进口来源国。

（三）进口贸易

蒙古国由于制造业欠发达，绝大部分日常用品及机械设备均依靠进口，如表2所示。

表 2　蒙古国 2013～2016 年进口商品

单位：万元

主要进口商品	2013 年		2014 年		2015 年		2016 年	
	数量	金额	数量	金额	数量	金额	数量	金额
鸡蛋（千颗）	103003	10894.7	87275	7891	66427.4	4665.5	83874.4	5415.5
大葱,大蒜（吨）	16241	2781.1	19074	3584.9	8623.3	2227.3	12441.7	2714.2
大米（吨）	20397	9452.7	29596	14887	24508.1	15846	26564.2	16030.3
面粉（千吨）	23.9	10095	17.5	6710.7	20.5	6012.8	30014.3	8203.7
植物油（吨）	5727.5	8226	8787.8	10008.4	9321.3	9777.7	10563.9	10596.4
人造黄油（吨）	5688.7	7352.8	5316.5	5696	6270.6	5561.1	6547	5645.8
砂糖（吨）	44441	23563.2	44583	24458.7	39274.3	18412.	50039	25540.3
糖块（吨）	5213.6	9741.2	5502.2	11373.2	5544.2	9090	6206.5	10252.7
果汁（吨）	14731	31732.9	14422	31413.3	13678.9	26458	14708.9	28378.1
含酒精饮料（千升）	25386	23005.2	20986	18989.5	15908.7	13965	20342.7	16376
酒类（千升）	35815	32190.7	24434	26770.4	18143	17994	19139.5	17256.2
啤酒（千升）	33208	18840.1	21676	11737.2	15860.5	7193.5	16684.9	6861.9
香烟（百万盒）	1948.4	54686.7	2042.9	51115.1	2026.2	52239	2247.1	49998.8
汽油（千吨）	380.1	439648	416	425415	433.5	273971	385.3	192934
柴油（千吨）	772.9	880559	685.9	656163	655	376678	548.1	254841
航油（吨）	38.8	47519.1	26.2	29086.6	27.3	16599	24.8	12620.2
电力（百万千瓦/时）	1195.5	112824	1349.2	130021	1384.8	129181	1420.2	125355

续表

主要进口商品	2013 年		2014 年		2015 年		2016 年	
	数量	金额	数量	金额	数量	金额	数量	金额
化肥（吨）	75806	29854.4	57177.5	21195	59013	19600	65069.2	18662.9
香皂（吨）	5182.1	10479.5	5806.6	11525.9	5290.3	9328.8	5352.6	9211.6
洗衣粉（吨）	8151.1	11939.5	8116.9	11756	7539.7	10127	7205.6	8301.5
剂量装药品（吨）	2101	65267.5	—	67226.8	—	61132	—	72420.6
新轮胎（千套）	219.2	83508.4	155.6	57826.1	103.5	32001	145.7	36366.3
室内空调（台）	32189	7834.3	14090	6080.5	17817	11425	13315	5384.2
打印机及部件（台）	101273	13681.7	243716	7289	314959	6726.5	99642	8035.5
冰箱,冷冻设备（台）	89239	26053.8	118185	24818.6	57809	17880	78335	18510.3
推土机、平地机,压路机,平铺机、挖掘机（台）	1358	168785	713	51424.6	432	45046	367	31025.5
吊车、装载机,卸货机（千台）	390.1	105582	341.4	50575.1	180.8	28871	182.1	25094.4
砂石料搅拌机（千台）	119.9	117686	54.1	113713	35.2	64235	35.7	37365.4
热水器等家用电器（千台）	339.7	20761	351.5	19251	243.3	14977	290.2	13918.5
信息处理设备及其部件（千台）	95	38690.5	69.8	30288.3	86.1	45720	86.7	29215.1
电话,电子通信设备（千台）	539.6	87848.3	733.3	82974.6	490.8	80610	429.7	104176
电视,显示器,投影仪（台）	251796	45457.7	253516	42949.6	193209	24085	151123	24029.5
公交工具（台）	1800	19726.4	1291	13631.9	870	12310	965	14893.7
小轿车（台）	44679	372982	41246	289206	37086	209967	37738	219738
货车（台）	17996	306969	12505	107834	7675	49944	6835	46483.5
运输工具配件（千套）	870.8	28031.7	942	18948.2	517.7	14112	462.4	11084.5

总的来看，蒙古国进口规模在近些年基本上停滞不前，一是其国内经济持续恶化，货币贬值严重，导致国内消费走低，居民购买力明显下降，对进口贸易产生较大影响。二是其先后出台多项扶持中小企业政策，扶持国内中小企业开展替代性生产，对建材等10多种商品上调进口关税，导致该类别商品进口大幅减少。三是外汇储备情况不佳。2015年末到2016年末，其外汇储备仅可满足一个月左右的对外贸易外汇需求，已到了捉襟见肘的地步（见表3），这也对蒙古国进口贸易产生了严重的掣肘。

表3 蒙古国2011～2017年外汇储备情况

单位：亿美元

年份	2011年末	2012年末	2013年末	2014年末	2015年末	2016年末	2017年末
外汇储备	24.51	41.28	22.48	16.49	13.23	13.04	29

（四）出口贸易

蒙古国出口商品中矿产资源品占据了主要的份额。2017年，蒙古国煤炭出口3340万吨，较上年同期增长29.5%，金额22.68亿美元，较上年同期增长133%；铜精粉出口144.72万吨，较上年同期下降7.3%，金额16.13亿美元，较上年同期增长0.3%；铁矿石出口625.78万吨，较上年同期增长2.8%，金额3.13亿美元，较上年同期增长25.2%；原油出口751.42万桶，较上年同期减少6.3%，金额3.74亿美元，较上年同期增长11.0%；锌精矿粉出口11.82万吨，较上年同期减少6.2%，金额1.81亿美元，较上年同期增长24.13%。总体来看，2017年受到能源需求改善的影响，蒙古国矿产品出口量增减不一，但出口金额却呈现整体增长的趋势。尤其是煤炭出口价格较2016年有了较大提升（见表4）。

蒙古国另一大具备比较优势的产业畜牧业也是其出口的重要领域，但近几年政府确定的肉类出口计划始终未能如期实现，其中原因比较复杂。基于地缘因素及周边国家的实际需求，蒙古国畜产品出口的主要对象国只能是中国。但中蒙两国在畜产品贸易上多年来突破不大。蒙古国目前出口额最大的畜产品是活体马和马肉，这在中国市场属于边缘产品，蒙古国迫切想出口的牛羊肉是今后双方磋商的重点。

表4　2015～2017年蒙古国矿产资源出口情况

年份	煤炭出口		铜精粉出口		铁矿石出口		原油出口	
	出口量（万吨）	出口金额（亿美元）	出口量（万吨）	出口金额（亿美元）	出口量（万吨）	出口金额（亿美元）	出口量（万桶）	出口金额（亿美元）
2015	1447	5.55	147.78	22.8	506.51	2.27	813.52	3.87
2016	2580	9.73	156.2	16.08	608.48	2.5	801.59	3.37
2017	3340	22.68	144.72	16.13	625.78	3.13	751.42	3.74

（五）中蒙贸易

2017年，蒙古国对华贸易总额67.35亿美元，较上年同期增长35.7%，占蒙古国同期外贸总额的64.1%。其中，对华出口贸易总额53.07亿美元，较上年增长36.0%；自华进口贸易总额14.28亿美元，较上年同期增长34.6%。总的来看，蒙古国自华进口的规模相对比较稳定，以小商品、食品、日用品为主，前些年进口额较大的矿山机械随着中资矿山的受限而萎缩严重。而出口则明显上升，这主要归功于煤炭出口的大幅提升，蒙古国出口的煤炭以高品质动力煤、炼焦煤为主，具备品质和价格的双重优势，所以煤炭出口的增长趋势可以维持（见表5）。

表5　2015～2017年中蒙贸易情况

单位：亿美元，%

年份	贸易总额	同比增长	对华出口额	同比增长	自华进口额	同比增长
2015	52.57	-22.7	38.9	-23.1	13.6	-21.4
2016	49.63	-5.6	39.02	-0.3	10.61	-22.0
2017	67.35	35.7	53.07	36	14.28	34.6

三 未来发展趋势分析

（一）贸易格局短期内难有方向性突破

在蒙古国对外贸易中，出口的产品形式单一，结构简单，矿产品和其他初级产品成为出口产品中的主力军，这种相对简单的发展模式，对于国家经济发展、技术水平进步的促进作用有限。另外，蒙古国进口的产品中绝大多数是其必不可少的工业制成品，缺乏弹性，高度依赖进口。从目前的实际情况看，蒙古国的工业能力依然低下。蒙古国发展经济中对矿产资源的高度依赖，导致经济波动的周期性特点强烈，其国内资本积累缓慢，技术提高举步维艰，这也决定了在短时间内蒙古国难以摆脱"用资源品换制成品"这一尴尬境地。

（二）中蒙贸易伙伴关系不可替代

蒙古国与中国贸易历史悠久、源远流长。中蒙两国共同的边境线长达4676公里，这种地缘关系决定了中蒙贸易运输成本低的优势。蒙古国主要矿产地位于与中国接壤的南戈壁省、东戈壁省和北部的库苏古尔省，特别是现已发现的石油矿床基本上集中在中蒙两国边界地区。另外，蒙古国与内蒙古有着天然联系的人文语言纽带，这也是促进两国贸易长期稳定发展的重要条件。蒙古国近些年民族主义有所抬头，确实发生了一些与华人或中资企业的冲突事件。但总的来看，中蒙这种天然密切的联系是不会被轻易打破的，从经济发展和贸易联系层面上，中国对蒙古国的巨大市场支撑作用短时期内无法被其他国家替代。

（三）制度性建设的稳定性依旧是重中之重

蒙古国政局总体稳定，但由于议会、政党之间的矛盾而使得政府的规划和政策目标被中途停止或改动的情况时有发生，经济政策的不稳定性，使得贸易环境经常发生改变。如何克服自身经贸政策执行的随意性，成为本届政府必须解决的问题。由于前两届政府的政策反复性和有失公允的投资政策，2011 年至 2015 年第一季度，蒙古国的外国直接投资锐减了 85%。2017 年人民党执政后，已经意识到了这一问题的严重性，但是投资环境的改善并非能一蹴而就，而外部投资的锐减也将直接对其出口的持续性和进口的规模产生实质性的影响。

（四）汇率的变动对外贸的影响有限

从长期来看，蒙图贬值确实不利于蒙古国进口贸易的发展。蒙古国的进口商品绝大部分是生活消费品和生产设备等资本，随着蒙图贬值幅度的增加，这类商品的进口成本随之增加，进口贸易额难免受到影响。但是需要考虑的情况是，基于蒙古国不均衡的产业结构，这类进口商品在蒙古国缺乏完全的替代产品，因此其进口商品的种类、数量剧烈调整的空间不大。同样，蒙图的大幅贬值对于该国的出口刺激作用也相对有限。通常，若一国的出口商品结构是以需求弹性较高的工业制成品为主时，货币贬值才能改善国际收支状况，但蒙古国出口商品结构具有单一特征，以低需求弹性的初级产品为主，因此，蒙图的贬值并不能达到完全改善贸易收支的作用。

文 化 篇

Culture Reports

B.12
蒙古国教育发展概况

佈仁毕力格　启　戈*

摘　要： 近年来，蒙古国为提升本国的教育水平，制定出台了相关政策，基本覆盖了学前教育到高等教育不同阶段，经过几年的发展，蒙古国在教育各领域均取得了一定成就，教育教学质量也有了一定程度的提升。通过对蒙古国教育政策颁布、内容及实施情况进行较为系统的梳理，总结该国教育发展的成功经验，对完善蒙古国教育发展方面的学术研究提供更多借鉴。

关键词： 蒙古国　教育　教学质量

---

* 佈仁毕力格，内蒙古社会科学院蒙古语言文字研究所副研究员，研究方向为应用语言学；启戈，内蒙古社会科学院民族研究所助理研究员，研究方向为民族理论与民族政策。

蒙古国以全球基础教育发展趋势接轨为目标,对学前教育和综合教育体系进行了改革。短短几年,综合教育体系完成了从 10 年制到 11 年制和 12 年制两次跨越性改革。

改革需要国家强有力的政策保障。蒙古国大呼拉尔 2015 年 1 月 29 日第 12 号决议制定出台了《蒙古国政府关于教育方面坚决职守的政策(2014~2024)》。此项政策不仅是教育领域今后 10 年发展所坚持的战略规划,而且是有关教育质量、教师待遇、入校公平和教学效率综合提高的重要遵循。

蒙古国政府 2013 年第 295 号决议通过了 2012~2016 年《行动纲要》,提出了《博学多才的蒙古人》《刚正不阿的蒙古孩子》基础纲要。教育革新的核心是内容的革新,中小学教育质量革新政策目标可定义为"塑造具有崇尚公民民主社会的、爱国的、有创造力和竞争能力的博学多才的蒙古人。"

此外,蒙古国教科文体部 2015 年 A/458 号决议通过了《稳步发展教育思想落实到综合学校教学过程的实施要求》政策。

一 教育文化和科学领域革新纲要《博学多才的蒙古人》

《刚正不阿的蒙古孩子》民族纲要将在《学前教育和中、小学教育质量革新》、《才华》和《书》等三项副纲要范畴中实施。实施落实《纲要》以及蒙古国教育领域近几年所发生的改革和发展,结构方面可分为学前教育(2~5 岁)、小学教育(1~5 年级)、基础教育(6~9 年级)、高中教育(10~12 年级)和高级教育(专业技术教育、高等专科教育和高等大学教育)几个层次实施。

二 学前教育

近几年,学前儿童的培养受到国家教育领域高度重视。提高幼儿园教学质量和职工待遇,并对未被覆盖到的牧区和城镇孩子接受学前教育采取了可变式灵活教育政策(见表1)。

表1 2012～2017学年度学龄前牧区和残障儿童接受学前教育数量统计

单位：名

年度	学前教育阶段儿童	
	牧区儿童	残障儿童
2012～2013	30561	1300
2013～2014	29866	1368
2014～2015	32734	1438
2015～2016	31977	1369
2016～2017	31254	1513

2016～2017学年度，全国有1354所幼儿园正常运作。其中，国立幼儿园854所（27所为铁路直属幼儿园）、私营幼儿园500所，比上一年增加了66所（国立28所、私营38所）。其中，乌兰巴托市正常运作的私营幼儿园407所，比上一年增加了47所。

2016～2017学年度国家师资力量统计报告显示，在岗幼儿教职工25639名。其中，基层幼儿教职工7302名，占总比例28.5%，比上一年增长率为0.2%。幼儿教职工比上一年增长1460名，增长率为5.7%。国立幼儿园教职工21085名，占总比例82.2%；私立幼儿园教职工4554名，占总比例17.8%。国立和私营学前教育教职工人数均有增长趋势。

按照学前教育计划，以值班形式进行课堂教学的教学行为叫作"值班式小组教学"。该教学面向无法正常到达首都、省级和苏木级幼儿园上学的儿童，集中开设半天教学；地点设在离儿童家庭最近的幼儿园。以流动形式为学龄前儿童服务的教学行为叫作"流动式小组教学"。该教学面向搬迁或住所距离苏木镇较远的、人口较集中地区儿童；由于交通不便，学龄前儿童无法正常接受教育，专设了流动式小组教学；集中4～5岁学龄前儿童进行教学。走动式进行教学的教学行为叫作"移动式教学"，该教学主要面向离苏木、镇较远的单户人家，到儿童家里进行教学。

国家教科文体部与日本资助儿童基金会联合合作，为全国4个省30个苏木未被覆盖到学前教育的儿童实施了以家庭为单位、在家长指导下进行的学前教育。整个教学过程，为牧区家长和孩子提供了电子手册和附加电子资料，以儿童与家长一同听讲的方式进行教学。目前，已有 2000 多家牧区儿童受益于此项教学。课堂所使用的课本和玩具由综合教育图书库统一管理，轮换使用，按时送到牧户人家，使牧区儿童与城市儿童同步接受教育。

2015 年，通过政府间合作协议，向匈牙利、波兰和中国等国家先后选派 7 名幼儿教师，接受了本科教育幼儿专业专业培训；通过双方政府签订的《两国国立和私立幼儿园交流共进项目合作协议书》，向德国选派 12 名幼儿教育工作人员，进行了幼儿教育工作人员专业培训；通过双方《文化、教育共同合作交流项目》，向中国呼和浩特市幼儿园选派 10 名幼儿教师，进行了幼儿教师专业培训。此后几年，除了每年向中国各高等教育院校幼儿教育本科专业选派学员进行幼儿教师储备工作以外，还不定期地选派部分幼儿教师进行一年或三个月的长、短期专业培训。

三 小学教育（综合教育1~5年级教育阶段）

2015～2016 学年度，全国正常进行教育教学的综合性学校有 768 所。其中，国立学校 636 所、私立学校 132 所，共计 535055 名学生。2016～2017 学年度，增至 778 所。其中，国立学校 645 所、私立学校 133 所，共计 551953 名学生。

2015～2016 学年度开始在全国范围内实施了政府修订的《小学教育核心纲要》。自 2012～2013 学年度起，政府在全国 40 所实验学校中试行《小学教育核心纲要》，覆盖到 1398 名教师、29800 名学生和 20860 名家长。2014 年 6 月 3 日，通过国家教科文体部部长的第 240 条决议出台了《小学教育核心纲要》，覆盖了全国 756 所学校、13817 名教师和 229800 名学生。

《小学教育核心纲要》的宗旨是"将每一名少年塑造成热爱母语，敬仰民族文化和传统习俗，有创新思维能力，有良好的生活习惯，有学而不厌终身学习精神，有与他人合作完成生活或学习能力的优秀公民"。

《小学教育核心纲要》的出台，对配套的教科书提出了新的要求。目前，已经正式使用了新版教科书，学生也可以通过登录网站及时浏览阅读新

编教科书电子版全部内容。

国家教科文体部对 1~5 年级学龄儿童辍学原因进行调查。报告数据显示，多数因残障、贫困和疾病等辍学；厌学而辍学占很高比重；移居而辍学也占一定比重。

国家教科文体部与日本资助贫困儿童基金会合作，进行了"改善偏远牧区儿童接受小学教育"行动规划，编制并出台了《补修小学教育实施纲要》。对后杭爱省、东方省、前杭爱省、苏赫巴托省等四个省 30 个偏远苏木实施了计划。以家庭为单位，将小学 1~3 年级的蒙古语、数学教学内容传授给孩子。孩子在家期间掌握小学教学内容和能力要点，为返回校园打下了基础。孩子和家长使用的教材将编入《小学教育核心纲要》中，并组织开展了实施培训和宣传。

四 基础教育（6~9年级基础综合教育教学阶段）

（一）民族教育初级中学基础教育（6~9年级）

《蒙古国政府关于教育方面坚决职守的政策》（2014~2024）中指出，基础教育阶段是学习生活技能、掌握科学基础知识、提高各项能力、创造性学习技巧形成的重要时期。

2015~2016 学年开始，《基础教育核心纲要》在全国成功实施。2013~2015 年，在 40 所实验学校 2034 名教师、20543 名学生和 17872 名家长中成功推行和普及了《基础教育核心纲要》。由 283 名专家、教师和学者组成的研究团队，对本国国情和国际教育领域进行研究，将研究成果编辑出版。2015 年 6 月 10 日通过国家教科文体部部长 A/220 号决议出版了《基础教育核心纲要》。2016 年，覆盖到全国 768 所学校的 19249 名教师、147031 名学生。2016~2017 学年，全国有 167364 名学生接受了初级中学教育，96244 名学生接受了高级中学教育。

新出版的《基础教育核心纲要》更加注重学生掌握学习方法和能力的

培养。每一套教学纲要都在贯彻"精益求精"的教育思路，以每一名学生掌握学习方法为基础目标。《基础教育核心纲要》所指"公民教育"、"课外活动"和"生存能力学习时间"等辅助教学活动，一方面有利于提高学生对知识掌握的巩固性，另一方面有助于提高学生解决集体、学校和区域问题的能力。校园中每一次成长经历，都将成为孩子们人生道路上宝贵的经验，对塑造孩子的未来起着至关重要的作用。

（二）国际化教育教学改革措施

2008～2012年间，政府拟定出台了《教育纲要实施改革》方案，推出实施《国际化教育纲要》理念。同时，在乌兰巴托市建立了"新世纪"、"新开始"和"蒙古向往"三所国际化国立学校，实施了蒙语和英语双语教学模式。2013年，将各省省会所在地中心学校更名为国际化实验学校，预计在2010～2019年间完成"全国基础教育学校转化为国际化教育学校"计划。但是，自2012年起，新政府出台了实施《博学多才的蒙古人》纲要以来，国际化教育转换工作中断，没能延续下来。

为与国际教育教学轨道接轨，以为每一名蒙古国孩子提供便捷地接受国际化先进教学理念为目的，从2015～2016学年度开始，政府实施了开放式教育——《同一个蒙古》教学纲要。组织翻译团队进行了免费、开放式网络课堂教学平台的翻译工作，为基础教育学校师生提供了无偿开放式网络课堂教学措施。

为达到提高综合教育学校学生的英语水平的目的，与美国的英语培训机构签订了合作协议书。2014～2015学年度培训机构为蒙古国双语学校选派了10名英语助教，为民族实验学校和其他综合教育学校选派4名英语助教；2015～2016学年度为"新世纪"学校选派7名英语助教，为"新开始"学校选派3名英语助教，为"蒙古向往"学校选派了3名英语助教，为首都巴音高勒区"智慧的未来"和"知识的源泉"综合学校、松根海日汗区"未来"综合学校、巴音乌勒贵省第三实验学校各选派1名英语助教。2015年6～8月，美国和加拿大两国共选派40名专业英语教师到蒙古国进行了英

语能力提高教学。其中，17 名教师为首都三所双语学校近 450 名学生进行了为期 14 天的英语夏令营培训；4 名教师为巴音乌勒贵省和乌兰巴托市的英语老师进行了"Excel"教学计划专业培训；6~7 月，19 名教师到苏赫巴托尔省、东方省、肯特省、南戈壁省、中戈壁省和乌兰巴托市为非英语专业教师进行了为期 18 天的英语能力提高教学。

（三）针对境外蒙古孩子学习掌握民族语言和文化实施策略

相关人士将教育部长提议方案《关于提炼出台针对境外居住蒙古公民子女学习掌握蒙古语言和文化教学纲领》和电子教科书原稿带到境外的蒙古族学校和蒙古语培训中心，与他们进行了探讨研究。该纲领面向境外居住的蒙古国公民子女，为他们提供了学习母语和文化的条件，提高其正确运用母语能力。2016 年 9 月 8~9 日，召开了"境外居住公民教育培训机构洽谈会"，商讨制定了境外居住公民子女学习母语和文化的《教育核心纲要》，并对教学方式方法给予指导，编写了电子教科书，组织开展了经验交流培训。

目前，境外蒙古语言文化培训教育机构中，只有在韩国首尔有一所民族综合学校按蒙古国教科文体部出台的《教育核心纲要》进行日常教育教学工作。2016 年的数据报告显示，全校共有 258 名学生接受 1~12 年级民族教育教学，其中 80% 为寄宿生。

（四）营造良好的学习环境方面实施的措施

2016 年 9 月 16 日，国家教科文体部决议出台了第 A/43 条例《关于校园环境使用手机、电子产品方面采取的措施》。条例中明确限制 1~12 年级师生上课期间不允许使用手机，课间或课余时间允许使用手机。

2016 年 11 月 28、29 日，国家特殊情况总指挥部、联合国儿童基金会、联合国发展基金会和国际驻蒙古国联合国资助机构联合组织了"综合教育学校和幼儿园整体安全状态"洽谈会，在幼儿园和综合教育学校环境安全工作方面达成共识，搭建了安全管理网络系统。

（五）为看、听、说障碍孩子提供学习条件

每一名孩子有享受学习和发展的权利。尤其是看、听、说障碍孩子的学习应当受到高度重视。2015 年出版发行了学前教育、小学教育、初中教育和高中教育阶段手语教学版听、读电子书。

综合教育学校初级中学和高级中学手语教学听、读电子书，包括 18 部教育故事和 2 部 DVD 光盘。手语教学听、读电子书是初次编辑印刷并出版发行，国家投入了 2500 万蒙图资金出版发行了 1500 套电子书并发放到每一所开展特殊教育的综合学校。

（六）提高教师技能技巧

在对首都和省市地区教师进行专业技能培训的基础上，鼓励教师进行"优质课"教学活动。参加"优质课"活动的教师通过合作备课、组织课堂、相互听课、共同探讨的形式不断地挖掘自身潜能。交流过程中每一名教师都会有不同程度的收获，也会从他人身上吸取经验，为今后的教学积累宝贵的经验财富。

通过网络加强对教师专业知识的传播和培训，2015 年，有 4161 名教师、628 名领导干部和相关工作人员共计 4789 人次参加了不同层次的网络培训。

五 高级中学教育（综合教育10～12年级）

2016～2017 学年全国有 778 所综合学校。其中，有 96244 名学生接受综合高级中学教育。自综合教育体系为 12 年制以来，10～12 年级学习阶段被列为高级中学教育阶段。

2016 年 6 月 27 日，国家教科文体部部长 A/275 决议出台了《国家高级中学教学计划》。当日，通过国家教科文体部部长 A/277 决议，修订了《完全中级教育教学（高级中学）核心纲要》。依照《综合教育革新纲要》

教育教学革新目标，从 2016～2017 学年度开始，在 10 年级教学中实施改革；从 2017～2018 学年度开始，在 11 年级教学中实施改革；从 2018～2019 学年度开始，在 12 年级教学中实施改革，逐步完成《综合教育革新纲要》的实施。

如今，在全国 39 所实验学校试用了 11 年级物理、化学、生物、数学和英语等课目教学革新计划。这些课目教学纲要在内容和方法上达到了国际教育纲要教学标准。实验学校中，此项《教育纲要》已经试用成功；从 2016～2017 学年度开始，普及到全国综合学校范围内。以国家教科文体部部长 2013 年 12 月 4 日 A/443 决议出台的《创建工作模块》中所提出的"高级中学教学，注重学生掌握专业基础和兴趣爱好，教学过程中，不断更新的教学方法来提升教学质量意见"为基础，出台了《关于教学过程中实施深刻、分类教学意见书》。2015～2016 学年间通过了《中小学教学革新总体规划》，出台了 10～12 年级《教育革新纲要》和教学计划，并在综合实验学校中开始试用。政府秘书长 2014 年 9 月 11 日批准的《基础教育教学纲要更新工作总计划》、《基础教育纲要更新工作导向》和《执行和预定方接受产品名称以及对它们提出要求》中明确指出，从 2015 年 2 月起正式实施10～12 年级的《教育革新纲要》。目前，教育部门已经拟定出台了预备提案，革新工作正在进一步落实。

以提高在校高中生准确掌握专业基础和生存技能为目的，蒙古国国立大学和科技大学等高等院校在学校附近开设了"高考专项辅导培训机构"。2014 年，通过国家教科文体部部长 A/50 决议在首都建立一所"成长期创新人才综合性培养实验高级中学"。

2016～2017 学年度，国家教科文体部向各级教育、教学机构下达了目标任务：严格坚持建设"健康、安全、舒适、受益"良好校园环境四项基本原则；不断地改善教学环境，提高教学质量；使学生在校期间真正成为受益者，完成建设和成果显著的优秀校园。

政府换届频繁导致每一次出台的《革新纲要》因上下衔接不畅而无法延续，达到不到预期目标的情况时有发生。新一届政府对此类问题高度重视，沿用了已经开始实施的《纲要》方案，并提出了更为完善的教育培养终极目标：将每一名蒙古国孩子培养定型为敬仰母语、崇尚民族文化和民族习俗传统、有自我管理学习和生活独有方法能力、勇于发挥自我才华、勇于创新、自信心强、有与他人合作完成志向的优秀公民。

六 高级教育院校目标和发展

《蒙古国政府关于教育方面坚决职守的政策（2014～2024）》中指出，高等教育和专业技术教育阶段是掌握知识、提高生存、生活和工作各项能力全面培养的重要阶段，使学生走向劳务市场能从容地面对竞争，找到适合自己的工作岗位，解决民族和地区亟须解决的问题，为民族综合实力的建设做出贡献而努力奋斗。

目前，培养高级人才教育培养机构教学质量、专业配置、教学配套设施等因不符合学生、用人单位和民众需求而受到来自一些层面的质疑。高级教育仍然存在着日常教学和研究教学与市场需求不符合、民族发展政策和先进理念趋势不匹配的现象。全国高级教育院校博士学位教师占全体高级教育院校教师的22.2%，平均每个博士教师可以带23名学生进行专项培养。然而，教师的匹配和教师的专业技能往往达不到教学要求。

国际高等院校对科研项目投入资金调查报告数据显示，世界各国高等院校7%～10%的资金用于科研项目的研究，而蒙古国高等院校投入2.7%的资金用于科研项目的研究。

国家教科文体部2014年4月发布的统计数据显示，2001～2006年间，全国有182所高级教育院校。而2007～2014年短短八年间，高等教育院校数量比之前减少了45%。2010～2011学年国立院校数量直减62%。2012～2013学年和2013～2014学年，国立院校学生数量有减少趋向，而私立院校学生数量却有增加趋势。

目前，蒙古国全国有95所高级教育院校，大学占32.6%，专科院校占60%，专业技术学校占3.2%，国际大学分校占4.2%。与上年相比，大学

数量增加 6 所，专科院校减少 7 所，专业技术学校减少 3 所，国际大学分校减少 1 所。17 所国立高级教育院校中，大学 13 所（占 76.5%）、专科院校 3 所（占 17.6%）、专业技术学校 1 所（占 5.9%）。74 所私立高级教育院校中，大学 18 所（占 24.3%）、专科院校 54 所（占 73%）、专业技术学校 2 所（占 2.7%）。

2016～2017 学年度上学期，全国大学、专科院校和专业技术学校在校学生统计数据显示，在校生共计 157138 名，与上一个学年度相比，减少了 5488 名。其中，国立院校减少 3235 名，私立院校减少 2201 名，国际大学分校减少 52 名。国民接受本国高级教育比重有所减少。如今，高级教育院校在校生中，国立院校在校生 91798 名，占在校生人数 58.4%，私立院校在校生 65075 名，占在校生人数 41.4%，国际大学分校在校生 265 名，占在校生人数 0.2%。

近八年，大学生选择专业统计数据显示，教育、工程技术、医疗健康、社会保障等技术院校专业学生数量有稳步增长趋势。其中：教育专业增长 0.7%，工程科技专业增长 0.2%，医疗健康和社会保障专业增长 2%；艺术和人文类专业学生数量以每年 1.1% 的幅度逐年减少；社会、财政、企业和管理等专业学生数量也以每年 3.9% 的幅度缩减。选择专业的数据变化基本吻合国家出台的《发展蒙古教育 2006～2015 专业发展计划》中所提出的"鼓励工程、科技、理工、教师和农牧业等专业大学生的培育"政策。而其他专业（服务类专业除外）学生数量与前几年相比以 0.3% 的增速缓慢增长，从 2014 年起，有突增趋势。2014 年增加 2.6%，2015 年增加 1.9%，到了 2016 年增加 4.6%。增值变化与蒙古国国立大学从 2014～2015 学年度开始实施"本科教育大学一年级不选择课程，修综合基础课程，大学二年级开始选择专业课程"政策有直接关系。

2016～2017 学年度，攻读硕士、博士研究生的在校生，统计数据显示：攻读硕士研究生的学生，与本科所修专业大体相近。选择商贸、管理和法学等专业的占全体学生的 38.6%，比上一学年度减少了 4.1%。攻读博士研究生方面，艺术专业博士研究生占 9.6%，比上一学年度减少

3.2%；人文学专业博士研究生占 8.9%，比上一学年度减少 3.2%；社会科学、信息处理和新闻专业博士研究生占 22.1%，比上一学年度减少 3.1%；企业、管理和法制专业博士研究生占 9%，比上一学年度增加 5.7%。攻读理科专业博士研究生占 8.4%，高出本科生教育比例近 2.6 倍，高出硕士研究生教育比例近 1.6 倍。而 2015～2016 学年度攻读理科专业博士研究生，高出本科生教育比例近 3 倍，高出硕士研究生比例近 1.4 倍。攻读工程师、工业和创作专业硕士、博士研究生各占 8.1%、9.7%；而本学年度攻读工程师、工业和创作专业的硕士、博士研究生比例下降到占 7.8%、7.4%。2015～2016 学年度农牧业专业和兽医等专业攻读本科专业的学生占 2.2%，是硕士研究生比例的 2.5 倍、博士研究生比例的 4.3 倍；而农牧业专业和兽医等专业攻读本科专业的学生占 2.1%，是硕士研究生比例的 2.5 倍、博士研究生比例的 3.9 倍。

近几年，在蒙古国高等院校，攻读本科、硕士研究生和博士研究生的留学生数量有增长趋势。2016～2017 年末数据报告显示，蒙古国各所高等院校留学生有 32 个国家和地区的 1520 名学生。其中，攻读本科教育的学生（含本科教育预科教育）有 850 名，占留学生总数的 55.9%；攻读硕士研究生的有 497 名，占留学生总数的 32.7%；攻读博士研究生的有 173 名，占留学生总数的 11.4%。根据双方政府签订的合同和协议享受蒙古国政府助学金的留学生有 104 名，占留学生总数的 6.8%；自费留学生有 1261 名，占留学生比例 83.0%；其他形式留学的有 155 名，占留学生总数的 10.2%。留学生人数比上一年增加了 70 名，增长了 4.8%。其中，攻读硕士研究生人数增加 129 名，攻读博士研究生人数增加 35 名，而攻读本科学历的人数减少 94 名。留学生中 47.8% 为女生，比上一年减少了 0.7%。国立大学留学生 1123 名，占留学生总数的 73.9%；私立大学留学生的 312 名，占留学生总数的 20.5%；国际大学分校留学生的 85 名，占留学生总数的 5.6%。与上一年相比，国立大学留学生人数增加了 142 名；私立大学留学生人数减少了 61 名；国际大学留学生人数减少了 11 名。留学生分别在国立 10 所大学、私立 25 所大学和国际大学分校 3 所大学，共 38 所高等院校攻读学历。攻读

本科、硕士研究生和博士研究生 17 所高等院校（占留学生人数 44.7%）中，有 6 名以下留学生的院校比上一年减少了 4%。

高等院校留学生分布情况统计数据显示：国立蒙古国大学 383 名、MIU 私立大学 141 名，国际大学分校——俄罗斯联邦东南西伯利亚科技管理大学乌兰巴托市分校 52 名。2016 年，有 46 所高等院校培养留学生，而 2017 年，减少为 38 所；减少的 8 所高等院校均为私立大学。留学生中，中国留学生 969 名、俄罗斯联邦国家留学生 182 名、韩国留学生 132 名，这三个国家留学生人数占全体留学生人数的 84.4%。其中，中国留学生增加了 132 名，俄罗斯联邦国家留学生增加了 24 名，韩国留学生减少了 5 名。

2016～2017 学年度教职工统计数据显示，全国一线大学、专科院校和专业技术学校教师共有 6917 名，占教职工总人数的 54.4%；与上一学年度相比，减少了 204 名；其中，国立院校减少 134 名，私立院校减少 63 名，国际大学分校减少 7 名。国立院校一线教师占全体一线教师的 64.2%，私立院校占 35.5%，国际大学分校占 0.3%；与上一学年度相比，国立院校一线教师减少 0.1%，私立院校增长 0.2%，国际大学分校减少 0.1%。学校和学生数量的减少，导致了一线教师人数的减少。

一线教师学历统计数据显示，博士占全体一线教师人数的 29.4%，硕士占全体一线教师人数的 65.9%。与上一学年度相比，博士学历一线教师增加 107 名，增长 3.4%，硕士学历一线教师减少 230 名，减少 2.8%。代课教师 1434 名，比上一学年度增加了 106 名。全体一线教师中，试用期老师占 7.3%，二级助教占 11.0%，一级助教占 41.6%，讲师占 29.5%，副教授占 12.0%，教授占 9.7%；与上一年相比，试用期老师减少 0.9%，助教增加 0.1%，讲师增加 1.7%，副教授增加 0.1%，教授的比例减少 0.9%。

2016～2017 学年度高级教育院校在校生统计数据显示，大学生占 84.5%，专科生占 15.1%，专业技术生占 0.3%，国际大学分校大学生占 0.2%。与上一个学年度相比，本科生人数增长 9.0%，专科生减少 8.8%，专业技术生减少 0.1%，国际大学分校大学生人数没有发生增减变化。增减数据变化从另一方面体现了部分院校教育体制的改变。

2016～2017 学年度毕业生统计数据显示，女生占 60.9%，男生占 39.1%；男、女毕业生比例为 1∶1.56。与上一学年度相比，女生人数减少了 1.2%，而男生增长了 1.2%；但女生所占比例较大。个别专业男、女毕业生比例差距很大。如，医学院校毕业女生占总毕业生人数的 83.5%；教育院校毕业女生占 81.8%；社会、新闻、生物和人文等院校毕业女生占 79.9%～82.3%；反之，计算机、铁路、土木、工程类等院校毕业男生却占总毕业生人数的 71.7%～86.2%；边防、警校、安全防护等院校毕业男生比例更是高达 90.4%。毕业专业统计数据显示：教育类专业占总人数的 15.3%；艺术、人文占 6.0%；社会、财政、新闻、企业、管理和法制等专业占 38.3%；自然科学专业占 4.8%；工程、机械和建筑类专业占 15.4%；农牧类专业占 2.7%；医疗健康、社会福利等专业占 10.7%；服务类专业占 5.2%；其他专业占 1.5%。与上一学年度相比，工程、机械和建筑类毕业生增长幅度较大，增长比例为 12.7%～15.4%；而其他专业浮动基本持平；艺术、人文、社会、财政、新闻、企业、管理和法制等专业占 44.3%～45.5%，占据着较大的比重。

据相关媒体报道，2015～2016 学年度 30.9% 的毕业生毕业当即就业。但是，30.9% 的就业率相比上一年却下降了 1.9%。本科以上学历毕业生就业率分析报告数据显示，博士就业率 98.5%，硕士就业率 86.7%，而本科生就业率只有 21.8%。统计数据也有一定的误差：一是有些院校对毕业生就业信息掌握不全；二是部分毕业生毕业当即，由于种种原因，无法及时找到合适的工作。

专业选项统计数据显示，社会、财政等专业学生人数有减少趋势，而科技、机械、医学、教育等专业有稳步增长趋势。此类现象的出现，与社会和财政状况以及专业技术需求密不可分。毕业生就业统计数据显示，近 13 年以来，竞聘各类岗位的高级院校毕业生不断增加。毕业生平均就业率为 40%。

国家教科文体部对政策和相关决策实施效果做了调查和研究，调查数据

显示，国立院校占总院校的 17%，学生人数却占总学生人数的 59%，剩余比例均为私立学校占比。

社会需要接受高等教育的栋梁之材，目前，全国高等院校本科生人数占总人数的 88%，硕士研究生占 10%，博士研究生占 2%。硕士研究生和博士研究生数量有增长趋势。

七　关于提高教育教学质量方面采取的措施

简单来讲，高等教育目标不能局限于本国，应看齐国际高等教育人才培养整体目标。改善高等教育教学质量，应遵循以下两项目标：首先，提高学生质量；其次，巩固高等教育组织的独立模式。

国家教科文体部部长的决议指示，从 2014～2015 学年开始实施《高等院校入学标准达标线 400 分制度》，每年在实际基础上更新出台入学达标线 400 分的新标准。此项制度的出台，对考生提前制定和规划自身未来、择优选择大学专业提供了更便捷的条件。

政府以"评定公民母语受教程度"为目的出台了 37 号规定《综合教育高级中学毕业生升学考试参加母语考试》。高考增加母语考试，是一项具有时代效应的重要决策。

以储备优秀教师专业团队为目的，政府出台了《升学考试达标线师范类考生资助计划》。2015～2016 学年度和 2016～2017 学年度，对国立师范类院校入学考试达标线达到 650 分以上和 750 分以上的 3000 余名在校生实施了 70% 和 100% 两套减免学费政策。

为改善蒙古国高等教育教学水平，达到与国际高等教育院校教学标准接轨的目的，近几年各所高等院校通过经验交流、观摩考察和研究探讨等多种形式开展了教学机构改革，并借鉴国际一流高等院校《培养目标纲要》，制定了《符合现代劳务市场用人需求的优秀人才培养教学纲要》。

为了维护和保障高等院校、高等专业院校和技术专业学校等院校学生受教育问题，实施了《教育贷款基金计划》，并开始发放助学贷款。为国家承认学历的国立和非国立本科院校、专科院校和专技学校学生提供更适宜、利率最小的助学发展贷款。为调动大学生学习的积极性，提高高等院校教学质量，实施了《优秀大学生奖学金制度》。

目前，国立财经大学和蒙古国立大学的财政院系已被列为国际专业领域认可院系。国立医科大学《医疗纲要》在传统医疗专业领域获得了认可。国立科技大学《电力工程纲要》获得欧洲专业领域认可。国立科技大学《电脑技术管理教学纲领》和《企业管理教学纲要》也达到专业领域认可标准。

B.13
蒙古国文化艺术发展现状

王海梅　〔蒙古〕赫·苏格勒格玛*

摘　要： 文学、艺术是蒙古人民精神生活的表征，是塑造蒙古国国际形象、延续民族文化传统最有效的形式，在蒙古国的国策和人民生活当中占据着重要的位置。本文运用可靠的第一手资料和统计数据，介绍和分析了蒙古国近几年文化艺术方面的国家方针、政策，以及各种机构、领域的发展方向、开展的活动等情况，并指出存在的主要问题和解决的途径。据考察，蒙古国在重视文化遗产、提高文化艺术的国际影响方面采取了很多有力措施，形成了国家、公民社会、私营企业等多种经营模式，保证了文化艺术的正常发展。

在各种文化艺术机构当中，图书馆、文化活动中心（含文化宫）的比重较大，约占86.9%，而电影院很少，只有3个国家电影院。文学、艺术从业人员当中女性的比例较大，约占54.3%，这是蒙古国文学、艺术的一大特色，也是社会发展的象征。

近几年，文化艺术活动非常活跃，开展了很多国外及国内的艺术活动，出版、发行了诸多著作。然而，国家对文学、艺术方面的投资仍然不足，需要加大资金投入的力度。

关键词： 蒙古国　文化艺术政策　文化艺术活动

---

* 王海梅，内蒙古社会科学院教授；〔蒙古〕赫·苏格勒格玛，乌兰巴托大学教授。

一 蒙古文化艺术机构及国家政策协调

目前，蒙古国国家层面制定文化艺术、文学政策的最高机构是蒙古国教育文化科学体育部及其所属的相关政策协调司局（教育政策局、体育运动政策局、国家行政管理局、政策实施协调局等），蒙古国文化艺术、文学领域国家层面的政策通过这些机构进行协调。2012年5月22日，国家大呼拉尔通过了第52号决议——《关于通过国家文化领域遵循的政策》，明确了当前主要的国家政策方针，规定了以下基本条款：①结合落实《国家文化领域遵循的政策》，起草必要的法律法规草案；②将落实《国家文化领域遵循的政策》所需的资金列入每年的国家预算。

这一政策方针的基本指导思想：由于受到全球化、城镇化、技术发展的影响，当前定居文化日益突显，人们的生活方式加速转变，世界各国都在通过推崇民族传统文化来关注人的发展。蒙古国历史、文化艺术底蕴深厚，民族文化是蒙古国人民根本的精神免疫系统，是独特形象的具体表现，是连接过去、现在、未来的宝贵纽带。在21世纪，蒙古国亟须在政治、经济、社会领域拓展文化方面遵循的政策。为此，要传承保护好传统文化，传统文化已经成为蒙古人思想精神的发展基础，幸福生活的源泉和蒙古民族独立、安全、发展、进步的保障，要对照人类的先进文化成果发展民族文化，把保障可持续发展作为崇高使命，明确国家文化领域遵循的政策。

主要目标：形成公民创造、分享、拥有、传承精品文化和可靠保护文化遗产的环境，向世界宣传介绍传统文化，提高文化在国家发展中的地位、贡献和效益，增加公民、家庭、机构对文化活动的参与度，从小把蒙古人培养成为人道的、智慧的、崇尚文化传统的公民。

主要原则：提高文化在国家发展中的地位、贡献和效益；形成公民创造、分享、拥有、传承精品文化的环境；保存、保护、传承、丰富发展文化遗产；向世界宣传介绍民族文化艺术，扩大蒙古文化的影响，确立其独特性。

为落实这些行动，规定遵循以下原则：

——崇尚人道的、公民民主社会的价值理念；

——借鉴世界文化成果进一步发展优秀的蒙古游牧传统民族文化；

——平等尊重、保护蒙古族和少数民族的文化遗产、历史、习俗；

——全面警惕蒙古族文化嬗变，被其他民族文化消融，传统习俗消逝，精神退化；

——坚决保障公民在思想、创作、获取其收益方面的权利和自由，支持公民发掘发展其潜能禀赋；

——支持国家、公民社会、私营企业在文化领域开展合作，保障家庭、公民对文化活动的平等参与；

——国家要关注关怀精品文化的创作者和非物质文化遗产的传承者；

——支持公民、民间艺人、文化工作者、作家自由选择创作思路、手法、流派、方向；

——发展互利的文化领域对外合作关系。

既然政策原则已经明确，依据国家遵循的上述政策，蒙古国文化艺术机构活动的基本方针是：在提高文化艺术在国家发展中的地位、贡献和效益方面，在文化艺术领域建立合理的、独立的、稳定的组织架构，进一步完善其领导、组织、管理；在文化艺术领域形成多种所有制形式，公平、自由、竞争的市场格局，支持国家、公民社会、私营企业发展合作；分域划分文化艺术机构，拟定实施支持文化活动的投资；海关、金融、贷款、税收方面的合理政策；支持国内外的投资者、捐助者、赞助者，形成开展合作的法律环境；支持在国内国际上有重要意义的大型文化活动和文学作品，鼓励投资；发展文化创意产业和文化旅游；依托国家、公民社会、私营企业的合作，切实支持创作民族传统、世界优秀文化以及面向儿童的艺术作品、纪实和艺术电影、书籍、优秀出版物等；培育支持蒙古人的发展、资金方面能够自负盈亏、有较高专业水平和竞争力的政府和非政府文化艺术机构；支持创作文化精品，支持保护、宣传、推广文化遗产；提高对新闻媒体传播活动、出版物和广播电视节目道德方面的要求，尊重和保护文学作品、艺术作品的著作权；适度地、平衡地宣传文化活动，保障人民群众的需求；禁止传播宣传战争暴乱、淫秽色情的作品，对其进行监督；平等、尊重、保护、传承发展蒙古民族、种族及少数民族的文化遗产、历史、习俗；完善按起源研究培训、保护发展其母语、文字、历史的法律环境；用法律确立母语在国民关系中神圣不可侵犯的地位，让儿童全面彻底掌握母语和文字，使儿童受到良好的蒙古民族文化教育作为各级教育、教学的一部分；对国外博物馆、档案馆、图书馆收藏的与蒙古历史文化相关的实物、第一手资料进行研究出版，或通过开展学术活动和宣传等方式向公众介绍；研究、宣传、恢复、修复、召回非法流失国外的蒙古文化遗产；保护艺术家、非物质文化遗产传承者的作品；将蒙古文化遗产、纪念物，申报列入联合国专门机构教科文组织的世界遗产目录；将文化艺术、科学、新闻媒体等机构保存的文字、录音录像、图片、实物遗产纳入国家保护，开展恢复工作，并在科研活动中加以使用；建立基于文化的战略伙伴关系，拓展感兴趣的各国、国际组织、公民的参与和合作；保护蒙古民族的传统文化遗产；在推广精神文化成果方面，加强与国际组织、各国、世界蒙古人的文化合作，拟定实施联合项目；拟定反映蒙古民族文化遗产、传统及其变革的文化措施草案，并分阶段实施；2006 年以来，在国家政策层面加强合作，诸如在乌兰巴托市建设世界蒙古研究中心的多边合作，将其作为活动的主要原则和文化艺术、文学作品的发展基础。

综上所述，近 5 ~ 10 年，在蒙古国家政策协调层面，主要提出了以下基本目标，并开展了工作，一是宣传推广蒙古民族值得自豪的文化遗产，向国际宣传；二是通过蒙古文化艺术向世界各国宣传蒙古国，国家通过统一政策，积极支持国家级的文化艺术机构。同时，通过统一政策，把蒙古文化研究课程列入各级中小学、大专院校的教学大纲，组织宣传文化艺术的主题日等文化活动，还成立国家级委员会，使用专项拨款，组织蒙古民族"白月节那达慕"等国家级大型文化艺术活动，持续不断地向群众宣传在文化艺术方面的国家政策。目前，提出的主要目标是对外宣传蒙古的文化艺术，通过蒙古文化艺术，不断提高蒙古国的知名度和国际地位。

下一步该领域的主要工作任务是：

——教育机构方面，在多年研究的基础上，对中学教学大纲进行彻底修订；

——提高民族文化物质遗产和非物质遗产的口碑；

——拟定国家文化遗产纲要并在各领域施行；

——向国家大呼拉尔提交迫切需要出台的法律草案。

二 蒙古文化艺术机构的架构、工作方向

目前，在蒙古国（2012 年后这一架构并未发生大的变化）共有国有和私营的 821 家文化艺术机构在开展活动，其中：36 家（占 4.4%）为专业艺术团体，42 家（占 5.1%）为博物馆，373 家（占 45.4%）为公共图书馆，341 家（占 41.5%）为文化中心或文化宫，3 家（占 0.4%）为电影院、剧院，26 家（占 3.2%）为电影放映点（见表 1）。

表 1 文化艺术机构

单位：家，%

机构	数量	比例
艺术机构	36	4.4
博物馆	42	5.1
公共图书馆	373	45.4
文化中心、文化宫	341	41.5
影剧院	29	3.6
合计	821	100

注：影剧院包括电影放映点。

与 2010 年相比，文化艺术机构的数量没有变化，新增了私营的"拉布嘉"博物馆，同时减少了一个电影放映点。文化艺术机构的 95.7% 为国有的，1.0% 为私营的，3.3% 为地方和其他形式所有（见表 2）。

724 家即 91.1% 的文化艺术机构位于牧区（专业艺术机构的 66.7%，博物馆的 69.0%，公共图书馆的 92.0%，文化中心、文化宫的 96.2% 位于牧区）（见表 3）。而全国的 3 家影剧院均位于首都。

表2　文化艺术机构的数量（按所有形式）

单位：家

类别、所有形式	数量	其中		
		国有	私营	地方及其他
艺术机构	36	31	3	2
博物馆	42	39	2	1
公共图书馆	373	363	—	10
文化中心、文化宫	341	328	1	12
影剧院	3	—	2	1
合计	795	761	8	26

注：影剧院不包括电影放映点。

表3　文化艺术机构的数量（按位置）

单位：家

位置	数量	其中				
		艺术机构	博物馆	公共图书馆	文化中心、文化宫	影剧院
乌兰巴托	71	12	13	30	13	3
牧区	724	24	29	343	328	—
合计	795	36	42	373	341	3

注：国表2。

作为主要的文化艺术机构，蒙古民族和世界经典的文艺演出都在民族歌舞团、歌剧舞剧院、话剧院、国家儿童剧院举办。国家图书馆、儿童图书馆、21个省及各大城镇图书馆，都在充分利用自己的藏书为读者服务。国家博物馆、国家历史博物馆、政治冤案受害者纪念博物馆、自然历史博物馆、造型艺术博物馆、"额尔德尼召"博物馆、文化遗产中心、博格多汗宫博物馆、戏剧博物馆、却京喇嘛庙博物馆、蒙古军事博物馆及21个省的地方研究博物馆也在不断拓展服务。丹增拉布嘉家庭博物馆、布音那木赫家庭博物馆等，圣贤的私人性质的小型博物馆也吸引着蒙古国乃至世界各国的作家、历史文学研究员、蒙古研究员前来参观，这可以从2006年、2017年在蒙古国举行的世界诗歌大会等活动得到有力的印证。"蒙古电影"集团、艺术画廊已经成为国内外蒙古文化艺术爱好者们的主要目的地，而文化艺术研

究院、语言文学研究院、历史研究院、国家语言委员会、游牧文化国际研究院、国际蒙古研究协会等国家级的科研机构承担着文化艺术、文学作品的科学研究工作。

作为专业画家、作家、音乐创作者、艺术工作者的社团，蒙古美术家协会、蒙古音乐创作者协会、蒙古国作家协会、蒙古国家自由作家协会、蒙古马头琴中心、蒙古新音乐协会、蒙古艺术委员会、蒙古文化诗歌科学院等大型协会机构，不仅在蒙古国也在世界上不断扩展自己的专业活动，吸纳了很多的艺术创作者。

2011年文化艺术领域共有从业人员6457人，其中54.3%即3508人为女性。所有从业者中2477人即38.4%为行政后勤人员，2174人即33.7%为专业从业人员，1806人即28.0%为艺术创作人员。从业人员较上年增加了224人（见表4）。

表4　文化艺术机构从业人数

单位：人，%

类别	2010 年		2011 年		数量变化 2010/2011 年	
	数量	比重	数量	比重	数量	增长率
全部	6233	100.0	6457	100.0	224	3.6
艺术机构	2656	42.6	2719	42.1	63	2.4
博物馆	612	9.8	635	9.8	23	3.8
公共图书馆	461	7.4	478	7.4	17	3.7
文化中心文化宫	2321	37.2	2428	37.6	107	4.6
电影院	183	2.9	197	3.1	14	7.7

文化艺术机构的服务受众：2011年按重复计算，文化艺术机构共服务受众超过1000万人次，与上一年相比增加170多万人次，增长率为21.1%。艺术演出观众、博物馆参观人数、电影观影人数和文化中心与文化宫服务人数都有所增长，其中电影观影人数增长了82.4%，约87万人次。而公共图书馆的稳定读者下降了7800多人即2.6%（见表5）。而2017年，这一数字大幅增长。

由此可以看出，曾经一个时期由于向市场经济转型，文化艺术机构的经济、政策协调、干部队伍等方面比较薄弱，而近 6~8 年得益于国家采取的一系列政策措施，奠定了相对稳定发展的基础，干部队伍稳定，财政支持方面也很稳定。下一步的主要任务是稳定地方文化艺术机构的财政、人力资源、组织管理政策。依据这一任务，下一步开展的主要工作有：

表5　服务受众数量指标

单位：人，%

指标	2010 年	2011 年	数量变化 2010/2011 年	
			数量	增长率
艺术机构（参观者）	1936571	1974881	38310	2.0
博物馆（参观者）	416037	517436	101399	24.4
公共图书馆（稳定读者）	297436	289604	-7832	-2.6
文化中心、文化宫（服务受众、参观者）	4565199	5308304	743105	16.3
电影院（观众）	1050720	1916735	866015	82.4
总服务人数	8265963	10006960	1740997	21.1

——增加地方文化艺术机构的拨款；

——增加文化艺术机构中在民族文化艺术领域工作的专业干部的工资，建立激励机制；

——各领域的国有和地方所有机构都应有固定的文化艺术活动支出；

——向国家大呼拉尔提交相关法律草案。

三　蒙古文化艺术活动现状

在国际范围内，蒙古文化艺术政策处于一个怎么样的水平？举例来说，列入联合国教科文组织代表各民族的非物质文化遗产名录的有：马头琴音乐传统艺术（2003 年），蒙古民间长调（2005 年），蒙古民族呼麦（2010 年），蒙古民族传统节日——那达慕（2010 年），猎鹰（2010 年）。列入需要紧急保护的非物质文化遗产名录的有：蒙古民族传统舞蹈——贝勒格舞

（2009 年），蒙古史诗艺术（2009 年），民族潮尔（цоop）音乐艺术（2009年），蒙古笛手长调奏法（共九项遗产）。列入联合国教科文组织世界文化遗产名录的有：罗卜藏丹津的"蒙古黄金史""蒙古朱砂版的丹珠尔"（2011 年）。列入世界自然遗产的有：乌布苏湖自然河床（2002 年），鄂尔浑峡谷平原文化纪念地（2004 年），阿尔泰峰岩画（2011 年）。将这些遗产列入名录的意义在于以下几个方面。

第一，证明蒙古民族、种族、部族在古代创造并经过多个世纪的传承发展而形成的奇特文化遗产，是人类文化遗产不可分割的一部分，在全世界予以确认。

第二，证明马头琴音乐传统艺术、蒙古民间长调、蒙古民族呼麦、蒙古民族传统节日——那达慕、猎鹰能够在世界上完全代表蒙古民族口头和非物质文化遗产。

第三，确认蒙古民间传统舞蹈——贝勒格舞、蒙古史诗艺术、民族朝尔（цоop）音乐艺术是亟须保护的遗产，提醒需要紧急采取保护措施。

第四，蒙古国政府面对本国、国际社会、联合国教科文组织承担着保护、传承、宣传、普及列入世界遗产名录的代表民族的和亟须保护的非物质文化遗产的责任义务。

2017 年蒙古文化生活中发生了一件大事，1942 年，仅以 100 余册藏书开馆的蒙古国立大学图书馆，如今藏书达到 40 余万册，成为符合标准的大型图书馆。2014 年奠基、绝大部分投资由学校筹措、投资 160 亿图格里克新建的图书馆不仅是蒙古国立大学，也是蒙古高校图书馆的名片，已经成为科研、培训的主要依托基地和信息中心。新图书馆楼的 B1 层为书库、档案室，一层为一站式服务、家庭借书服务、报刊阅读室和博物馆、图书超市、品牌店、咖啡店，2～4 层为阅览室、保管典藏目录室、报告厅，5～6 层为研究实验室、会议室，有 700 个学生座位，还在各层设立了可供学生自由舒适阅读的空间。图书馆有 36 万多种出版物，还有电子书、报纸、杂志。电子阅览室有约 1000 张 CD，20 多本有著作权的电子书，约 2000 份硕士学位论文，16 个国际在线信息库。还有一个设备齐全的现代化"书籍修复实验室",这些都有非常重要的意义。

2017 年,蒙古国家图书馆珍藏图书博物馆举办了"博格多汗、仙女的金叶奖"展览、"成吉思汗圣像"图书首发仪式,以大汗的名义举办了多场文化活动。

从私人艺术家和文化艺术机构丰富的大型活动可以看出,文化艺术机构活动的基本方针是,增加民族文化、民族艺术的价值,保护、宣传文化遗产和珍稀的文化艺术作品,基于以上遗产创作国家级、具有国际性的丰富的文化艺术作品,依据现代国际文化艺术发展政策来进一步发展蒙古民族传统文化艺术。今后的主要任务是将国家对达到世界文化艺术发展水平的机构、私人艺术家的特别支持转变为各级的政策加以落实。为此,今后的主要工作是,国家对参加国际性的音乐、绘画、话剧、民族艺术那达慕并获奖立功的私人艺术家和组合团队在经济财政上给予大力支持,这是迫切需要解决的问题。

四 蒙古绘画、画家的作品

2012 年,画家扎雅特举办了"神话开始之时"作品展,主要特点是当今引起世界关注的皮画艺术家,为此次展览创作了以被遗忘的蒙古古代史诗传说为题材的 40 幅作品,鲜活地呈现了乘坐蒙古游牧生活象征的勒勒车的场景。而 2012 年在蒙古艺术家联合会展览厅蒙古艺术家联合会命名的功勋雕塑家、陶艺师姜拉布·潮洛蒙呼举办了独立展览,受到了大家的关注。2012 年在德国首都柏林市,奥特根巴雅尔举办了"奥特根艺术"独立展览,受到了绘画爱好者的好评。2014 年 6 月 12~26 日,蒙古国国家嘉奖画家色尔奥德·萨仁察茨勒拉特在蒙古艺术委员会"红色的蒙古包"画廊举办了"小草"艺术作品展,从参加"小草"展览的麻布画、相框内的绘画、打破艺术画展常规思维的展品可以看出,他不是一位普通的画家,他的作品能够表达画家的内心世界,永远充满创意,令人深思。2015 年,蒙古艺术家联合会委员会委员、艺术家桑德格道尔吉在"BLUE MOON"艺术画廊展览厅举办了"艺术"艺术作品独立展览,展览的主要特点是展出了展现各种流

派、技术的 30 多幅作品。2016 年，诗人、新闻工作者巴雅尔赛汗的《首先要喜欢自己的想法》诗集、画家成贡扎布"艺术"画展联合开幕式在亲王汗德道尔吉宫举行，采取诗情画意相结合的特殊方式。而之前 2014 年诗人、蒙古作家协会功勋作家勒哈格瓦为自己的 40 余首诗通过蒙古国知名画家的作品独立展览，这些年他还出版了《蒙古的 100 位画家》两册图书，惠及了很多读者，受到了关注。城市牧区各大艺术画廊组织了很多各具特色的画展，分别有：雅达姆苏伦、乌力吉巴特尔的水彩画展，画家贡亲苏伦"study－2017"习作独立展览（2017 年），仅供成年人欣赏的 20 多位画家作品组成的"印度爱经"题材的画展（2016 年），画家乌根巴雅尔的"勇敢的国度"、支持自由和青年艺术家分阶段实施的措施之一——由艺术家孟赫其其格、格日勒呼、巴雅尔庆格勒、恩赫扎雅、蒙克奥其尔的作品组成的"自由空间"展览（2017 年），等等。需要强调的是，从这里可以看到传统蒙古画不断发展变化的现代化历程，近 15 年不断展示艺术家协会成员画家的年度力作，今年有 71 位画家的约 80 幅作品参加了每年举办的"秋天"展览，这一展览一定程度上能够体现造型艺术以及绘画的发展趋势，广受国内外绘画爱好者的欢迎和期待。专业的美术爱好者对这个展览的评价很高，认为从该展览每年的展品中可以看出，能够展示当年专业画家的优秀作品，特别是 2005 年以后总体上在蒙古艺术中吸收融入了现代流派，积极进行了创新方面的探索，开展了许多有益的尝试。在"秋天"展览中展出并为大家所熟知的优秀作品有：兼具传统蒙古画、艺术画风格的《简朴的短曲》（其·钢巴特，78×159cm，颜料画，油画布），《马文化》（其·钢巴特，80×200cm，水彩画，油画布）；《智慧》（贝·诺敏，140×90cm，速写，棉布）；表现我们世代传承的关于忽必烈的冷暖历史的《忽必烈汗》（那·阿迪雅巴扎尔，120×100cm，油画）；整体呈现特点、光色、力量的《草原之风》（杰·格日乐，120×80cm，油画）；有像莫蒂里安尼描绘的妇女一样一位脖子略歪的妇女在为孩子哺乳，魔法语言抒情画家的作品《孤儿摇篮曲》（博克桑德斯，60×71cm，油画）；一群服饰、发饰相同的年轻妇女婀娜多姿，其中一位背对而站，不禁让人猜想画家将这幅作品如何命名的

《明天》（德·布尔达，120×97cm，油画）；可以称之为"蒙古一日"的夜间版的《月圆之夜》（德·巴达姆，100×100cm，油画，丙烯酸塑料）。在美术作品方面，举办了许多大型的国际活动。2013年，美国画家休赞·福克斯在蒙古国家博物馆举办了"我的蒙古"展览；2014年，举办了名为《岩画荟萃》的国际艺术画展，来自蒙古国、俄罗斯、中国的共49位艺术家展出了描绘内蒙古自治区巴彦淖尔市穆尼山（乌拉山）岩画的103幅作品；2015年，艺术画廊主任那·巴特巴特尔，原造型艺术学院院长拉·布蒙道尔吉，艺术画家贝·巴特尔照日格、希·其木德道尔吉、贝·钢巴特、拉·洪格尔卓拉、色·呼格吉勒巴雅尔、策·那日满都呼、贝·诺敏、木·奥特根图拉、杰·希吉尔巴特尔参加了国际艺术画家联合展览；2017年，在中央省宗毛都举办了辽宁省艺术作品展。今年，以戈·扎那巴扎尔命名的造型艺术博物馆以十大护法神举办了"大威德金刚""金刚手菩萨""保佑女神""珍宝三护法""保佑神"等五场系列展览，向观众进行了完美呈现。

总的来说，获得国家统一拨款的国家级绘画艺术机构很少，由于经济实力薄弱，目前知名的画家、艺术创作者主要是通过私人渠道举办展览，也是以个人身份参加国际性的展览活动。今后迫切需要开展的主要工作有：

——国家对成立专业的艺术单位、机构给予资金支持；

——拟定相关领域国家进行政策协调的政策文件；

——建立国家级的艺术画廊，国家对各地的该类机构在场馆、租金、日常开支方面给予财政保障；

——对于支持美术事业发展、进行投资购买作品的收藏家通过税收政策给予支持。

五　蒙古国作家机构、作家的创作现状

目前，蒙古国有两家专业的作家机构在开展活动，分别是蒙古国作家协会和蒙古国家自由作家协会。近些年，蒙古国作家协会、蒙古国家自由作家协会不仅在蒙古国国内，在国际上也组织了多方面的活动。例如，2017年，

在世界文化诗词研究院及其蒙古分支机构的倡议下，上述机构与作家合作在蒙古国首都乌兰巴托市举办了第 37 届世界诗人大会。来自世界 40 多个国家的 200 多名著名诗人、作家、作者、翻译、文艺工作者参加了由蒙古文化诗词研究院主办的这场活动。2017 年 8 月 16～22 日，在乌兰巴托市和牧区各地举办了"世界诗词日"。这场活动的内容是"自然的智慧和心境的自然"，分为两部分：在乌兰巴托市举办了第 37 届世界诗人大会，在东戈壁省哈木尔寺举办了"丹增拉布嘉"国家诗词那达慕。这是蒙古国艺术家参加世界级活动的大事件，可以称之为 2010 年后举行的文化艺术活动的"排头兵"。2010 年至今，组织了许多蒙古著名作家、教育家的周年纪念活动，在保护、推广他们的作品和遗产方面组织了多项活动。2006 年，在蒙古国举办了第 26 届世界诗词大会，来自世界各国的 300 多位作家参会，当年适逢在联合国教科文组织层面举办丹增拉布嘉转世 150 周年，蒙古国颁布了世界诗词那达慕一等奖项，开始用独特的蒙古艺人设计的纯金纪念章奖励一等奖获得者，这一纪念章以丹增拉布嘉命名，名为"金羊背"，颁给了在当年的那达慕获奖的蒙古诗人赫·苏格勒格玛，她也是那楚克道尔吉奖获得者。

近几年，还举行了许多蒙古知名作家的周年纪念活动。2006 年举办了达·那楚克道尔吉 100 周年诞辰纪念活动；在蒙古和中国举办了国际蒙古学学者大会，2016 年举办了达·那楚克道尔吉诞辰 110 周年纪念活动，这次文化活动与往年相比独具特色；在蒙古国家博物馆举办了"达希道尔吉·那楚克道尔吉的生活、作品"展览；由功勋文化活动家希·古尔巴扎尔创作、其·图布辛导演的《陨落的太阳》历史剧在国家话剧院上演，反映的是达·那楚克道尔吉的生活、作品和多舛的命运；由功勋文化活动家、诗人策·呼兰写作、功勋艺术活动家贝·巴特尔导演的《蒙古人民的才子》话剧在儿童剧院上演；还演出了作家、研究员普日布呼·巴特呼雅格的歌剧《三块祸石》。在学者那楚克道尔吉，研究员策·嘉庆和博士、教授色·楚伦联合研究的基础上，收集整理了相关时代的资料履历、诗词散文、手稿，创作了《达·那楚克道尔吉》一书，在中央省图书馆举行了首发仪式，还再版了以学者、作家德·策德布为首的学者们创作的达·那楚克道尔吉的系列作品集，供大众阅读品鉴。2017 年举办了院士策·达木丁苏伦的科研作品集首发仪式。策·达木丁苏伦三次获得国家奖励，是人民艺术家、院士，他的科研作品集共九册由支持蒙古研究基金会赞助，以《蒙古研究的优秀遗产》系列书目出版，以院士的女儿、俄罗斯莫斯科人文大学教授、蒙古学学者安娜·呈迪娜为主的蒙古国立大学、科学院的学者们共同参与创作。

今年恰逢 20 世纪著名作家、两次国家奖励获得者策·洛岱丹巴 100 周年诞辰，在科布多省举办了"策·洛岱丹巴——100 周年"研讨会，在乌兰巴托市也举办了国际研讨会。俄罗斯学者策杰诺娃，中国学者王满都嘎，日本学者阿比留美帆，韩国学者金爱中以及博士、蒙古国功勋文化活动家德·策德布，博士色·毕力格赛汗，研究员、作家的外甥策·巴雅尔苏伦，博士策·达格瓦道尔吉，阿·姜姆巴勒等学者参加了这次国际会议，并分别做了很有见解的报告。在周年纪念活动框架内，在戈壁阿尔泰省和乌兰巴托市举办了图片和私人物品展，还举行了《清澈的塔米尔》长篇小说的精选、阿·姜姆巴勒的《策·洛岱丹巴蒙古著名的教育活动家》等新书的首发仪式。

为纪念著名蒙古学学者沙·比拉 90 周年诞辰，由教育文化科学体育部、支持蒙古研究基金会赞助，在科学院、在蒙的连里赫的"香巴拉"博物馆、圣彼得堡国家博物馆——连里赫家庭研究所等机构的资金支持下，由国际蒙古研究协会主编以《蒙古研究优秀遗产》系列书目出版了院士希·比拉格的《科普全书》共 10 册。

12 册《蒙古史诗》系列图书的出版，是蒙古文化生活中的一件大事。12 册《蒙古史诗》系列图书是在保护、再恢复蒙古史诗传统项目框架内出版的，语言文学研究院的研究员、博士贝·卡图，特·巴雅斯古愣，阿·阿里玛，文化研究员色·云登巴特，传承者额·巴特尔扎布，阿·阿尔丹道尔吉，科布多大学的老师、史诗研究员、博士莫·钢包勒德等人参加了此项工作。《蒙古史诗》的前十册是由联合国教科文组织资助，而 11～12 册是由教育文化科学体育部、文化遗产中心联合利用预算拨款出版。这些图书集通过图书馆与读者见面的工作已经准备就绪。此外，蒙古国政府、联合国教科文组织于 2013～2016 年联合实施的"保护和再恢复蒙古史诗传统"项目已经顺利执行完毕。在该项目框架内，2014 年后主要开展了以下工作：在科布多、乌布苏、巴彦乌勒盖省进行了史诗艺术库研究，对史诗吟诵者进行登记，制作了时长 1950 分钟的影像资料，建立了信息库，与 11 位蒙古国史诗传承吟诵者签订合同，组织了授业培训，目前有 30 多位史诗爱好者努力学习，青年史诗吟诵者充实了传承队伍。在提高公众认识和了解活动框架内，与蒙古国家公众广播电视台联合制作了六期系列节目，与"发现"电视台制作了两期系列节目，与"色目"工作室制作了一部纪实电影，与博格多汗宫博物馆合作于 2014 年开设了"汗史诗厅"，开始宣传史诗吟诵以及与史诗相关的礼仪习俗，已被遗忘失传的杜尔伯特、巴雅特史诗得以重生，再次产生了世代史诗吟诵者，这些活动都产生了重要的影响和效果。

2017 年 10 月 25 日，在大天口综合楼召开了国际蒙古研究协会成立 30 周年纪念大会，蒙古国总统哈·巴特图勒嘎、教育文化科学体育部部长策·朝格吉勒玛、蒙古国科学院主席德·热格德勒、国际蒙古研究协会主席阿格聂希·比尔塔兰等官方人员参会，国际蒙古研究协会秘书长色·楚伦作了题为"国际蒙古研究协会的 30 年历史和未来"的报告，院士杰·包勒德巴特尔作了题为"国际蒙古研究协会与历史研究的地位作用"的报告，教授沙·却玛作了题为"国际蒙古研究协会和蒙古语研究"的报告。

蒙古翻译家协会每年都例行举办世界优秀作品翻译比赛，从中选材编辑出版《优秀短篇小说选集》。中文翻译家、学者、作家米·其木德策耶翻译的中国优秀文学作品系列图书已经出版发行。

在不同时期，蒙古现代文学杰出代表们发表了新作，举办了策·达格瓦道尔吉、特·嘎拉森、普·巴达尔奇、兹·道尔吉、格·门德奥尤、德·那姆苏伦等人的周年纪念活动，这些作家的作品得以再版面向读者发行。青年作家策·巴布道尔吉通过《蒙古的大太平》、《东方》诗集、《阿盖》散文集、《匈奴史诗集》、《青铜狼》等作品表达了蒙古人的深邃智慧和思维，并因此于 2012 年获得了蒙古国国家奖。而蒙古国功勋文化活动家格·阿尤尔扎那创作出版了《感受时光》《哲理诗》《non plus ultra》《致心灵窥探者》等诗歌作品，《修炼》优秀诗词节选，《没有爱情的世界蓝调》《拼命的鸟翼》《爱情建造者》等短篇叙事作品集，《三维能力》《萨满传说》《术格登》《白黑红》《血脉的声音》《庇佑的杭爱秘密》等长篇小说。《三维能力》是将《魔术幻景》《十个梦之债》《回音之子》等三部系列长篇小说整合而成的版本。那楚克道尔吉奖获得者、诗人阿·额尔德尼奥其尔出版了《墨汁蓝的日子》《幼稚的小鸟》《任性的心》《太阳、月亮的潮流》《我收集的世界》《清澈的忧愁季》等书，已经成为蒙古传统思维诗歌的主要代表人物，于 2017 年获得蒙古国功勋文化活动家称号。诗人策·呼兰出版了《公主调》诗集、《抚慰忧伤》诗集、《丝绸的花纹》诗集、《只想随性地生活》和《金苇的丝雀》等诗词节选，成为蒙古国功勋文化活动家。诸如此类，蒙古国文化生活的大事件、名作品不胜枚举。为鼓励支持蒙古国家级的文化艺术事件、文学作品，通过民族文化艺术、历史、优秀作品巩固人民团结、维护知识文化的不可重复性，积极广泛组织国家政策协调和社会多方面的合作，提供赞助和资金支持，通过蒙古人民举世无双的知识和物质遗产，广泛开展活动向全人类推广普及蒙古文化。这是 2010 年后社会文化生活中出现的一个重大现象。

综上所述，蒙古文学发展现状放在国际层面来比较，已经达到了较高的水平。各类文学作品创作成果丰硕，蒙古国不仅举办本国的，也经常举办国际性的比赛和会议，参与的作家也非常多。同时，几十部优秀的作品被从俄语、英语、法语、德语、汉语翻译出版，蒙古国图书市场也取得了较好的效益。文学作品出版物的 90% 多是作者自费出版，据研究，在所有出版书目中诗歌占 24%，小说、散文占 11%，评论与研究著作占 4.2%。而目前面临的主要问题是脑力劳动从业者们没有社会福利和社会保障，知识产权的法律保护也非常欠缺。知识产权保护欠缺是作家面临的主要问题。今后该领域要做的主要工作有：

——蒙古国有两个专业的作家机构，一个是蒙古国作家协会，另一个是蒙古国家自由作家协会，国家应该负担这两个机构的工作场所和日常支出；

——国家大型的文化艺术机构应该有专业作家的编制；

——建立法律协调使作家的著作权证可以转变为资金保证，不断增加其含金量；

——系统地改革国家的奖励鼓励政策；

——拟定必要的法律草案和政策性文件并提交国家大呼拉尔。

李志国翻译

B.14
蒙古国科技与文化产业融合发展研究

吉　雅*

摘　要： 相比蒙古国在语言学、神话学等社会科学领域所取得的国际性成就，自然科学领域的技术发明创新和"科技+文化"的融合发展明显迟缓，处于刚刚起步的初级阶段。本文根据相关资料，从运用3D动漫技术发展了蒙古题材的影视文化产业、利用高科技发展乳文化产业与绒文化产业取得一定成绩、考古历史研究成果推动了旅游文化产业发展等三个方面，介绍了蒙古国在科技与文化产业融合发展领域的特定成就。从发展趋势看，蒙古国要学习和借鉴发展中国家的有益经验，总结科技与文化产业融合发展的特殊规律，探索并走出一条符合自身的科技与文化产业融合发展的本土道路。

关键词： 蒙古国　科技　文化　融合发展

人类社会的发展过程是科技创新和文化变迁时刻伴随并相互推动的过程。文化是民族凝聚力和创造力的重要源泉。文化产业是绿色、生态型的第三产业。科学技术的突破性创新助推社会文化的深刻变革。反过来说，科技也不能脱离社会文化而单独存在。文化大繁荣也能带来科技革命。大力推进文化和科技的相互融合发展，是提升综合国力和文化核心竞争力的重要途径。

---

* 吉雅，内蒙古社会科学院社会学研究所副研究员，主要研究方向为文化社会学、牧区与牧民研究、民族文化产业发展。

在人类科技创新所取得的巨大成就里每个国家和地区都做出了各自的贡献。一个国家和民族都因其自然环境条件和传统文化习俗的特殊性，在科技创新中占有某一方面的优势。对于地处亚洲大陆的蒙古国来说，四季分明的气候条件和有利于温寒带动植物生存的自然环境无疑是科学与文化产业融合发展的特殊有益条件。在蒙古高原产生发展并世代传承的游牧文明和草原文化的深厚底蕴更是蒙古国所拥有的有别于欧美和亚洲其他国家的独一无二的文化产业资源。

一 蒙古国科学机构与政策

（一）蒙古国科技科研机构设置

蒙古国现有 71 个自然与人文科学方面的研究机构，包括蒙古国科学院所属的研究所、高等院校和附属机构以及国有研究所和私有研究所或研究中心。研究经费来源有三种，即国家财政支出、非政府来源、国际伙伴和代办处投资。①

1921 年，蒙古人民共和国成立以来，高度重视科学技术发展，特别是进入 20 世纪 50 年代科学技术有了质的飞跃。1957 年蒙古人民共和国建立了"HUREL TOGO 科研中心"，做宇宙天文学研究，今天已发展为拥有 20 多种望远镜、具有现代先进设备的科研中心，开展宇宙和太阳系两大分支领域的研究。

1961 年蒙古国科学院成立，目前共有 10 个研究机构，约 1100 名工作人员。科学院主要有三个职能，一是为蒙古国培养科学院士和科研人才，二是为政府提供政策和技术咨询，三是进行学术研究。长期以来，蒙古国科学院为其社会和经济发展做出了特殊和应有的贡献。

蒙古国科学技术部成立于 1993 年 12 月，主要发挥为各科研部门开展培训、将科研成果转化、连接生产与消费、提供经济保障和扶持等功能。科学

---

① 台格旺登：《蒙古国科学技术发展概况》，中国社会科学网，2012。

技术部下设"地理与自然生态研究院""天文学研究院""历史与考古研究院""化学与化学技术院""畜牧业研究院"等21个学术科研单位和"科学技术大学""医科大学""农村经济大学"等10余个高等院校部门。2004年始科学技术部实施"青年科研人员扶持计划",对从事科学技术工作的年轻人,由国家提供专项扶持和相应平台。此后青年科研人员的成长迅速,近五年蒙古国有64名青年博士就职于各个科学技术部门。他们主要是在中、德、俄等国家学习地理学、化学技术、生态环境专业,在美、意、日等国家学习医学、生物、文化学专业的人士。

(二)蒙古国科学技术法律与发展规划

蒙古国有关科学技术法律制定于1998年,包括科学技术概念、定义的名词术语法、开展科学技术活动法、发展科学技术政策导向、科学技术部门成立和扩展相关法律。在2010~2012年间根据国际科学技术发展导向,对此法进行了修改。1998年蒙古国国家大呼拉尔出台了《蒙古国科技政策指南》,该指南是发展科学技术方面较完整的政策法规文献。

2007年2月蒙古国政府制定了《蒙古国科学技术2007~2020发展规划》,这是蒙古国民族发展综合纲领重要的组成部分。其规划目的在于发挥科技功能,带动《素质——科技——生产》一体化行动,在提供财政和法律保障的基础上,为国家经济增长提供科学方案和保障。从2007年开始投资改善研究条件,优化科技学术部门研究环境,包括为各大学、科学院更新设备、增加建筑、增加科技交流经费等。国家科学院技术中心、自然科学联合实验室、畜牧业高效率培种实验室、饲草料牲畜传染病诊断联合国级实验室、科技大学纺织品化学技术中心等20余个科学部门共投资了4.5亿元。在此基础上,蒙古国制定和实施了2008~2015年行动细则,包括"创新科学经济""发展进步型技术""扶持国有大学的研究培训""培养青年科研人员"等计划。2010年蒙古国政府173号文件中制定:2010~2014年之间,在自然环境的保护和利用、畜牧业经济的发展、蒙古人的发展、生活质量的提高和信息技术的普及等方面优先发展科学技术,并以这些领域为主题进行了调查研究。此

后，为了这些科技规划能顺利进行，《科技规划实施原则》《明确蒙古国科技发展的优先方向和主要领域原则》《科学技术各分支奖励原则》等相继出台。

2010 年蒙古国科学规划各分支投资了 13.92 亿元，比上一年增加了 1.4 倍。受蒙古国经济形势影响，随后对科技领域的投资也有所减少，2008 年 3 亿元的投资，2009 年减少到 700 万元，2010 年减少到 300 万元，2011 年再次减少到 150 万元。蒙古国科学技术部在 2014 年投入 10.6 亿元，实施了 191 个国家的科研项目，2015 年投入 5.6 亿元实施了 154 个项目，2016 年投入 10 亿元完成了 188 个项目。

二　蒙古国科技创新与文化产业融合发展现状

从科学发展的总体情况来看，蒙古国科学近 10 年所取得的成绩得到了世界公认。在蒙古语言学、考古学、动植物学研究领域产生了较大影响的同时，蒙古神化学研究、蒙古历史、蒙古宗教等社会科学领域的成绩使蒙古国在该领域内的知名度不断上升，出现了色道力玛、确玛等世界级的神话学、语言学专家。2005 年国际植物学学术研讨会、2009 年国际宗教学会议、2015 年国际忽必烈研讨会、2016 年第 11 届国际蒙古学会议相继在蒙古国召开，在哲学、历史、民族学领域也诞生了诸多学者。2010 年始蒙古国每年颁发"自然社会学奖"，其中纺织化学材料实验室发明的"纳努"作为天然植物纺织品获得了世界大奖。比起社会科学领域的上述成就，自然科学领域的技术发明创新和"科技 + 文化"的融合发展明显相对迟缓。

从能够获得的信息和资料来看，蒙古国科技与文化的融合发展主要体现在以下几方面。

（一）运用3D 动漫技术发展了蒙古题材的影视文化产业

现代数字化技术手段在传统民族民间文化保护领域发挥着不可或缺的作用。利用先进的现代计算机网络技术，以文字、图片、音像形式加以存储和展示民间文化遗产，是更好地将民族文化保存与运用的一种方式。动漫产业作为新兴文化科技产业的中坚力量和重要组成部分，其本身的发展充分体现了文化产业与科技的融合。进入 21 世纪以来，蒙古国与俄罗斯、韩国、中国等国家合作制作电影，进行 3D 设备等的技术交流，蒙古国动漫作品数量不断丰富，深受国内外广大青少年及电视观众的喜爱。其中最有成就的当属儿童影视作品。在全球化一体化日益明显的今天，让儿童不失去自己的母语和民族文化思维是全世界各民族都关注的问题。正因如此，运用现代科学技术制作儿童电影的需求迫在眉睫。蒙古国自己编制的《狼与七只羊羔》《小皇后的儿童话剧》与 105 个国家的 170 多个作品共同参加了 2012 年在中国举办的儿童动画节。它们是用儿童新视角、新发现来引领儿童进入语言思维的电影。2012 年儿童动漫联盟第 21 届大会中《绿度母传》获得了优秀奖。蒙古国儿童动画作品的又一大特点是完全用纯天然的材料来创作实景。

2012 年诞生了蒙古国首部 3D 动漫电影 *muura*，是以乌兰巴托市生活为主题的飞侠科幻动漫电影。2015 年蒙古国引进世界先进电影屏幕 IMAX，开始播放美国高新技术的 3D 科幻影片。IMAX 是世界公认的最先进创造科技画面和音效的，以多种因素靠近实景的科学大作。蒙古国青年首次以"华特迪士尼影片"标准制作动画片是蒙古国在动漫界的又一大收获。2016 年亚太国家通讯社向全世界发布了由蒙古人制作的动画片相关报道。报道称，蒙古人为世界动漫界增添了符合世界标准和格式，又具蒙古风格和色彩的作品，引起世界主流动漫界热烈的议论。这部作品引用蒙古国历史上最具代表性的人物成吉思汗的真实生活为主题，作品形式和质量等已达到"华特迪士尼动画片"水平，为世界动画界增添了属于蒙古的色彩。

（二）利用高科技发展的乳文化产业与绒文化产业取得一定成绩

1. 以 APU 公司为代表的乳文化产业发展

对于拥有大陆性气候，冬季达 -40℃，夏季达 40℃ 的蒙古高原来讲，奶和奶制品是草原民族最重要的饮食之一，并形成了世代传承的乳业文化。纯天然的牧场和清澈的河流，以及四季游牧的生产方式使蒙古国具备了生产绿色有机奶的客观条件。目前牛、羊、牦牛等生产鲜奶的牲畜的 90% 在天

然牧场上放牧，农场经营的只占10%。

蒙古人加工牛奶的传统方法已受到国际上的青睐，蒙古奶和奶制品被国际粮食联盟评为世界最佳食品，深受世界消费者欢迎。近年来，除了传统奶业，用高科技包装鲜奶，做进出口产业的公司不断增加。可以说是APU公司，成立于1925年的APU公司是蒙古国最佳食品公司之一，目前生产各种饮料、白酒、啤酒、矿泉水，还有鲜奶和奶制品，APU公司的乳品厂具有德国、芬兰等国际乳品产业的高级技术，达到食品卫生与安全的国际标准。

APU公司投入生产以来生产了21个种类的约30多种奶和奶制品。2014年公司引进新技术推出了塑料碗装的老酸奶，该产品完全符合欧盟标准，已出口到香港，与香港parknshop240家连锁店有订单。目前APU公司还掌握了现代高科技，生产含有钙、磷等维生素的鲜奶。APU乳业厂目前有200多工人，每天都加工60~80吨鲜奶，年产约5000万公升有机牛奶，向国内外市场推销①。

2. 以"戈壁"公司为代表的羊绒产业发展

羊绒是世界上稀有的特种动物纤维，是纺织工业的高档原料，向来被人们誉为"软黄金"。世界羊绒工业已经走过了150多年的发展历史。绒毛作为主要的畜产品自古以来被蒙古先民广泛应用在蒙古包、蒙古服饰和各类生产生活用品中，并形成了具有悠久历史的毡子文化和皮毛文化。随着计划经济向市场经济转型，蒙古国羊绒加工业也随着经济的转型得到了迅速的发展，羊绒业在国际市场的竞争力不断提升。据调查结果显示，在世界上蒙古国缝制羊绒大衣具备较高的竞争能力，预计截至2021年蒙古国戈壁羊绒制品公司以羊绒大衣产量排在世界第一。曾于2007年生产30多件大衣的该公司，2015年共生产出10000件，其中8000件由国外消费者购买。2016年该公司共销售14000件大衣。戈壁羊绒制品公司执行官德·那仁巴特尔说，蒙古国羊绒产量大约占世界总羊绒产量的21%。蒙古国原羊绒总量的90%出口至国外，其余10%是加工成品。具有2300万头山羊的蒙古国满足了世界

---

① 《蒙古国有机奶深受世界消费者欢迎》，《蒙古国消息报》2016年7月7日。

羊绒原料的 40%，并已成为仅次于中国的世界第二大羊绒原料供应国。中国是世界上最大的羊绒生产国，羊绒产量占世界总产量的 2/3 以上。目前，中国的编制羊绒衫产业已满足世界需求。正因为如此，蒙古国羊绒品在世界市场上具备较高竞争力的奥秘就在于像"戈壁"一样的羊绒制品公司最关注的是产品质量。为此，向日本"Lapine""Aldex"等公司借鉴经验，并与其展开合作。并自 2009 年以来，聘请意大利顶级设计师设计出品。"戈壁"目前在世界 15 个国家 51 家分店销售羊绒品。戈壁羊绒公司目前致力于推广在线送货服务，在世界各国销售羊绒大衣。①

未来的发展中蒙古国需要借助高科技发展，大力提升羊绒企业的研发能力，提升国际品牌形象；并对接互联网，推进品牌国际化的传播；政府应大力支持本土羊绒企业的品牌国际化发展。

（三）考古、历史研究成果推动了旅游文化产业的发展

蒙古国国立大学与蒙古国科学院的科学研究成果直接影响了游艺、服饰文化，推动了旅游产业的发展。考古学家、历史学家们所研究发现的古代皇宫服饰、用品等的模板，被活生生地重现在旅游文化产业中。例如，在"13 世纪"旅游村，围绕 1 座山设置了皇宫、书亭、牧人之家、萨满圣地、匠人之屋、哨所等 6 个园区，分别展现了 13 世纪不同群体的服饰、居住场所、生活用品等，并有每年吸引 10 万名国外游客的记录。这些都是在考古历史学家科研成果的基础上重新创作和再现的，这是将科学研究成果利用在文化旅游产业最典型的案例。

三 蒙古国现行科技文化产业发展进程与政策建议

（一）科技创新与文化产业融合发展中的行动与不足

科技创新与文化产业融合发展方面，蒙古国依然处于起步阶段，相较于

---

① 《蒙古国消息报》，2015 年 10 月 22 日。

发达国家还存在很大的差距。主要表现在：一些国际合作的科技项目正在启动和实施，但还未与文化产业产生对接；自身科技创新成果少，主要借助外部科技发展本土文化产业。

1. 一些国际合作的科技项目正在启动和实施

（1）"戈壁熊"人造卫星的发射

蒙古国于 2017 年春季在日本"Birds"国际项目援助下发射了第一颗名为"戈壁熊"的人造卫星。"Birds"是日本政府向尚未创造人造卫星的国家提供发射纳米人造卫星的机会，并提供多方面的支持和便利条件的一项计划。该人造卫星是在日本留学的蒙古国留学生和蒙古国立大学师生们与日本九州工业大学展开合作共同创造的。"戈壁熊"人造卫星在距离地球 400 公里的太空飞行，传达了地理形势等图像信息。它将对蒙古国国土勘测、资源勘探和防灾减灾等领域发挥积极作用，促进经济社会发展。①

（2）蒙科研究中心

蒙科研究中心是科威特第十代埃米尔谢赫·萨巴赫·阿里·艾哈迈德·阿里·贾比尔·萨巴赫无偿援助 350 万美元而建成的占地 3000 平方米的研究中心。蒙科研究中心的设立标志着两国环保领域的合作得到进一步进展。科威特国驻蒙古国特命全权大使哈利德·阿尔法德里先生向蒙古国自然环境绿色发展与旅游部长达·奥云浩日勒女士递交蒙科研究中心行动首批融资证书时，双方共同指出"蒙科研究中心"今后将在环保、培训、科研、信息和旅游等领域运行，并与各所研究院、高等院校及其实验室开展合作。②

（3）韩国赞助蒙古国建成五套高科技设备实验室

由韩国 KOICA 国际组织赞助、蒙古国农业大学和韩国 Hang Gyong 大学联合落实的"促进绿色农牧品产业"项目在蒙古国农业大学建设了 5 套拥有高科技设备的现代实验室。"促进绿色农牧品生产"项目总额为 160 万美元，在过去两年多的时间内一直落实多项项目，并投入使用安装高科技设备

---

① 所有信息来源于蒙方合作伙伴的访谈资料。
② 台登旺登：《蒙古科学技术发展概况》，中国社科网，2012。

的农牧产品检验、评估，乳奶研究，动物生物技术，肉加工，肉研究等共五套实验室。该项目框架内农业大学 40 余名教师和研究人员在韩国接受牲畜养殖和繁育、产品健康、质量、安全、兽植物和生物技术、新培植物研究等方面的长短期培训。该项目除在蒙古国首次种植葡萄外，还培植了特殊的植物，用于装饰和治疗。

（4）白俄罗斯与蒙古联合实施科技项目

2013 年蒙古国教科文部与白俄罗斯国家科学技术委员会共同签署科技领域合作协议，还设立了联合委员会。2016 年 1 月 29 日，该委员会首次会议召开，并商定在无人机系统、宇宙学、材料学、纳米材料、激光器与光电子技术、医药学及生物科技等科技领域联合实施相关项目。与以高科技领域居世界领先地位的白俄罗斯展开合作，将有助于蒙古国科技领域得到更大的进步。

（5）中蒙生物高分子应用研究联合实验室启动

中国一直为蒙古科技发展提供无私援助，在两国领导人会晤的成果中，每次都包含科技合作方面的内容。2016 年中国为蒙方提供了生物高分子应用领域的高技术设备，这些设备将提升蒙古国生物分子研究水平，促进蒙古国农牧业发展，给蒙古国群众带来更多实惠。此次合作将显著加强中蒙两国高分子研究领域的自主创新能力、核心技术竞争力和可持续发展能力，使该实验室成为生物高分子应用研究的技术辐射中心和具有国际先进水平的创新平台，进而达到互利共赢、共同发展的目的。两国将以高分子应用研究联合实验室的成立为契机，在农牧业、医药、矿产等领域继续深挖科技合作潜力。此共建实验室根据《中华人民共和国和蒙古国战略伙伴关系中长期发展纲要》和《中华人民共和国科学技术部与蒙古国教育科学部关于在蒙古国建立国家科技园的合作谅解备忘录》成立，中国科技部为此提供了 500 万元的仪器设备，由内蒙古农业大学具体承办。在乌兰巴托市隆重举行的应用研究联合实验室启动仪式上，中国驻蒙古国特命全权大使邢海明说：中方愿继续在人员培训、仪器设备等方面为蒙方提供力所能及的帮助，推动双方科技水平共同提升。①

---

① 《蒙古国消息报》，2016。

蒙古国蓝皮书

2. 自创科技成果少，主要借助外来科技成果发展本土文化产业

国家科技创新体系是现代经济发展的产物。一个国家的历史传统与社会文化等对于国家科技创新系统的形成与发展有着重要的影响。蒙古国正处于经济转型阶段，市场经济体制还不完善，技术创新发展水平低，到 20 世纪90 年代初，蒙古国科学技术结构仍沿袭苏联模式。蒙古国科学技术经费的大部分用于职工的薪资及科研条件的改善，只有 11% 被用于研究工作。总科研经费的 37% 分配到科学院的研究所，10% 到大学，9% 到研究、生产、商业集团公司，8% 为研究成果产业化的补助金。1990 年之前约有 6400 名科研人员在蒙古国研究所工作，随着社会变革和观念的转变，目前只有3562 名科研人员。这些都是蒙古国科学技术创新水平低、只能靠外来高新技术发展本土文化产业的原因所在。

对于人才和市场有限的蒙古国来说，依托科学技术的支撑，开发符合世界市场需求和要求的产品以出口，提高经济增长率、提高人民生活水平和质量至关重要。

（二）科技创新与文化产业融合发展的对策建议：

科技创新与文化产业融合发展问题，是科技界和文化产业界共同面临的重要课题。政府、文化界、科技界都要认识到文化产业与科技创新融合的重要意义，从各个方面积极推动，实现多元化发展。

1. 需进一步制定和细化政策导向

随着科学技术的不断进步，各国对文化与科技融合发展的关注度也不断提升，中国相继出台了"互联网＋"、"智慧城市"、创新驱动等发展战略。2011 年，科技部出台了《关于促进文化与科技融合发展的指导意见》《国家文化与科技融合行动计划（2011 年～2015 年）》等专项措施，从战略层面推进文化科技融合。自党的十六大以来，我国党中央、国务院高度重视发展文化产业，采取了一系列措施以深入推进文化体制改革，加快推动文化产业发展。党的十七届六中全会站在经济社会发展全局的高度，对推动文化产业成为国民经济支柱性产业做出了全面部署。2012 年 8 月，《国家文化科技创新工程纲要》的颁布意味着国家文化科技创新工程的正式启动。党的十八大报告强调了科技与文化融合的重要性，指出要增强文化整体实力和竞争力，促进与科技文化融合。在这方面，我国的经验可为蒙古国提供宝贵的参考。

蒙古国应在《科技规划实施原则》《明确蒙古国科技发展的优先方向和主要领域原则》《科学技术各分支奖励原则》等已有原则方针的指导下认真落实科技创新方向，加快创新步伐，并研究制定各个时期的文化发展规划纲要，促进文化产业发展的若干政策意见，为文化产业的发展指明方向。同时可以制定和实施"科技＋文化"产业园区政策、"科技＋文化"人才吸引政策、投资融资政策、创业孵化政策、产学研推动政策、文化与科技融合示范基地政策等来促进科技与文化产业的融合发展。

2. 借鉴他国发展经验，探索出科技与文化融合的本土化发展路径

如今，在国际上，高科技产业已有几十年系统的发展经验，已经形成了基本成熟的体系。诸多文化企业具备高科技产业的特征，高技术企业为了拓展市场，也将其技术应用于文化领域。文化产业和高科技产业具有很多共同特征，使得它们可能具有一些类似的发展规律，尤其是对文化产业发展起步较晚的国家来说，在发展过程中可以借鉴高科技产业发展的经验。

从科技与文化产业融合发展的他国经验来看，科技创新与文化产业融合发展出现单一性、表面性和被动性特征的一个重要原因就在于文化和科技部门的互不往来和封闭运行。从文化部门来说，对科技创新的关注不足，也不太关心科技发展怎样推动文化产业和文化市场发展。而科技部门更不考虑通过文化产业发展推动科技进步，发挥文化产业影响力来带动科技水平提升，更不关心文化部门对科技会有什么需求，从而也谈不上长期的发展规划。如此一来，双方对于彼此的资源和需求了解有限。对科技与文化部门的联合，要建立文化主动应用科技或者科技主动为文化提供支撑的协同创新机制。

借鉴其他国家的发展经验，尊重科学技术发展规律和文化创新规律，充分利用高科技产业政策中有利于文化产业发展的因素，构建优良的科技文化生态环境，加强科技文化建设，实现新时期科技界的文化转型和文化界的科技转型。

3. 培养复合型人才，为科技与文化产业融合发展提供智力保障

智力资源是科技创新与文化产业融合发展的关键要素。无论是物质文化遗产还是非物质文化遗产的保护和传承开发都离不开人的创意和创新。把丰富的文化资源化为公众可以接近的产业资源，更需要人才。然而从目前情况来看，一方面传统文化艺术类毕业生就业压力增大，另一方面文化与科技融合领域却需要大量人才。主要表现在文化产业从业人员中科技人员的比重低，尤其是文化内容的创作人员中，缺乏科技人员的身影。这导致文化作品内容单调，缺乏科学常识。文化作品缺乏科技含量反过来造成社会公众在科学思想、科学方法、科学精神和科学知识方面的贫乏。

造成高端复合型人才培养结构性矛盾的原因，除了有专业设置与用人需求存在脱节的问题，高校在师资队伍建设、教学设施设备建设、教学方式方法选择、教学科研选题等方面也存在着忽视文化与科技融合的倾向。推动文化与科技的融合，应当由教育、文化、科技主管部门牵头，推动高校与文化企事业单位、相关科学研究院所合作，搭建产学研结合的平台，通过项目的实际研发和运作，促使更多既掌握高新科技又熟悉文化规律的复合型人才脱颖而出。

4. 深厚渊博的传统文化迫切需要转型升级

蒙古国游牧文化源远流长，草原文化底蕴深厚。文化产业的发展是一个重点领域，但目前尚处于初级发展阶段，在全球价值链中传统文化产品处于中低端环节，迫切需要转型升级。今天，文化产业已经成为全球经济发展过程中新的增长极，并逐步成为部分发达国家经济中的支柱性产业，科技创新正成为文化产业快速发展的重要驱动力。文化与科技的融合，会更加丰富文化表现力，提高文化感染力，提升文化传播力，从而促进全社会的文化消费，不断推进文化产业的发展。文化产业和科技融合的内涵十分丰富，但一般情况下人们的关注点放在提高文化产业中技术手段的科技含量上，而忽略了文化内容与科技融合的问题。在未来的科技与文化产业融合发展中，除了基于网络数字化技术的产品和服务外，演艺、旅游、展览、印刷、书画等产业同样有非常广阔的市场。基于多种形式的文化产品创新创意需要，应充分运用科技手段和先进通信技术，建设文化资源数据库、素材库、信息库，加快和提升文化传播力和影响力，推动文化产业的转型升级。在强调科技对文化产业支撑的同时，科技文化的建设也应当主动借助当代文化产业的力量，最后达到传统文化产业和高新技术产业跨行业整合发展。

倡导绿色经济，走绿色发展之路是中国"一带一路"倡议和蒙古国"草原之路"建设的共同目标之一。在"中蒙俄经济走廊"建设取得重要进展、产能合作加快推进、互联互通网络逐步形成的当前形势下，蒙古国将在科技与文化产业融合发展的道路上借鉴经验、开展合作，更好地建设"草原之路"。

参考文献

《蒙古国消息报》（2015～2017）。

《蒙古国科学院发展历史》，2014。

《蒙古国科技大学学术研究册》，2007。

台格旺登：《蒙古国科学技术发展概况》，中国社会科学网，2012。

周城雄：《推动科技创新与文化产业融合发展的思考》，《政策与管理研究》2014 年第 29 卷第 4 期。

彭颖、杨永平、李小艳：《内蒙古文化产业与科技创新融合发展现状及特征》，《内蒙古科技与经济》2016 年第 8 期。

B.15
蒙古国群众体育与竞技体育的融合发展

王启颖*

摘　要： 蒙古国拥有良好的群众体育氛围，传统体育运动——赛马、摔跤、射箭有着广泛的群众基础，并且得到了很好的传承与发展，集中体现于蒙古国每年一次的那达慕大会。随着蒙古国经济水平的不断提升，竞技体育也得到了长足发展，尤其是与传统体育项目相关的柔道、摔跤、射击、拳击等成为蒙古国的优势项目。虽然当前蒙古国群众体育与竞技体育总体上得到了长足发展，但其综合体育实力仍与世界体育强国有很大差距。

关键词： 蒙古国　群众体育　竞技体育　融合发展

一国体育运动发展水平与其国民经济发展水平紧密相连，具有明显正相关，体育运动发展的规模、结构、普及程度以其经济发展水平为前提和基础。20世纪90年代，蒙古国从社会主义向西方政治体制转变，经济上也随之实行市场经济，并实现从2000年到2013年的经济快速增长，GDP从11亿美元增长至125亿美元，[①] 经济基础的改善为蒙古国体育运动发展提供了保障，群众体育与竞技体育总体上得到了长足发展，从蒙古国自身纵向比较

＊　王启颖，内蒙古社会科学院俄罗斯与蒙古国研究所助理研究员，研究方向为蒙古国文化及区域发展。
①　数据来源：世界银行。

来看，体育水平得到大幅提升，但从与其他国家的横向比较来看，蒙古国综合体育实力与世界体育强国仍有很大差距。

一 蒙古国体育设施建设情况

随着经济基础的增强，蒙古国国内体育场馆的数量也在不断增加，截至2017年，全国共有体育馆985家，体育机构31家，极大地促进了全民体育运动的发展。近年来，每年参加体育锻炼的人数在70万人次以上，2017年达到111.8万人次（见表1）。

表1　2017年蒙古国体育场馆、体育机构数量及参加体育锻炼人数
（按地区、省、首都分类）

单位：家，人

行政区划 \ 体育场馆和人数	体育馆	体育机构	参加体育锻炼人数
西部地区	165	5	242000
巴彦乌勒盖省	33	1	39902
戈壁阿尔泰省	28	1	26670
扎布汗省	33	1	46457
乌布苏省	38	1	48838
科布多省	33	1	80133
杭爱地区	220	6	268608
后杭爱省	26	1	34861
巴彦洪戈尔省	42	1	43312
布尔干省	32	1	27335
鄂尔浑省	33	1	48100
前杭爱省	39	1	41174
库苏古尔省	48	1	73826
中央地区	244	7	176766
戈壁苏木贝尔省	10	1	13307
达尔汗乌勒省	47	1	19215
东戈壁省	29	1	16253
中戈壁省	27	1	28541
南戈壁省	35	1	23918
色楞格省	45	1	28456
中央省	51	1	47076

蒙古国蓝皮书

续表

体育场馆和人数 行政区划	体育馆	体育机构	参加体育锻炼人数
东部地区	84	3	107580
东方省	31	1	62783
苏赫巴托尔省	21	1	12335
肯特省	32	1	32462
乌兰巴托市	272	10	323446
合计	985	31	1118400

资料来源:《蒙古国统计年鉴 2017》。

根据蒙古国体育界的调查,截至 2018 年蒙古国共有 17818 名运动员获得体育称号,体育教练人数为 2565 名,参与训练的体育项目有 98 项。

目前蒙古国大型体育场馆主要有以下几个。

(一)中央体育场

蒙古国中央体育场位于乌兰巴托,1958 年由苏联政府援建,占地约 8 公顷,可以容纳 12500 人,为多功能体育场,可以举办足球比赛和节日庆典等活动,每年的固定活动是举行国家那达慕大会以及由政府主办的其他活动和比赛,除了政府组织的活动外,其他活动以商业合同的形式进行。该体育场由政府和私人共同拥有,占比分别为 49% 和 51%,之所以为共同拥有,主要是因为在蒙古国目前只有一个可以容纳 12500 人的体育场,如果完全私有化,所有那达慕大会的费用将由政府支出,如果为共同所有,其中 70% 的成本将从门票销售和周边土地的租赁收回。

(二)乌兰巴托国家体育馆

乌兰巴托国家体育馆由中国政府无偿援助,于 2008 年开工,2010 年 12 月建成移交,2011 年 6 月正式对外开放。体育馆位于乌兰巴托西南侧,北临乌兰巴托机场至乌兰巴托市区的机场道路,地理位置突出,成为乌兰巴托市的又一个标志性建筑。体育场占地面积 4 公顷,内设 5040 个座位,是可满足室内五人制足球赛的中型综合体育馆，同时还可进行手球、网球、排球、篮球、羽毛球等球类比赛以及体操、技巧、拳击等项目比赛。在比赛阶段之后可对外开放，供市民进行各项非正式赛事及健身运动。

（三）摔跤馆

蒙古国摔跤馆位于乌兰巴托，是由蒙古国摔跤协会倡议、蒙古国人民集资建设而成。1992 年开始建设，1998 年建成，共花费约 23.26 亿蒙图，拥有 2500 个观众席位。场馆内有比赛需要的现代化的灯光和音响设备，并为报道比赛的记者提供了专门的房间。目前，摔跤馆的所有权归蒙古国摔跤协会。摔跤馆每年都会举办多场不同规模的摔跤比赛，通常是在 5 月、6 月、10 月、11 月举行，参加的选手为 64 人或 128 人。每年农历新年期间，摔跤馆也会举行比赛，有 256 名摔跤手参加，是继国家那达慕之后第二大重要赛事，获胜者通常被认为是赢得夏季那达慕摔跤比赛的有力竞争者。

（四）田径场

蒙古国新开田径场位于乌兰巴托纳莱哈区，于 2018 年 9 月投入使用，是符合国际标准的田径场，该工程由国际田联无偿援建。随着田径场投入使用，蒙古国具备了组织国际性大型赛事的条件，促进了蒙古国体育事业的发展。

（五）射箭场

2018 年 8 月 1 日，蒙古国符合国际标准的射箭场地投入使用。这一场地是由蒙古国公民募捐资金建设而成，约 800 人共计捐献 3 亿多蒙图。场地投入使用后，职业运动员和业余运动员均可在该场地训练，将会极大地促进蒙古国射箭运动的发展。

二　蒙古国群众体育发展概况

蒙古国群众体育氛围浓厚，三大传统体育项目——摔跤、赛马、射箭

更是拥有悠久的历史，具有广泛的群众基础。此外，随着现代体育的发展，足球、篮球、保龄球、自行车等项目也越来越多地受到蒙古国青年人的喜爱。

（一）蒙古国传统体育运动盛会——那达慕

那达慕大会是蒙古国最重大的节日之一，又称为"男子三项竞技"，包括摔跤、赛马、射箭比赛。为了纪念1921年蒙古人民革命的胜利以及新国家的成立，蒙古国将7月11日定为国庆节，并于每年7月11日至13日举行国家那达慕大会。2003年，蒙古国国会通过了民族那达慕大会相关法律："当今的民族那达慕大会由国家、省、苏木的那达慕组成并具有相同的纪念意义，因此把这几个规模的那达慕统一称作'民族大那达慕'，并在各个地区同时举行"（见表2）。①

表2　蒙古国各级那达慕及举办时间

级别	名称	地点	时间
一级	国家那达慕	乌兰巴托	每年7月11~13日
二级	省级那达慕	21个省各自举办	每年7月8~10日或者7月中旬
三级	苏木那达慕	335个苏木各自举办	每年7月初

蒙古国那达慕2010年被联合国教科文组织列入人类非物质文化遗产名录。那达慕在蒙古国受到全民重视，民众参与热情高，摔跤、赛马、射箭项目的运动员和教练员在蒙古国具有较高的社会地位。那达慕作为最能体现蒙古民族文化特色的活动，蒙古国政府十分重视其传承和发展，在蒙古国有许多研究那达慕的学者，国家对此也给予了大力的资金支持。虽然那达慕被称为"男儿三艺"，但目前已有女性选手参与到骑马与射箭比赛中。每年国家那达慕的冠军选手都由国家总统亲自颁奖。

---

① 苏叶、刘志民、包呼格吉乐图：《蒙古国那达慕的起源与发展》，《体育文化导刊》2012年第6期，第123页。

1. 摔跤（Wrestling）

摔跤，蒙古语称为搏克（Bökh），意为"结实、团结、持久"，最初作为军事训练的手段之一而产生，现在已发展成蒙古国传统民族体育运动，是强壮的身体与特有技巧、耐力的结合，只允许男子参加，是蒙古人最为崇尚的运动。

当前蒙古国国家那达慕摔跤比赛一般有 512 名或 1024 名选手参赛；省级那达慕一般有 128 名或 256 名选手参赛；苏木那达慕一般有 32 名或 64 名选手参加。蒙古摔跤不分重量级别和年龄级别，比赛采用单淘汰制，一跤分胜负。国家那达慕的摔跤比赛一般经历 9~10 轮，每轮比赛时间最长不超过 30 分钟，若 30 分钟之内未分出胜负，则双方通过交替抽签决定抓身体那个部分，从而一招定胜负。获胜者进入下一轮比赛，失败者被淘汰出局。每轮比赛获胜的摔跤手所获称号也不同，赢得比赛次数越多获得称号的级别越高。最初级的称号是"苏木猎鹰"，授予苏木级别那达慕的前四名选手；再往上是"大象""狮子"等称号，最高等级的称号是"冠军"，授予在国家那达慕获胜的选手，所获称号终身保留。

2. 赛马（Horse racing）

赛马是深受蒙古国民众喜爱的一项传统群众性体育运动，能够同时检验马匹的耐力和骑手的技能。赛程为 10~30 公里，赛程的长短由马的年龄组别决定：2 岁的马赛程为 10 公里，3 岁的马为 15 公里，4 岁的马为 18 公里，5 岁的马为 20 公里，5 岁以上的马则为 30 公里。蒙古国那达慕赛马不分男女，骑手通常是 5~13 岁的儿童。虽然骑手也是比赛的重要组成部分，但赛马比赛的主要目的是检验马的技能，因此赛前会对马匹进行训练，以提高其速度和耐力。赛马比赛突出地展现了"马背民族"的特色，比赛沿途路段都聚满了观众，观众们都身着传统民族服饰，并演唱歌曲助兴。骑手也会在比赛前唱一首名为"Giingoo"的传统歌曲，还会在比赛中向马匹大喊"Goog"，激励马更快地前进。赛马比赛中成绩优异的骑手和马都会获得奖励，每个级别前三名获得金牌、银牌和铜牌，冠军马匹还会获得"万马之首"的美誉，获胜的骑手获得"万人领袖"的称号。在那达慕的赛马比赛

中，人们还会为最后到达终点的两岁的马唱一首歌，祝愿它来年取得好成绩。如果马匹在比赛中表现优异，驯马员也会获得荣誉，如"优秀教练"或"全国著名教练"。

3. 射箭（Archery）

蒙古国国家那达慕射箭比赛分成年组和少年组进行，成年组又分男、女两组，参赛年龄不限，弓的拉力以及箭的长度和重量均不限，但是射程上男女有区别，男子射程为 75 米，女子射程为 65 米。蒙古国的射箭不是以环形靶为目标，也不是以环数记分，而是将许多编织或木制圆筒叠置形成的塔形壁作为射击目标，并在每个圆筒内放置一个小球，击落一个圆筒即为命中目标，如果将圆筒内的小球射出则会获得更多分数。比赛中每 10 人为一组，每人 4 箭，每组需击中 33 个目标。当射手击中目标时，裁判会高呼"uuhai"，有欢呼之意。每次射击后，会有专门的人员重新摆放圆筒，为下一场比赛做准备。男女比赛获胜者分别被授予"最佳射手""最佳女射手"的称号。

4. 弹骰（Ankle bone shooting）

弹骰也是深受蒙古国人民喜爱的传统运动之一，所击的目标物是牛、马、羊及其他动物后腿膝关节的一块轮骨，现代蒙古国弹骰的游戏中多数使用的是羊的踝骨，在蒙古语中被称为"沙盖"（Shagai）。1998 年弹骰被正式确认为蒙古国国家那达慕的第四个比赛项目，并确立了其级别及相应头衔和奖励标准。2014 年弹骰被列入人类非物质文化遗产名录。

弹骰是团体游戏，每组有 6 ~ 8 名队员，在比赛中，作为射击目标的羊骨被称为"哈萨"（hasaa），按照游戏规定的顺序被放置在一个方形木箱上，被称为目标区，蒙语叫"祖克海"（tsurkhai），用来射击目标的工具为类似多米诺骨牌状的大理石片，将石片放置于一个被称作"哈希拉嘎"（hashlaga）的木板上，在距离目标区 4.72 米处，用中指将石片以 30° ~ 45°的角度向下直射入名为"祖克海"的目标区域，射击"哈萨"，每击倒一个"哈萨"得 1 分，与保龄球有相似之处。每组有 15 个"哈萨"，率先获得 15 分的队伍获胜。在比赛中，运动员之间不用语言交流，而是用特定的方式唱出传统的弹骰旋律和歌曲，歌词欢快，比如"祝福你，朋友""击中目标"等，听起来更像长调。每场比赛持续 2～3 小时，取决于比赛的规模和类型。

（二）其他体育运动

随着蒙古国现代体育运动的发展，篮球、足球、跆拳道、拳击、国际象棋等体育运动也逐渐获得年轻人的喜爱。足球在蒙古国是除摔跤之外的第二大体育运动，十分受欢迎。此外，在蒙古国的一些较大城市也会举办拳击赛事。

三　蒙古国竞技体育的发展

（一）蒙古国参加奥运会情况

蒙古国负责体育对外交流的组织机构主要是蒙古国奥委会，其成立于1956 年，1962 年被国际奥委会承认。此后，蒙古国不断扩大国际体育交流活动的范围，积极参加奥运会和各类世界级比赛。

蒙古国于 1964 年首次参加奥运会，夏季奥运会除了 1984 年洛杉矶奥运会外均参加，冬季奥运会除 1976 年因斯布鲁克冬奥会外也均参加。迄今为止，蒙古国共派出 253 名运动员参加了夏季奥运会，39 名运动员参加了冬季奥运会。在 1968 年墨西哥夏季奥运会上首获奖牌，之后，除了 1984 年和 2000 年两届奥运会外，历届夏季奥运会都有奖牌收入。在2008 年北京奥运会上，奈丹·图布辛巴亚尔在柔道 100 公斤级比赛中夺得金牌，至此蒙古国实现了夏季奥运会金牌零的突破。冬季奥运会至今尚无奖牌收入。

蒙古国在夏季奥运会所参与的项目包括射箭、田径、拳击、自行车、体操、柔道、射击、游泳、举重、摔跤等，共获得 26 枚奖牌（见表3）。与蒙古国三大传统运动有相通之处的柔道、摔跤和拳击是蒙古国具有竞争力的热门项目，此外射击和射箭实力也不容小觑。在蒙古国所获得的 26 枚奥运奖牌中，柔道项目获得 1 金 3 银 4 铜共计 8 枚奖牌；拳击获得 1 金 2 银 4 铜共计 7 枚奖牌；摔跤获得 4 银 5 铜共计 9 枚奖牌；射击获得 1 银 1 铜 2 枚奖牌（见图 1）。①

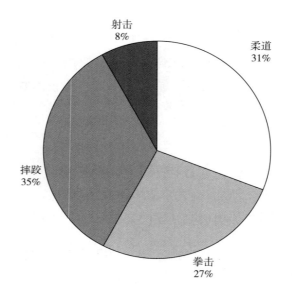

图 1　蒙古国奥运奖牌构成比例

2016 年里约奥运会，蒙古国共派出 42 名运动员，参加了射箭、田径、拳击、柔道、射击、游泳、举重、摔跤 8 个项目的角逐，获得 1 银 1 铜两枚奖牌，其中道·苏米雅获得女子柔道 57 公斤级银牌，D. 敖特根达来获得男子拳击 60 公斤级铜牌，位列奖牌榜第 67 位。除具有竞争力的优势项目外，蒙古国奥委会也努力在其他项目上下功夫，包括棒球、软式网球、水上项目等。如果蒙古国的业余运动协会在这些项目上有好的成绩，政府会给予资助。

①　数据来源：蒙古国奥林匹克委员会网站，http：//www. olympic. mn/。

表3　1964～2016年蒙古国参加夏季奥运会详细情况

单位：人、枚

奥运会	运动员人数	参加体育项目数	参加项目及人数										奖牌数			合计	名次
			射箭	田径	拳击	自行车	体操	柔道	射击	游泳	举重	摔跤	金牌	银牌	铜牌		
1964年东京	21	5	0	3	0	4	3	0	3	0	0	8	0	0	0	0	
1968年墨西哥城	16	4	0	1	0	0	4	0	3	0	0	8	0	1	3	4	34
1972年慕尼黑	39	7	3	1	9	0	0	5	4	0	4	13	0	1	0	1	33
1976年蒙特利尔	32	5	4	0	6	0	0	5	4	0	0	13	0	1	0	1	34
1980年莫斯科	43	8	4	0	7	5	2	7	4	0	3	13	0	2	2	4	27
1984年洛杉矶						没有参加											
1988年汉城	28	5	3	0	7	0	0	6	3	0	0	9	0	0	1	1	46
1992年巴塞罗那	33	8	1	1	6	4	0	10	2	0	2	7	0	0	2	2	51
1996年亚特兰大	13	7	1	2	2	1	0	3	0	0	0	4	0	0	1	1	71
2000年悉尼	20	6	0	2	1	0	0	8	3	2	0	4	0	0	0	0	
2004年雅典	20	7	2	0	1	0	0	8	1	1	1	6	0	0	1	1	71
2008年北京	28	7	0	2	4	0	0	10	3	2	1	6	2	2	0	4	31
2012年伦敦	29	7	2	2	4	0	0	9	2	2	0	8	0	2	3	5	56
2016年里约热内卢	42	8	1	5	6	0	0	10	3	2	2	13	0	1	1	2	67
合计													2	10	14	26	

资料来源：国际奥林匹克委员会网站，www.olympic.org/mongolia/。

（二）蒙古国参加残奥会情况

蒙古国从 2000 年开始参加夏季残奥会，截止到 2016 年共参加 5 届；2006 年首次参加冬季残奥会，到目前共参加 3 届。2008 年北京残奥会，巴特尔扎布·丹巴登道格获得男子射箭金牌，为蒙古国赢得第一枚残奥会奖牌，这也是蒙古国奥运会和残奥会历史上的首枚射箭奖牌。到目前蒙古国在残奥会共获得 1 枚金牌 2 枚铜牌。2016 年里约残奥会蒙古国在男子柔道 60 公斤级和男子举重 88 公斤级各获得一枚铜牌。

（三）蒙古国参加亚运会情况

蒙古国从 1974 年开始参加亚运会，到 2018 年共参加 11 届，获得 25 枚金牌，46 枚银牌，91 枚铜牌，共计 162 枚奖牌（见表 4），获奖项目仍然是柔道、摔跤、拳击、射击等传统强项。除亚运会外，蒙古国还积极参加另一大亚洲体育赛事——亚洲冬季运动会。亚洲冬季运动会简称亚冬会，是亚洲冬季规模最大的综合性运动会，由亚洲奥林匹克理事会的成员国轮流主办，每四年举办一届，2017 年起在冬季奥林匹克运动会的前一年举行。自 1986 年开始亚冬会已举办 8 届，蒙古国历届均派出运动员参加，共获得 1 银 6 铜 7 枚奖牌（见表 5）。在 2011 年阿斯塔纳 – 阿拉木图亚冬会上蒙古国收获了其在亚冬会历史上的首枚银牌。

表 4　蒙古国参加亚运会奖牌数

单位：枚

历届亚运会	排名	金牌	银牌	铜牌	奖牌合计
1974 年德黑兰	10	2	5	8	15
1978 年曼谷	13	1	3	5	9
1982 年新德里	9	3	3	1	7
1986 年首尔	缺席				
1990 年北京	12	1	7	9	17
1994 年广岛	18	1	2	6	9
1998 年曼谷	19	2	2	10	14
2002 年釜山	26	1	1	12	14

历届亚运会	排名	金牌	银牌	铜牌	奖牌合计
2006 年多哈	21	2	5	8	15
2010 年广州	21	2	5	9	16
2014 年仁川	16	5	4	12	21
2018 年雅加达	16	5	9	11	25
合计	—	25	46	91	162

资料来源：Olympic Council of Asia，http：//www.ocasia.org/Game/Ch_ Index.aspx。

表5　蒙古国参加亚冬会奖牌数

单位：枚

历届亚冬会	金牌	银牌	铜牌	奖牌合计
1986 年札幌	0	0	0	0
1990 年札幌	0	0	1	1
1996 年哈尔滨	0	0	0	0
1999 年江原道	0	0	0	0
2003 年青森	0	0	0	0
2007 年长春	0	0	1	1
2011 年阿斯塔纳和阿拉木图	0	1	4	5
2017 年札幌	0	0	0	0
合　计	0	1	6	7

资料来源：Olympic Council of Asia，http：//www.ocasia.org/Game/Ch_ Index.aspx。

（四）蒙古国在其他世界体育赛事中的表现

1. 柔道

柔道是当前蒙古国当之无愧的体育之王，在奥运会、亚运会和各类世界级比赛中，都为蒙古国摘得奖牌甚至金牌，在世界柔道运动员排名中，各个级别均有蒙古国运动员，且排在前列。在诸如柔道世锦赛、大师赛、大奖赛以及大满贯等各类赛事中，蒙古国战绩不俗。根据国际柔道联合会的统计，在 2017 年全部赛事中，蒙古国共获得 13 金 18 银 33 铜 64 枚奖牌，位列奖牌榜第九位；2018 年蒙古国柔道依然保持了不俗的战绩，在各类国际赛事中全年共取得 9 金 13 银 35 铜共计 57 枚奖牌。获得奥运会以及世界级赛事

奖牌的运动员在蒙古国享有很高的地位，国家会授予其"功勋运动员"和"劳动英雄"称号以及"苏赫巴托尔"勋章等荣誉称号和奖章。

蒙古国在 2008 年北京奥运会上夺得柔道金牌，极大地促进了柔道在蒙古国的发展，参加柔道训练的人数快速增加，尤其是激发了许多青少年对柔道的热情。蒙古国成为世界柔道强国一方面是来自运动员的刻苦训练，与其他国家运动员相比，他们较少参加商业比赛，训练的时间更多，在长时间的训练中熟练掌握了各种柔道技巧；另一方面就是蒙古人从小热爱并练习摔跤，身体素质、肌肉力量得到了极大锻炼；此外，许多蒙古国柔道运动员来自牧区，训练之余仍要从事体力劳动，这也是他们保持身体力量的重要原因。

蒙古国柔道快速发展，除了良好的群众基础外，国家的重视和支持也是重要因素。尤其是在 2017 年新总统巴特图勒嘎上台后，对柔道的支持更进一步。巴特图勒嘎曾是蒙古桑博（sambo）国家队的队员，并获得过世界大赛奖牌，2006 年当选为蒙古国柔道协会会长，在他的带领下，蒙古国在 2008 年北京奥运会上夺得柔道金牌。他上任后，也对柔道十分重视和支持，在 2017 年柔道世锦赛中，亲自前往比赛现场观看蒙古国选手比赛。可以预见，蒙古国柔道未来仍会保持强劲的发展势头。蒙古国将举行 2020 年亚洲柔道锦标赛。

2. 自由式摔跤

自由式摔跤也是蒙古国的优势项目，蒙古国首枚奥运奖牌就是 1964 年在自由式摔跤项目中夺得的，这一项目为蒙古国在奥运会共夺得 4 银 5 铜 9 枚奖牌，占蒙古国奥运奖牌总数的 34.6%；在亚运会上，蒙古国在摔跤项目上共获得 10 金 18 银 26 枚铜共 54 枚奖牌，占蒙古国亚运会奖牌的 33.3%，无论是奥运会还是亚运会摔跤都是为蒙古国获得奖牌最多的体育项目。在其他世界级摔跤赛事中，蒙古国选手也都是奖牌的有力竞争者。在世界摔跤协会 2018 年 10 月更新的男子 10 项级别排名中，世界"五强"选手中的 4 名为蒙古国选手，"20 强"选手中的 8 名为蒙古国选手。蒙古国还主办了国际自由式摔跤蒙古国公开赛、亚洲少年自由式摔跤锦标赛等国际赛事。

3. 脑力大赛

蒙古国在脑力运动方面实力强悍，位于世界前列，参加了包括世界脑力锦标赛、亚洲脑力大赛以及各类国际脑力公开赛，都取得了不俗的成绩，成为蒙古国国家形象的重要名片之一。蒙古国成立了专门的智力学院培养这项运动的人才，自蒙古国智力学院创办以来，不仅在国内举办比赛，同时还派出脑力运动员参加在美国、英国、中国、印度、菲律宾、瑞典、韩国、中国台湾等国家和地区举办的脑力竞赛，自 2008 年以来，蒙古国智力学院选手共参加 49 次国际比赛，获得 789 枚奖牌，屡次刷新世界纪录。

在 2017 年 8 月在香港举行的亚洲脑力记忆大赛上，蒙古国代表队赢得 28 枚金牌、25 枚银牌、20 枚铜牌，摘得 90 枚奖牌中的 73 枚。2017 年 12 月在印度尼西亚首都雅加达举行的世界脑力锦标赛中，蒙古队获得冠军，摘得全部 90 枚奖牌的 57 枚，领先于其他国家的选手。在 2018 年韩国举办脑力公开锦标赛中，蒙古国共获得 25 枚金牌、28 枚银牌和 19 枚铜牌，共计 72 枚奖牌，赛事共设置 90 枚奖牌，在这次比赛中蒙古国代表团不仅包揽三个分组的前三名，还刷新了 9 项世界纪录。

蒙古国在脑力竞赛中能够取得优异的成绩，除了日常训练外，也与蒙古人良好的先天条件分不开，研究发现，蒙古人是世界上脑容量最大的族群，这对在以记忆为主的脑力竞赛中有很大优势，蒙古国脑力运动员尤其是许多少年运动员大多只接受了三年以下的训练，但都已成为世界注册的优秀运动员，而且蒙古国选手只在业余时间练习，在脑力运动方面，蒙古国运动员还有更大的发展潜能。

4. 相扑

相扑被称为日本"国技"，是日本人非常喜欢的一项传统体育运动，职业相扑运动员被称为"力士"，相扑运动员分段，最高段是"横纲"，第 68、69、70、71 代"横纲"均为蒙古国人，分别是朝青龙、白鹏、日马富士以及鹤龙。

朝青龙，蒙古名为德·达格瓦道尔吉，1980 年 9 月生于乌兰巴托，1997 年被选中前往日本明德高校留学，1999 年开始上场比赛，只经过 25 场

比赛于 2003 年荣升为日本相扑史上第 68 代"横纲",当时只有 22 岁,成为 1958 年之后最快升格为"横纲"的力士,也是首位晋升为"横纲"的蒙古人。由于朝青龙在相扑界的杰出成就,蒙古国人民将其视为民族英雄,并授予其"蒙古国劳动英雄""功勋运动员"称号。其于 2010 年宣布退役。

白鹏,蒙古名为达瓦吉尔嘎拉,1985 年 3 月生于乌兰巴托,15 岁到日本学习相扑,2007 年 22 岁时晋升为日本相扑史上第 69 代横纲,保持着近九成的胜率,以迅速的反守为攻能力闻名。在 2018 年打破纪录,成为首位"荣获 800 场胜利的横纲"。

日马富士,蒙古名为达瓦尼马·拜马道尔吉,1984 年 4 月生于乌兰巴托,2001 年出道,2012 年击败当时如日中天的白鹏,创下 15 战全胜、连续两站赛事夺冠的佳绩,也顺利晋级为第 70 代横纲,虽然其体重相对较轻,但以技术见长。其于 2018 年 9 月正式宣布退役。

鹤龙,蒙古名为莫·阿楠达,2014 年 28 岁时晋升第 71 代横纲。

连续四代相扑横纲均为蒙古国选手,且在日本从事相扑事业的外国人中也以蒙古国人最多,主要原因有以下几方面:一是朝青龙、白鹏等人的成功激发了蒙古国青少年的相扑梦,越来越多的青少年开始学习相扑,同时,蒙古国相扑选手在日本受到欢迎和重视,也提升了蒙古国人对日本的好感度;二是相扑与蒙古国传统摔跤有着许多共同点,蒙古国人从小练习摔跤,腿部力量强,再加上蒙古国摔跤有 30 多种技巧,过硬的摔跤功底加上到日本后的苦练,蒙古国相扑选手很容易取得成绩;三是成为高级别力士会带来较高的经济收益和社会地位。这些都成为吸引蒙古国年轻人练习相扑的重要原因,如今蒙古国相扑训练基地在不断增加,青少年业余相扑爱好者的比赛也越来越多。

5. 蒙古国其他优势体育项目

除以上体育项目外,蒙古国的拳击、射击、跆拳道、巴西柔术、国际象棋等在国际比赛上也具有很强的竞争力。拳击在奥运会中共为蒙古国夺得 1 金 2 银 4 铜共 7 枚奖牌,占蒙古国奥运奖牌总数的 26.9%;在亚运会中为蒙古国夺得 1 金 5 银 15 铜共 21 枚奖牌,占蒙古国亚运会奖牌总数的 13.0%。

射击项目为蒙古国夺得 1 银 1 铜 2 枚奥运会奖牌，2 金 3 银 6 铜共 11 枚亚运会奖牌。柔道、自由式摔跤、拳击、射击成为蒙古国竞技体育的强项，蒙古国的奥运奖牌均来自这四个项目。

蒙古国跆拳道也有不俗的实力，2017 年 9 月在朝鲜举行的第 20 届世界跆拳道锦标赛中，蒙古国选手取得 1 金 1 银 1 铜的成绩，团队总分数在 69 个参赛国中排第七名。巴西柔术源于日本柔道，拥有大量格斗技术，基于柔道和摔跤的经验及优异成绩，蒙古国在巴西柔术这一项目上也具有较强实力。在 2018 年阿联酋阿布扎比举行的巴西柔术比赛中，蒙古国共摘得 17 枚金牌、7 枚银牌和 8 枚铜牌。2018 年蒙古国还举办了 "Ulaanbaatar International Pro" 国际巴西柔术大赛，该赛事已在蒙古国举办两次。国际象棋也是蒙古国的优势项目之一，在世界国际象棋联合会 2018 年 2 月公布的排行榜中，蒙古国选手德·诺民额登尼在世界国际象棋少女选手排行榜上位列第九。在 2018 年平昌冬季奥运会框架内举办的世界智力运动会中，蒙古国队在国际象棋这一项目上共获得 7 金 6 银 3 铜。其中在 7~23 岁级别中，蒙古国以团队总分获得一等奖。

6. 积极举办各类体育赛事

在派出运动员参加各类国际体育赛事的同时，为促进蒙古国体育事业的发展及在国际舞台上进行对外宣传，蒙古国也积极举办各类国际体育比赛，2018 年乌兰巴托共举办了巴西柔术、国际象棋、自由式摔跤、拳击和射击等五项国际比赛。此外 2018 年中蒙两国还共同举办了 "成吉思汗之路杯" 蒙中超级越野马拉松挑战赛、"美丽乌兰巴托" 定向马拉松挑战赛、蒙古国残疾儿童奥林匹克运动会、蒙中国际高尔夫邀请赛、乌兰巴托至中国北京国际自行车集结赛等体育赛事。

四 蒙古国民族体育与竞技体育的融合发展

从蒙古国当前群众体育与竞技体育的发展情况可以看出，赛马、摔跤、射箭等传统体育项目有着良好、广泛的群众基础，并得到了很好的传承与发展。随着蒙古国 1962 年加入国际奥委会，开始参与国际竞技体育赛事，蒙古国发挥传统体育项目的优势，将传统赛马、摔跤、射箭等体育项目的技术融入现代竞技体育，使其在柔道、自由式摔跤、拳击和射击、跆拳道等项目上取得了优异成绩，成为蒙古国在国际竞技赛场争夺奖牌的主要力量，可以说，蒙古国的民族特性是这几项竞技体育强项的基础。一方面，蒙古国人无论男女从小参与民族传统体育运动，不但掌握了娴熟的运动技能同时也练就了强健的体魄和不屈的意志，这些对于参与对抗性竞技体育来说都是必不可少的要素，这也是蒙古国在柔道、摔跤、拳击、射击等项目一直处于强队行列且人才济济的重要原因；另一方面蒙古国运动员有相当数量来自牧区，在取得国际大赛奖牌之前，生活条件比较简朴，平时在训练之余也会继续参与劳动，所以更为珍惜自己的运动生涯，训练也更为刻苦、勤奋，为日后成为优秀运动员奠定了基础。由于蒙古国人这些独有的特性以及蒙古国经济的不断发展，相信蒙古国的体育强项会持续在国际赛场发力。

五　蒙古国体育发展展望

虽然当前蒙古国竞技体育发展水平处于不断上升趋势，但综合实力与世界体育强国相比仍有很大差距，主要原因有以下几个方面。一是资金匮乏，虽然进入 21 世纪后，蒙古国经济实力不断提高，但投入体育的资金与体育发展的实际需求不相匹配，无法对体育事业的发展给予全力支持，2013 年东亚运动会就是由于资金有限，蒙古国政府只能为部分优秀运动员提供资助，其余很多运动员是自费参加比赛。从 2014 年开始蒙古国经济出现下滑，对于体育事业的支持也随之减少，根据蒙古国政策规定，每位运动员每个月可领取一笔 50 万 ~ 400 万蒙图不等的工资，奥运冠军工资最高，平均工资在 87.1 万蒙图左右，2016 年由于经济持续下行，蒙古国更是出现拖欠 2069 位运动员的工资的情况，包括拳击、自由式摔跤、射箭等项目的运动员，被拖欠的工资共计 17 亿蒙图（约合 98 万美元）。二是体育基础设施有待进一步完善，蒙古国大型、综合体育馆数量较少，运动员训练条件艰苦，缺乏训练场地和器材成为制约蒙古国体育发展的重要因素之一。三是国家把资源更多地放在优势项目上，其他项目的普及更多依靠民间力量。蒙古国共有包括奥运与非奥项目在内的61个体育协会，有10000多名专业运动员，而奥运项目中有25个是重点项目，其他项目主要依靠体育协会的组织和带动。此外，教练员水平和训练水平不高、体育科研水平低、参加大型国际比赛较少、缺乏大型比赛经验等也是蒙古国竞技体育水平提升缓慢的重要因素。

蒙古国近几年经济形势不容乐观，对于体育的投入不会大幅增加，因此，在资源有限的前提下，会继续支持已有优势项目，短时间内竞技体育水平很难实现突破性提高，但蒙古国政府仍会十分重视体育事业的发展，主要表现为以下三方面。

第一，重视群众体育的发展。蒙古国前总统额勒贝格道尔吉曾签署总统令，号召全体公民积极参加社会体育运动，以此增强蒙古国人民体质、提高体育运动水平。根据总统令，蒙古国政府在每年4月对全体公民进行身体素质测验，并采取相应措施提高公民身体素质。目前，蒙古国各级学校的体育教育及体育教学环境有不少欠缺，针对这一情况，蒙古国在加强各级学校尤其是大中专院校的体育教育，更新体育设施、扩充体育场地等，让大中专学生能有一个较好的接受体育教育的环境。

第二，重视团体运动的发展。目前，蒙古国主要的体育国家队有蒙古国国家篮球队、蒙古国国家班迪球队和蒙古国国家足球队。时任蒙古国总统额勒贝格道尔吉于2015年颁布了关于支持发展团队运动的第144号总统令，对团队运动的发展起到了积极的促进作用。2016年，蒙古国运动员团队参加了国际性的少年、青年和成人的5项大赛，赢得了4枚奖牌，极大地鼓励了团队运动的发展。在2017年、2018年亚洲篮球3×3锦标赛中，蒙古国队先后获得冠军和亚军，并且在2018年一名球员被评为锦标赛三名最佳球员之一。足球运动也得到了长足发展，2018年，蒙古国足球协会与"Anduud city club"公司和"Nisdeg mazaalai"公司共同签署2018～2022年实施足球项目10亿蒙图协议。随着该协议的签署，蒙古国将每年举办2亿蒙图基金的顶级足球联赛，该协议成为蒙古国体育史上最高金额的协议。

2015 年蒙古国足球协会与"Arivan Undes"公司签署 1 亿蒙图的协议,三年后,这一金额增长至 10 亿蒙图,体现了蒙古国足球项目的快速发展。

第三,注重体育旅游的发展。蒙古国将蒙古传统文化融入那达慕大会,通过不断地发展和完善,已经形成了充满浓郁民族特色和游牧风情的"伊赫那达慕——蒙古国狂欢节",展示着其独特的传统艺术的魅力,每年节日期间,吸引了众多来自世界各地的游客和观光旅游团体,体育旅游正在成为蒙古国新的经济增长点,2018 年那达慕期间有 12000 多名国外游客到蒙古国观光旅游。蒙古国政府也在积极推动体育旅游的发展,2017 年蒙古国入境游客为 54.3 万人次,其中来自中国的游客数量最多,为 20.2 万人次,①中蒙两国致力于共同推动体育旅游合作,2017 年 5 月,两国在乌兰巴托召开了"一带一路"中蒙体育旅游高峰论坛,就中蒙两国体育旅游线路进行磋商并签署了相关合作协议,预计未来三年赴蒙古国旅游的中国游客将不断增多。

参考文献

《蒙古国统计年鉴(2016)》。

《蒙古国统计年鉴(2017)》。

Ming Li, *Olympic Games in Beijing and Development of the Sport in Asia*, Ohio University, ASSM Conference, 2006.

苏叶、刘志民、包呼格吉乐图:《蒙古国那达慕的起源与发展》,《体育文化导刊》2012 年第 6 期。

崔海明、崔雪梅:《"那达慕"与"人文奥运理念"的契合点研究》,《北京体育大学学报》2010 年第 11 期。

李金兰:《奥运会与那达慕大会文化的比较》,《体育学刊》2010 年第 2 期。

庞善东、靳英华:《基于理论研究视角下体育与经济增长和经济发展的关系》,《北京体育大学学报》2016 年第 7 期。

包呼格吉乐图:《论蒙古族传统体育的社会功能——兼论蒙古族那达慕的起源及今昔嬗变》,《南京体育学院学报》2010 年第 6 期。

---

① 数据来源:《蒙古国统计年鉴(2017)》。

李鹏:《蒙古国"奥林匹克教育计划"研究》,《内蒙古民族大学学报》2012年第3期。

欧云:《蒙古国社会转型中的体育体制研究》,北京体育大学博士学位论文,2004。

茹秀英:《国际奥委会组织变革与发展的研究》,北京体育大学博士学位论文,2007。

石磊:《市场经济条件下的各国体育政策》,国家体育总局体育信息研究所,1999。

国家体育总局干部培训中心:《市场经济与体育改革的发展》,北京体育大学出版社,2003。

张力为:《体育科学研究方法》,高等教育出版社,2002。

Word Bank,http://www. worldbank. org/.

NationalStatisticalOfficeofMongolia,http://www. en. nso. mn/index. php.

Montsame,http://www. montsame. mn/cn/.

International Olympic Committee,http://www. olympic. org/.

Olympic Council of Asia,http://www. ocasia. org/.

International Judo Federationh,ttps://www. ijf. org/.

Word Chess Federation,http://www. fide. com/.

B.16
蒙古国互联网发展现状及未来发展方向

〔蒙古〕斯·朝鲁门*

摘　要： 本文主要论述蒙古国互联网发展过程和现在的状况。对有关蒙古国互联网和电子技术应用的法律法规、互联网带来的社会发展和存在的问题、电子出版物、互联网信息技术人员等进行阐述。

关键词： 蒙古国互联网　电子信息政策　集中服务　电子商务　电子服务

一　蒙古国互联网发展和互联网应用带来的好处

1990年，蒙古国爆发民主革命，随着国家体制的改变，社会各领域都发生了深刻变化，其中新闻出版部门发挥了先锋作用。

1994年，第一个在蒙古国推行互联网服务的是datacom有限责任公司，该公司为蒙古国首家私有新闻机构，也是蒙古国当时使用互联网的唯一一家媒体。最初一天提供两次互联网传输，用于查看电子邮件。1995年12月建立了第一个信号地面站，改善了信号质量，1996年1月开始提供互联网全方位服务，从此开启了蒙古国互联网新时代，带来了新变化。使用互联网的人数达到500多名，这在当时是个很大的数字。之后，datacom有限责任公司发展壮大，获得ICANN国际机构认证，取得.mn域名代理权，成为谷歌公司指定的代表，不断扩大业务范围，在蒙古国互联网应用服务方面做出了重要贡献。

---

* 〔蒙古〕斯·朝鲁门，乌兰巴托大学副校长，教授，博士。

2003 年，由韩国资助建立了"信息技术平台"，当年投入使用，将企业纳入信息技术服务系统，为企业提供相关服务，并让用户享受减免 70% 入网费的优惠，得到了信息中心全方位的支持，入网公司增加了 100 多个。产品种类增多，服务质量提高，影响力大幅上升。

2005 年，政府颁布 216 号决议，实施《电子蒙古纲要》，对蒙古国互联网的发展起了推动作用。新增 Magicnet、Micom、Bodicom、MCS、Erdemnet、Mobicom、SkyCand C、Railcom，Winet 等 9 个提供互联网服务的公司。

2009 年 10 月，作为蒙古国非政府组织的"网站联盟"成立。

2010 年 9 月，出现了电子刊物。

统计资料显示，2014 年末蒙古国互联网用户达到 173.44 万人，其中 83.51% 在首都乌兰巴托，12.69% 在各省会城市，3.8% 在县级以下村镇。互联网服务的外部流量为 42 Gbps，内部流量为 29.5 Gbps。乌兰巴托网速至少 512Kbit/s，其他地方网速至少 128Kbit/s。

2015 年 1 月，电信协调委员会批准 59 家企业开展互联网业务，其中 12 家覆盖蒙古国全境、12 家覆盖乌兰巴托、35 家覆盖农村牧区。

2015 年 5 月，蒙古国网站联盟与蒙古国记协共同举办了"电子杂志理论首届论坛"，有 13 个机构和 800 多位记者参加，发布了《乌兰巴托电子宣言》。为了培训电子刊物专业人员，在 Otgontenger 大学举办了"电子杂志理论学习班"。蒙古国网站联盟被评为"电子杂志领域优秀媒体协会"。

近年来，蒙古国电子商务、电子银行等快速发展。各商业银行推行银行卡业务，促进了商业、服务业的电子交易，各大宾馆、商店、饭店、服务业、住宅小区、电话局、邮局、机场、火车站等均使用了电子支付系统，促进了国家的快速发展。蒙古国公立和私立大、中专院校纷纷举办计算机技术、电子信息系统、电子网络、广播电视新闻等方面的技术培训，请硕士、博士等专家学者授课。Cisco、Microsoft、Sun Microsystems 等公司也受委托举办长、短期软件技术或互联网应用培训班。

2015 年 11 月 14 日，蒙古国首次顺利举办了地方网站研讨会，来自 15 个省的政府和私营企业共 52 个网站的记者、网管或负责人参加。

2017年1月7日，蒙古国网站联盟再次召开会员大会，有112个网站代表参加了会议，这标志着蒙古国电子信息的快速发展。

据2017年的电子数据报告，蒙古国有互联网服务机构75个、网吧452个。

蒙古国信息与通信技术局、蒙古国记协、蒙古国网站联盟、电信协会和蒙古国信息网站联合会、领先信息网站协会等共同举办了"网络奖赏2017"联谊会。作为第三年举办的此项文化活动，评选出了优秀信息网站、优秀项目执行者、优秀电商网站、优秀信息技术公司等。在优秀信息技术公司中，Sodon Solution有限责任公司成为翘楚。该公司在蒙古国电子信息技术发展和市场软件供应等方面提供了优质服务和可靠、高效的技术。Sodon Solution公司研制的信息技术有以下系列产品：News. mn、24tsag. Mn、shuud. Mn、assa. Mn、unen. mn、hiub. mn、angar. Mn、o lz. mn、Myzar. mn、Pepsi. mn、solongonews. mn、grandnews. mn、i nfomongol. mn、baabar. Mn、emegteichuud. mn、mongoljingoo. mn、mglnews. mn、breakingnews. mn、zone，mn、info. mn、top. mn、hot. mn、wikimon. Mn、i comment. mn，、mongoluls. mn等等。

近五年来，蒙古国网民增长了4.5倍，网民广泛应用Facebook、Instagram、Twitter、Linkedin-iig、微信等社交软件，其中绝大部分使用Facebook。2017年，使用Facebook的网民中，18～34岁的人占70%。按年龄段分别统计，数据如下：

18～24岁，男士占31%、女士占29%；

25～34岁，男士占38%、女士占35%；

35～44岁，男士占18%、女士占19%；

45～54岁，男士占8%、女士占11%；

55～64岁，男士占3%、女士占4%；

65岁以上，男士占2%、女士占2%。

全体网民中，48%为男士，52%为女士。

在蒙古国互联网发展过程中，0perator、Mobicom、CKaitel、Unitel、G-mobail等电信公司发挥着重要作用。其中，蒙古国第一大电信公司Mobicom网络覆盖蒙古388个市、县所在地。0perator电信公司在各个发展阶段及时开通了 2G、3G、4G 网络。各电信公司以高质量、高标准要求自己，为满足顾客需求而不断努力。

2018 年的统计资料显示，蒙古国网民已占人口的 70%，上网工具的 80% 为移动通信设备。

21 世纪的蒙古国与世界同步发展。蒙古人享有民主权利，可以在电子信息网络上自由表达个人的言论和观点。

政府信息公告可以通过电子形式公布于众，政府机关工作效率有了很大提高。政府通过一站式服务向民众提供了直接高效的服务。

各种缴费清算的电算化，提高了工作效率，节约了工作时间。广大读者通过电子浏览器阅读、发表自己的观点，向领导者提出意见建议，具有较好的舆论自由，在对社会不良现象提出批评等方面起到了较好的作用。还发出电子倡议，对遭受自然灾害和患重大疾病的人员提供捐助，对无家可归的孩子提供住处。福利机构根据民众意见，在开展人道主义援助等方面发挥着作用。在国外学习和工作的蒙古人和外国人也积极提供了捐助。也有很多人响应紧急状态局的呼吁，提供灭火工具。有很多向母婴中心、养老院、医疗机构提供捐助的例子。

电子信息的应用还对青少年和所有年龄段的人学习、掌握新知识提供了机会，为培养创造性思维、自由表达个人观点、跟上时代发展的步伐等创造了条件。为残疾人员在家里上网学习、在家里承接力所能及的工作提供了方便。有助于人们通过公共网络学习外语，通过社交平台联系交流，建立友谊和亲密关系等。

总之，目前互联网为广大民众及官员及时获取政治经济信息、学习知识、进行商品交易、发展文化艺术、建康养生、发布广告信息等全方位的需求提供了极大方便。

二　互联网对蒙古国社会的负面影响

目前蒙古国没有限制网络政策，用户可以自由浏览国内外网络信息。使

用的网络只限制网速，不限制流量。如果家里已连接网络，任何时间都可以在线使用。虽然网民充分享受自由，但也存在很多负面问题。如网络成瘾、心理扭曲、社交网络犯罪、色情、贩毒、贩卖人口、诈骗、威胁他人、侵犯名誉、故意传播虚假信息、破坏家庭关系、在学校遭受群体排斥以及歧视、被人亵渎最终导致自杀、非法交易等网络社会的负面现象越来越常见，并有逐渐扩大的趋势。

目前与 2017 年相比，蒙古国受到电子信息骚扰的儿童同比增加了 3 倍。

国际上互联网用户增长速度相对稳定，即为每月增长率为 20% ~ 25%。数据显示蒙古国的用户增长率为每个月翻两倍。

乌兰巴托市和各省城镇地区有很多网吧，没有年龄和时间限制，孩子们可以随便玩儿，导致上网时间过长。有些青少年玩电子游戏成瘾，对他们的健康产生负面影响，不仅影响视力，还会造成各种精神疾病，是引起全社会关注的严重问题。

2004 年前后，蒙古国因电脑游戏成瘾而住进精神医院接受治疗的儿童每年有一、两个，如今网络成瘾的儿童增加了 40 倍。

在适当、合理使用互联网问题上，网吧经营者和警察局、精神健康医院、司法部、教育文化部、首都政府、地方政府、学校、社会工作者应配合参与开展活动，宣传过度使用互联网的危害。

针对社交网络上发布教唆他人犯罪和色情广告等非法内容泛滥的现象，现在已经开设 cybersafety. mn 网站，告知网上内容哪些允许和哪些不允许等用户必须了解的信息。

蒙古国是国际电信组织正式成员，该组织针对成员国家提出"网络环境中保护儿童权益强化举措"倡议。根据该项倡议，相关部门尤其是儿童保护国家机关、媒体、保护妇女、儿童和家庭等很多非政府组织积极配合开展工作。非正常使用网络问题不仅是蒙古国，而且是全世界面临的问题。因而，在防范网络犯罪工作上与其他国家合作，并采用他们的经验才能达到效果。解决这个问题，良好的家庭环境和气氛会起到关键作用。

电信委员会进行的调查显示，51% 的儿童是在家里玩电脑游戏，换句话说，他们在互联网上多人一起玩，常常忘了时间。精神依赖的孩子出现旷课、撒谎、偷东西等性格改变。所以，给他们更多关注和照顾的人应该是家长和家庭成员。广泛使用网络以来，孩子们花更多时间上网，而不是与父母和朋友一起度过。父母都是以工作忙为理由，缺乏责任心，对孩子们上网玩游戏没有时间限制，成瘾、精神疾病、孤单、被人网络威胁，甚至犯罪、自杀等悲剧时有发生。

最近调查报告显示，小孩子们在家沉迷于电视或网络的时间越来越长。科学家研究证明，电脑游戏和网络成瘾的孩子们大脑发生的变化与依赖精神药物的人或吸毒者大脑发生的变化相同。

近年来网络犯罪的数量急剧增加。虽然大部分人合理使用网络带来的科技进步和创新，但有些人利用网络羞辱他人、轻易赚钱、唯利是图、诈骗、贩卖人口、非法交易、色情、引诱青少年卖淫、性骚扰等犯罪现象逐年增加。原因之一就是网络环境无界，难以实现全部控制。

蒙古国没有受到大规模的网络攻击，但黑客攻击大公司网站，获取公司账户相关信息并进行诈骗的案件在警察局陆续备案。也有个人受网络侵害的案件。

大多数案件会发生在现代年轻人日常使用的社交平台中。在少女、妇女社交网站上发布私人照片，以让她们拍电影、拍广告为借口拍摄各种各样的不雅图片或视频，之后威胁她们。她们不同意要求的话，威胁把那些照片发布社交网站，索要钱财或性骚扰。还有的收到国外发来的邮件，内容有"恭喜你！你中奖100万美元，你要先汇给我们几千美元到我们账户"，诈骗了不少人的钱。针对类似网络犯罪刑事案件，蒙古需要健全法律法规。难以彻底解决网络上发生的卖淫、贩卖毒品、非法交易、威胁他人、黑客攻击账户取钱、欺诈等犯罪行为，缺乏法律、技术、专业人员，也是原因之一。

蒙古国刑法第25条规定了"计算机信息系统安全犯罪"条款，但调整技术迅速发展与网络空间的法律关系还是有缺陷的。

近年来，网络犯罪的数量急剧增加。截至2017年，互联网上发生了299起犯罪行为。2018年上半年已有279起犯罪备案，其中94%为诈骗、

2.5%为直销模式诈骗、0.7%为侵害个人隐私、1.4%为色情犯罪。

防范犯罪，协调组织配合警察总局，为防范网络犯罪发出"你的孩子正在被陌生人教唆"的警告，开展了一个月的"解除不正常好友关系"的宣传活动。其间组织开展了预防网络犯罪的宣传、建议等多种活动。比如：发起"从今天起 UNFRIEND"，建议从朋友圈删除没有实名和照片的Facebook 好友。2018 年 9 月 5 日以防范网络犯罪为目的，在首都政府各个机关单位组织 UNFRIEND 活动，印刷 11000 份宣传材料，放置于各类学校、幼儿园、公寓小区电梯、宣传栏、汽车和公交上，为居民提供相关信息。

发现 18 岁以上成人使用的社交网站上、公众号和其他不当内容，举报、删除并公示，将这类社交群列入黑名单。

引诱青少年自杀的"蓝鲸游戏"起源于俄罗斯，蔓延互联网，已进入蒙古国网络。该游戏利用青少年不成熟的软弱心理，引诱自杀。如不能完成自杀的任务，则威胁杀害他们家人。玩这个游戏，可能对青少年身心造成严重伤害。警察局确认公布，侦察发现蒙古国已出现蒙语名为"Цэнхэр халим（蓝鲸）"的几个 FaceBook 群，关注人数达到一定数量，已被警察局关闭，该案目前还在侦查当中。

三 解决网络环境缺陷和未来发展目标

蒙古国政府 2012 年 1 月 4 日作出建立"网页点评统一系统"的决定，信息网站联合会向蒙古国总统、总理提出抗议，认为此次决定违反宪法，限制了宪法赋予人民的言论自由和表达观点的权利，要求政府重新考虑并撤销该决定。此项政府决定未能实施。

蒙古国大呼拉尔（议会）于 2017 年 5 月 11 日通过《违法行为处罚法》，自当年 7 月 1 日开始施行。根据《违法行为处罚法》规定处罚个人和单位，这将会导致记着和媒体机构承担双重责任的风险。记者们因害怕被处罚而不敢报道真实情况，当局通过监管控制媒体，有可能发生个人权益受到侵犯的风险。环球国际中心发表了反对意见。尽管相关机关单位反复发表了新闻自由和真实客观的反映意见，但并没有采取任何有效的行动。

目前已采用信息和通信技术，所有政府公共服务均以电子、一站式窗口的形式提供。发展电子政务将使公民能够以简便的方式接受公共服务，没有空间和时间障碍。改善政府公共服务质量，从而提高透明度，减少贿赂和官僚主义。政府机关、各党派和公司的资金来源和账户收支信息要公开透明。政府应为私营企业、个人创造良好的法律环境，在实施相关的法律规定方面做出努力。

在世界新闻自由日，蒙古记协、网站联盟等组织通过的《乌兰巴托电子宣言》倡议保护民主社会最高价值的新闻自由，保证言论自由权、尊重互联网使用者了解真相的权益，实现版权和知识产权保护，保证遵守公德、公平、负责任的原则，大力发展新时代网络新闻。

新闻网站内容大部分是政治争吵，信息相互复制，导致违反知识产权。这需要法律进行调整。现在出现写点评赚报酬的岗位，失真新闻、破坏单位信誉、诋毁他人名誉等比比皆是，对社会产生负面影响。

为解决以上问题，政府通过技术改造保护网络，培养防止网络攻击的专业人才，完善法律环境，结合社会需求和新情况，更新和调整有关机构。保护儿童免受网络的负面影响，加强父母、家庭和学校保护青少年的意识，防止过度使用互联网。

采用技术更新和适当收费的手段进行合理控制，减少过度使用互联网的现象。

解决以上互联网应用方面的各种问题，需要由政府、警察机关、司法部门、私营公司、互联网服务提供商、移动通信公司、高等院校、老师、家庭等全社会共同参与和监管，才能达到预期的目的。

国家的法律、政策是发展互联网的关键所在，蒙古国议会出台了多项法律，政府做了大量工作。

2011 年国家大呼拉尔（议会）第 61 号决议通过了《电子签名法》和《实施电子签名法的若干措施》，这是创造电子政务法律环境的第一步。

政府 2012 年第 101 号决议制定了电子政务国家方案，认为信息与通信的发展进步是蒙古国发展的加速器。该方案确定了信息和通信技术（ICT）中期发展政策以及应采取的措施，旨在确保国家机关的透明度和开放性，加强公民参与制定公共政策，促进提供电子政务服务。该方案反映了蒙古国大呼拉尔（议会）2008 年立法通过的《蒙古国国家综合发展战略》，政府制定的《电子蒙古国家方案》《蒙古国建立注册信息机制方案》《保障信息安全国家计划》《建立高速宽带国家计划》等政策文件的精神，其实施办法和监管措施基于世界银行的建议。该方案研究参考了美国、德国、韩国、马来西亚、新西兰、日本和印度在电子政务项目开发过程中的成功经验。

蒙古国制定了《信息与通信技术领域发展政策（2025）》，目的是通过发展信息和通信技术，发展高科技和出口导向型民族工业，以促进人的发展和提高竞争力来加速蒙古国的发展。

《信息与通信技术领域发展政策（2025）》的目标是通过建立和完善信息与通信行业的法律制度和组织结构，为行业发展创造有利环境，主要有以下 8 项内容。

1. 信息和通信领域法制环境

通过完善信息和通信行业法规制度，建立合理的结构和管理组织，为行业发展创造有利环境。

2. 信息与通信网络和基础设施

国家支持建立基本的信息和通信网络基础设施，以满足国家、企业和公民对公共信息和通信服务日益增长的需求。

3. 信息和通信服务

基于先进的信息与通信技术，增加互联网服务类型、可访问性和服务质量。

4. 信息和通信的创新与发展

加强信息与通信研究，建立科技园区，发展蒙古的创新与研发体系。

5. 信息和共同服务

通过信息与通信技术产品开发，国家支持数字和软件产品生产，在信息与通信技术的管理上引入创新机制，提高在国际市场上的竞争力。

6. 信息与通信市场和投资

国家对民营企业为引进、安装高质量、高效益的设备，建立生产终端产品的实验性工厂给予投资支持。

7. 信息安全

保护国家利益，对国家、个人、单位信息的完整性、准确性和可用性予以保护，保障信息安全。

8. 发展信息通信与电子政务

发展基于信息与通信技术进步基础之上的电子政务，促进公共部门创新，提高政府机关的工作效率，增加政绩，促进民主开放，避免官僚主义，进行透明和负责任的治理。

2018 年 4 月 11 日，蒙古国大呼拉尔审议通过了关于成立电子政策临时委员会的议案。

经过 25 年的努力，蒙古国互联网从起步到发展，已经有了较好的基础，相信今后会有更新、更快的发展。

附件1：

表 1　蒙古国互联网用户和计算机数量统计（2011～2018 年）

单位：千人，千人/平方公里

统计数据	2011 年	2012 年	2013 年	2014 年	2015 年	2016 年	2017 年	2018 年
经常使用互联网的用户（千人）	4576	6956	7622	18627	24300	28727	35879	42954
固定设备用户（千人）				1857	208	2261	2851	3062
3G 用户（千人）				1677	2222	24303	26257	25159
LTE 网络用户（千人）						2164	67713	14734
互联网服务机构（家）	85	67	55	59	66	60	75	72
网吧（家）	180	158	205	318	271	378	452	497
计算机数量（千台）	4219	47818	5055	5254	5810	5965	6177	6394
每千人拥有的计算机（台）	157	175	181	182	196	197	199	202

B.17
蒙古国文化艺术的当代发展

〔蒙古〕巴·孟根琪琪格*

摘　要： 文化是社会或某个社会全体特有的精神、物质、智力与情感
方面的不同特点之总和，除了艺术和文学之外，还包括生活
方式、共同生活的方法、价值观体系、传统和信仰。目前，
文化艺术领域已成为蒙古国经济发展的重要组成部分。其中
影视、长调、呼麦、图画雕像艺术发展迅速。从这些作品中
可以看出游牧蒙古人的古代历史、文化、民族风情、生活、
居住情况以及广阔的草原、戈壁和平原自然风貌的作品及自
由派当代艺术作品。

关键词： 文化政策　艺术政策　知识产权　文化艺术产业发展

如果我们将人类的历史发展本质看成一种文化发展的过程，那从人类诞
生形成时期开始便形成了文化，并与之演进发展了文化。文化可以被视为创
造包含人类思想和劳动的物质和精神价值，结合人类生活的本质意义的创造
行为的表现形式。另一方面，文化目前被广泛和多样化地视为以文化的形式
覆盖整个人类社会各行业，作为个人的知识、技能、经验、生活方式、沟通
趋向、人类价值和言论自由的表现形式。从这个意义上讲，现在人类毫无文
化融入的活动几乎消失了，公共文化、城市文化、单位文化、个人文化、交
流文化、生活文化、消费文化和服务文化等概念已经司空见惯，并被广泛应

---

* 〔蒙古〕巴·孟根琪琪格，乌兰巴托大学教授，博士。

用着。因此，联合国教科文组织在 2001 年出台的文化的定义中阐述："文化是社会或某个社会全体特有的精神、物质、智力与情感方面的不同特点之总和，除了艺术和文学之外，还包括生活方式、共同生活的方法、价值观体系、传统和信仰。"

一 国家文化政策

1. 文化政策法规

蒙古国已经修订批准了《文化法》（第 7 条，第 24 款），自 1996 年 6 月 15 日开始执行至今对于内容章节已经修改了 44 次。该法律的宗旨在于确定蒙古国文化活动建立法律基础，文化参与者的权利和义务，文化管理制度，文化工作者的社会福利保障，文化组织的财产和资金，融资原则和方法，协调该活动参与者之间发生的关系规范（《文化法》，第 1 条）。

蒙古国根据"国家文化政策"文件以及其他立法法案实施所有文化活动，并审查将采取的步骤，一直以来按此精神制定业务计划政策。自 1990 年以来，蒙古国已经从中央计划经济转向市场经济，按社会需要改变国家社会文化政策和方式。在这项改革的框架内，蒙古国分别与联合国教科文组织《保护世界遗产和自然遗产公约》（1990 年）①、《关于采取措施禁止并防止文化财产非法进出口和所有权非法转让公约》（1991 年）②、《保护非物质文化遗产公约》（2005 年）③、《保护和促进文化表现形式多样性公约》（2007 年）④ 等国际公约接轨，并将本行业关系在国际范围内协调，创建了与其他国家合作和履行国际条约规定的义务的法律基础。此外，作为蒙古国的长期发展政策文件的《蒙古国的外交政策》⑤、《蒙古国国家安

---

① 联合国教科文组织大会第 17 届会议 1972 年 11 月 16 日通过。
② 联合国教科文组织大会第 16 届会议 1970 年 11 月 14 日通过。
③ 联合国教科文组织大会第 32 届会议 2003 年 10 月 17 日通过。
④ 联合国教科文组织大会第 33 届会议 2005. 10. 20 通过。
⑤ 指出"……发展民族文明与独特遗产相结合，共同成就世界文化，保护和恢复历史文化遗产……"（蒙古国大呼拉尔 2011 年第 10 号决议核准）。

全政策》①、《蒙古国基于千年发展目标的综合国家发展战略》② 中阐述了提高艺术和文化的竞争力，并根据蒙古国的特点和优势发展创新的生产文化。基于这一发展理念，在行业范围内先后以协调文化遗产的开发、发扬、研究、拥有以及与其发生的权益保护关系方面的《文化法》（1996 年）、《文化遗产保护法》（2014 年）和《图书馆法》（2014 年）等法律及《国家文化政策》（2012 年）的政策文件中规定了文化政策主要方向和原则等。

2. 艺术政策及知识产权法规

在保存、保护和继承数百年的民族文化遗产方面先后发布了《蒙古文Ⅱ》（2008～2015）、《保护和恢复历史和文化古迹》（2008～2015 年）、《推广民间艺术》（1999～2006）③、《古典艺术Ⅱ》（2001～2008）、《马头琴，长调》（2005～2014）、《国家文化遗产信息列入数据系统保护》（2005～2008）、《蒙古国呼麦》（2007～2014）等民族纲领，并已分阶段实施。

虽然蒙古国的历史、文化和知识能力都很丰富，但《知识产权法》于1992 年首次得到宪法的承认，并宣布"知识产权是创造者的财产，其创造以及作为基本人权和自由之一的利益"。在颁发执行《广告法》（2002年）、《著作权及其版权保护》（2006 年）、《专利法》（2006 年）、《商标和地理标志法》（2010 年）等法律的同时与国际条约和公约的接轨，为文学、艺术和科学创作者享受著作权，从创作产品中收益等提供法律可能性起到了推动作用。

二　文化艺术产业发展

目前，文化艺术已成为蒙古国经济发展的重要组成部分。这个领域超

---

① 指出"保存和保护，发展国家历史、语言、文化，遗产和传统是蒙古国国家生存的基础和重要免疫"。（蒙古国大呼拉尔 2010 年第 48 号决议核准）。

② "通过巩固发展，保持和保护蒙古国文明的进步成就，遗产的传承，变革正确的关系的方式，加强民族文化在世界文化遗产中所占的位置，文化艺术作品进入经济循环，保护知识产权的政策。"（蒙古国大呼拉尔 2008 年第 12 号决议核准）。

③ 蒙古国政府 1999 年第 68 号决议通过。

过 830 个组织运营和雇用超过 6800 人，2014 年占 GDP 的 0.4%。艺术和文化行业在国内生产总值中的份额大大高于 2007 年的比重（1.6 倍），虽与采矿业（17.6%）、建筑业（16.4%）、农业（14%）等相比指标保守（小于 13.26～17.16 点），但与供水（0.4%）和其他社会服务行业（0.9%）相近。①

1. 电影制作

第一部蒙古国电影制作《蒙古男孩》拍摄于 1936 年，并获得人民群众的喜爱，随后于 1942 年拍摄了第一部长篇电影《苏赫巴托尔》，于 1945 年拍摄的两集电影《朝格特泰吉》开创了蒙古国电影艺术的新时代的开始。② 蒙古国的电影艺术历史方面，由导演吉格吉德苏荣于 2005 年与其他作者共同编写了《蒙古国电影百科全书》。该百科全书包含 292 部故事片的简介、资料、图册等，并有 947 位艺术家和演员的简历、照片和电影插图等。

蒙古国电影艺术在最近的国际电影节上一直争夺各种奖项，并开始在国际市场上竞争。其中一个例子是欧洲，以及世界知名的瑞士弗莱堡国际电影节，自 1980 年以来一直举办，世界各地超过 40000 名电影制作人，多位熟知的政治家、商人和艺术家参加而成为它的特点，第 32 届国际电影节中的"新地界"节目环节中蒙古国被选为最有亮点的国家。这届电影节吸引了来自 52 个国家的 140 部电影，包括犬之地（1998 年）、母驼之泪（2003 年）、贪婪（2010 年）、十户长官（2012 年）、蒙古斑的人们（2012 年）、遥控（2013 年）、银合马驹（2013 年）、拉日德玛（2015 年）、妈妈（2016 年）和离开天堂（2017 年）等蒙古国电影。③ 此外，还有与内蒙古艺术家共同拍摄的《十户长官》故事片（2011 年），蒙古国演员出演的中国电影《狼图腾》（2015 年）、法国《马可波罗一世，二世》（2015 年），蒙古国电影制片人制作的《阿努皇后》以《勇士公主》的译名出版的 DVD 从 2014 年 9

---

① 资料来源：《蒙古国统计汇编》（2009、2010、2011、2012、2013、2014）。
② 对蒙古电影历史来说是最重要的研究工具之一。
③ http：//www.mfa.gov.mn/？p=44508。

月 9 日开始在美国亚马逊和 Wallmart 网络销售，这些都表明蒙古国的电影制作已经开始走向国际市场。

蒙古国国内每年评选优秀的国内影视作品，类似于奥斯卡颁奖典礼的"蒙古国颁奖典礼"活动每年都举行，并已有 15 种左右的奖项。蒙古国政府尤其是教育、科学和文化部提议，与蒙古国艺术委员会、法国大使馆和蒙古国电影艺术委员会共同发起增进电影艺术领域国际合作，近几年一直致力于蒙古电影艺术领域发展，将世界重大电影节获奖艺术电影作品向蒙古国观众传播。作为 2018 年文化活动的起点，蒙古 – 法国中心或 Alleyan Francesz 将蒙古国的优秀作品以向世界观众宣传为目的，正式输送到法国威苏市。在法国驻蒙古国大使馆的支持下成功参加了亚洲国际电影节。在索菲亚市组织的第六届斯拉夫童话国际影视节致力于发展与世界人民文化关系。第六届"斯拉夫童话"（Славянски приказки）国际电影电视节在保加利亚首都索非亚举行，举办该电影电视节的宗旨是为了扩大斯拉夫人的国际文化交流关系、宣扬斯拉夫人民的历史与文化、将斯拉夫影视作品推向国际化舞台发展等。共有近 20 个国家的导演创作的 120 多部纪录片及优秀影视作品参加了本次电影电视节的评选活动，最终由保加利亚导演安吉尔·博奇夫（Ангел Бончев）导演的《救世主医生》（Аврагч эмч）纪录片，被评为了一等奖。蒙古国导演 Б. 巴雅尔（Баяр）导演的《温泉悬崖》（Рашаан хад）纪录片，被授予了"金月季"（Алтан сарнай）特别奖。① 由中国香港艺术中心主办的"IFVA"（中国香港独立短片、视频比赛）中，蒙古国纪录片获奖。在"新亚洲力量"大奖中来自亚洲 500 多个制片人作品参赛，其中来自蒙古国的《雪灾》和《严寒的交响乐》等纪录片获评委的特别奖。2006 年，蒙古国与国际艺术家合作制作的电影《哈达》故事片在国际电影节上获得了 60 多个奖项，2018 年的电影《母亲》在法国"One Country One Film Festival"影展中荣获大奖，在乌兰巴托市国际电影节上获"最佳故事片"和"金杯奖"。此外，乌兰巴托市国际电影节为蒙古国电影艺术登上世界舞台做出了

---

① http://unuudur.mn/article/108627.

特别贡献，还向外国艺术家颁发了最先进的奖项，并于 2018 年为彼得本森授予了国家的最高奖"北极星"奖。他于 1993 年创作了《草原城市》纪录片，1998 年创作了《犬之地》纪录片，1999 年创作了《蒙古歌曲》纪录片被称作"新时代历史三部曲"或"蒙古三部曲"，是与蒙古国导演、作家共同创造的作品，上述三部曲在与全球 170 多部电影的角逐中赢得了 30 多个奖项。

2018 年 10 月，来自 100 多个国家的 1582 件作品参加了第 49 届奥斯卡"学生学院奖"国际大赛，来自蒙古国导演毕拉格玛日特的《游牧家庭医生》纪录片获得最佳奥斯卡奖。

2. 长调

《蒙古语大词典》中写道，音乐是以声音来表达人的内心情感感情，理想的艺术。

长歌是一首传统的蒙古艺术歌曲。字少腔长，其节奏舒缓自由，需要拥有宽广的音域，还要灵活掌握长调民歌的共鸣、节奏等演唱特点而得名，一个 4 分钟长的声音，仅有 10 个字。哲学、宗教、浪漫和节日等各种主题往往与马头琴、小提琴配合，有时配有长笛。① 蒙古族民歌长度分为短歌、声乐和节奏，西部人通常唱短歌。射箭欢呼声、摔跤欢呼声、快马比赛喝彩声都属于长调的乐段。根据研究人员的说法，有超过 6000 首长调歌曲，大约有 60 首长调歌曲在活跃地被传唱。长调的生命本质是呼吸方法或呼吸艺术，波折音、节拍、高调等非常长的呼吸和响亮的喉音演唱。其并于 2005 年被联合国教科文组织列为第三批"人类口头和非物质遗产代表作"。② 1994 年创作的 Age of Lonelines 歌中把长调"陶森之头"以新时代和世界音乐的流行方式汇编，是将蒙古民族音乐文化的世界认知的首批成功举措之一。同时，将蒙古族传统音乐在国际上宣传的民间音乐也迎来了新时代，成立了 Egshiglen、Burte 和 Khukh Mongol 等乐队，他们在西欧生活，并开始了创作

---

① https：//mn. wikipedia. org/wiki/.

② http：//www. touristinfocenter. mn/cate16_ more. aspx？ ItemID = 11.

之路。此后，先后涌现出如"阿尔泰峰""Altai Khangai""Altan Urag""传奇""Khusugten""Arga bilg""苍天旋律""JONON""大蒙古""阿拉泰"等乐队，并参加了国际音乐节，以促进民族艺术的宣传。它们通常是 World music festival 或世界音乐节的各种宣传活动。

3. 呼麦

呼麦艺术被认为是蒙古国西部，即今天的科布多和戈壁阿拉泰省范围内起源的。蒙古国是世界上呼麦艺术最发达的国家，这种最广泛运用的呼麦艺术的运用可分为唇部、上颚、鼻腔、咽喉、喉咙、胸部、腹部、哨音和双声呼麦等部分。呼麦是一种喉音演唱的方法，呼麦具有不使用乐器，而能发出一种独特的声音的特点。① 在国外工作的蒙古国艺术家与伊朗音乐家合作的 Sedaa 乐队，保加利亚 – 法国音乐节合作的蒙古国音乐家呼麦歌手 D. Enkhjargal 的"Violons Barbares"乐队，意大利歌手与蒙古国呼麦歌手合作的"Nomadic voices-Sardinia&Mongolia"，法国"Meikhaneh"，澳大利亚 Equus 和 Horse&Wood 乐队是国际知名的乐队，他们在世界各国进行巡演。他们的艺术作品不仅是蒙古族的民族音乐，而且是 2 ~ 3 种不同民族的独特组合，包括布鲁斯、嘻哈、electronic、ambient、world beat new age 等多种流行方向的自由创作。民间音乐、佛教和巫师的音乐的旋律和发音等，由 ALTAN URAG、传奇乐队的摇滚、ARGA BILEG 乐队的爵士乐，JONON 乐队的流行音乐，孛儿帖、KHUSUGTEN、Ikh Mongol 乐队的民谣和 Altai 乐队的峰值电子音乐等各种风格的乐队在创作着各自的作品。

在蒙古国对外宣传计划框架内，2018 年 2 月举办了"蒙古国对外宣传 – 现代艺术"主题的论坛。在这次论坛的框架内、蒙古国对外宣传方面以游牧人民的生活文化紧密关系的民族艺术、风俗、有关语言和文化主题的电影、音乐、文学和绘画为主。1921 年人民革命后，蒙古国人民党非常重视艺术和文学的发展，旨在促进国家利益，发展民族化的艺术和文化，以追求世界级艺术遗产的创造性学习为宗旨，开启了蒙古国当代艺术史的新篇

---

① https：//mn. wikipedia. org/wiki/.

章，而今天正在大力发展更多的现代主义、后期、元现代主义、装置艺术、大地艺术、行为艺术、现代舞等。

4. 其他艺术发展

此外，蒙古国是一个富有音乐和传统的富裕国家，尤其是音乐，如古筝、马头琴和长笛等音乐在世界上早有盛名，游牧生活中以民族形式经历了数百年得以保存下来的蒙古民歌、乐器、童话故事、祝福颂词等在 20 世纪初或博格达汗蒙古国时期丰富了西方乐器，在 20 世纪 30 年代和 50 年代，它演变为表演艺术的专业舞台，今天有许多现场音乐和民间艺术团体，国际大奖作曲家 J. Amartuvshin 和 G. Ariunbaatar 等许多才华横溢的年轻艺术家诞生了。

现场乐队和歌手在世界上都很有名，"WOMEX"和"WOMAD"音乐节正在推动宣传蒙古国音乐文化，蒙古国的乐队"Egshiglen"、"字儿帖"、图瓦的"khuun khuur tu"乐队、朋克摇滚"Yatga"乐队、中华人民共和国内蒙古自治区朋克摇滚 – Khangai 乐队、金属摇滚 – 九宝乐队、摇滚乐队 – Tulegur gangzi 等艺术家不断进行国际演出，早已名声在外。①

蒙古国艺术画廊以向公众介绍现代蒙古艺术品为目的，是由文化艺术发展委员主席 1991 年 7 月 23 日第 187 号命令建立的。从美术博物馆独立开始运营。画廊的金色宝藏是当代艺术界最好的，存放着包括蒙古绘画、雕塑、民间工艺和刺绣等蒙古国当代艺术的优秀作品。从这些作品中可以看出游牧蒙古人的古代历史、文化、民族风情、生活、居住情况以及广阔的草原、戈壁和平原自然风貌的作品及自由派当代艺术作品。② 此外，自 20 世纪 50 年代以来，国家宫内的图画、艺术品和雕像得到了扩展，现在有 100 多种不同的珍品，有民间画家高布苏荣的"成吉思汗"画作，普日布巴特的"圣主成吉思汗"的佛化的画像，雕塑家吉莫林的"成吉思汗"的花岗岩肖像，乌力吉呼塔格的"将军苏赫巴托"的雕塑，图日陶克特的"成吉思汗"木雕，石头马赛克的"大汗雕像"，包勒德的"苏泰山"，布德巴扎尔的"克

---

① http：//montsame. mn/mn/read/79837.

② http：//www. mongoliax. mn/post/Mongolian – Art – Gallery.

鲁伦河"，拉布嘎苏荣的"大汗王朝七宝"18 米长蒙古画，额尔德尼毕力格
的"阿努皇后""天鞭"，策布格扎布的"挤马奶"，高布苏荣、巴特道尔
基和包勒德共同创作的"我们的国家"地毯，这些是蒙古国艺术中的精品，
随着时代变迁其价格在上涨，受到了国家重点保护。①

---

① http：//www. parliament. mn/n/jbey.

外交篇

Diplomacy Reports

B.18
2017~2018年蒙古国的外交活动与
政策分析预测

杜世伟*

摘　要：　新当选的蒙古国总统和总理上任以来蒙古国外交活动和外
　　　　　交政策一如既往坚持《蒙古国国家安全构想》。这一年来
　　　　　与相关国家和国际组织签署的具体协议清晰地看到蒙古国
　　　　　对外关系活动的发展态势。截至2018年7月，蒙古国与
　　　　　190个国家和多个国际组织建立了正式外交关系。从2017
　　　　　年7月至2018年7月，蒙古国对外关系中涉及能源、基础
　　　　　设施、过境运输、采矿、重工、农业等经济领域、人文、
　　　　　教育、文化、科学、卫生、环保、应急管理、打击恐怖主
　　　　　义和毒品贩运等方面的合作。可以清楚地看到蒙古国在国

* 杜世伟，中国社会科学院蒙古学研究中心。

际政治、经济、商业贸易、社会人文、自然环境、军事安全等领域的实践行动中所展示出的外交政策、理念与取得的丰硕成果。

关键词： 蒙古国　外交活动　外交政策

2017年7月20日蒙古国新任总统哈·巴特图勒嘎宣誓就职。蒙古国新任总统在就职讲话中表示，今后将不断履行自己的竞选纲领，为保障蒙古国的法治、公平正义、团结和谐、稳定而尽职尽责。并且强调，蒙古国将与两大永久邻国——中国和俄罗斯全面发展和平友好关系。① 纵观一年多以来蒙古国对外关系发展过程与外事活动内容，正如蒙古国国家大呼拉尔议员兼对外关系部长丹·朝格特巴特尔于2018年5月28日接受蒙通社记者专访，就新一届政府组建以来的7个月时间内，在争取扩大蒙古国对外关系发展，提升国家国际地位的多项工作以及蒙古国政府在外交政策、外交关系上坚持哪些方针和目标的提问，蒙古国外长就蒙古国外交政策及其目标和方针给予答复中所说的：蒙古国外交政策的继承性就是蒙古国固有的价值理念之一，因此，蒙古国政府正致力于保持外交政策的连续性并成功而有效地实行着，同时蒙古国一贯坚持开展友好、创造性的合作关系。②

蒙古国至2018年7月为止已与190个国家和多个国际组织建立了正式外交关系，③ 以下首先按时间顺序梳理概述2017年7月至2018年7月蒙古国在对外关系中的一些重要外交外事活动，从这些重大与重要的外事活动所涉及的国家及地区和国际组织的交往中，可以清楚地看到蒙古国在国际政治

---

① 《蒙古国新任总统哈·巴特图勒嘎宣誓就职》，http：//montsame. mn/cn/read/1892。

② 丹·朝格特巴特尔：《外交政策的继承性是蒙古国有价值理念之一》，http：//montsame. mn/cn/read/2676。

③ 蒙古国外交部官方网站：ГАДААД ХАРИЛЦААНЫ ЯАМ http：//www. mfa. gov. mn/。

经济、商业贸易、社会人文、自然环境、军事安全等领域的实践行动中所展示出的外交政策理念与取得的丰硕成果。①

一　从2017年7月至2018年7月蒙古国在对外关系中的重要外交外事活动

1. 2017年第三季度蒙古国重要外事活动

序号	日期	来访、出访官员代表团	会见官员与活动	形式	国家、国际组织
1	7月17日至19日	日本众议院议长大岛理森为首的代表团访蒙	蒙古国国家大呼拉尔主席米·恩赫鲍勒德，蒙古国总统哈·巴特图拉嘎	正式（政治）	日本
2	7月19日	世界银行集团国际金融公司（IFC）常驻蒙古国代表阮宣（Tuyen Nguyen）	蒙古国政府办公厅主任扎·孟赫巴特	会谈（经济）	世行
3	7月23日至8月5日	"2017年可汗探索"国际联合军演，中国、蒙古国、美国等24个国家140名军人	蒙古国国防部长巴·巴特额尔登，蒙古国武装力量总参谋长达·达瓦，蒙古国总统办公厅主任赞·恩赫鲍勒德，中、美、日、捷克、英等国驻蒙使节参加	军演（军事）	24国
4	8月5日	蒙古国总统特使兼对外政策顾问拉·普苏荣为首的代表团访问伊朗	伊朗国会宫举行的伊朗新任总统哈桑·鲁哈尼宣誓就职仪式，来自130多个国家、国际组织的代表其中包括30个国家总统、国会主席等出席	正式（政治）	伊朗
5	8月17日	中国外交部部长助理孔铉佑访蒙	中蒙两国外交部间第三届战略对话在乌兰巴托市举行。蒙古国对外关系部国务秘书达·达瓦苏荣参与会谈	会谈（外交）	中国

---

① 本文所有蒙古国外事资料信息，除特别注明的，全是作者整理自蒙通社官方网站 http://montsame. mn/cn/c/政治，以及蒙古国外交部官方网站 ГАДААД ХАРИЛЦААНЫ ЯАМ http：//www.mfa. gov. mn/。

续表

序号	日期	来访、出访官员代表团	会见官员与活动	形式	国家、国际组织
6	8月23日至26日	蒙古国对外关系部长曾·孟赫奥日格勒访问以色列	会见以色列国总理本雅明·内塔尼亚,会见以色列农业与农村发展部部长乌里·阿里埃勒,就加强农业合作等问题进行交谈	正式(外交农业)	以色列
7	8月29日至31日	蒙古国总统哈·巴特图勒嘎以蒙古国柔道联盟主席的身份抵达布达佩斯参加世界柔道锦标赛开幕式	蒙古国总统哈·巴特图勒嘎首次非正式会见俄罗斯总统普京。此次会晤是蒙古国总统哈·巴特图拉嘎首次与国外首脑进行的会谈。与匈牙利总理欧尔班·维克托等观看本届柔道锦标赛开幕式	非正式(体育)	匈牙利俄罗斯
8	9月4日至7日	蒙古国总统哈·巴特图勒嘎首次出访俄罗斯,交通运输与发展部长达·冈巴特、总统办公厅主任赞·恩赫鲍勒德、对外关系部副部长巴·巴特琪琪格等随行	出席在俄罗斯符拉迪沃斯托克举行的"第三届东方经济论坛"。其间,蒙古国总统哈·巴特图勒嘎会见韩国总统文在寅,韩国总统和蒙古国总统互相祝贺当选国家元首。交通运输与发展部长达·冈巴特与"俄罗斯石油"公司共同签署供应燃油合作备忘录	会谈(经济)	俄罗斯韩国
9	9月6日	不丹外交部长多尔吉对蒙古国进行正式访问	与蒙古国对外关系部长曾·孟赫奥日格勒进行正式会晤	正式(外交)	不丹
10	9月13日	美国国会负责东亚太平洋事务的国务卿首席助理L.斯通(L.Stone)和日本外务省亚太局局长金杉宪治访蒙	第三届蒙古国、美国和日本三国外交部间三方会晤在乌兰巴托市举行。蒙古国对外关系部国务秘书德·达瓦苏荣出席	会谈(外交)	美国日本
11	9月14日	联合国自然环境规划署执行主任埃里克·索尔海穆及蒙古国常驻代理 B. 坦克曼(B. Trankman)等对蒙古国进行正式访问	蒙古国总统哈·巴特图勒嘎在会见中表示,蒙古国在欧亚地区国家当中是易受沙漠化的国家之一。埃里克·索尔海穆称,在使沙漠化治理工作进入经济流动方面介绍借鉴中国和印度尼西亚所实施的经验	正式(环保)	联合国

序号	日期	来访、出访官员代表团	会见官员与活动	形式	国家、国际组织
12	9月19日至24日	蒙古国外长代理曾·孟赫奥日格勒出席在纽约举行的第72届联合国大会一般性辩论	21日出席亚信成员国外长非正式会晤。中国外交部长王毅和倡议国外长阿布德拉赫曼诺夫主持亚信成员国外长非正式会晤，来自20多个国家的外长或外长代表出席	会谈（安全合作）	联合国亚信成员国
13	9月28日	亚洲开发银行驻蒙代理冯幽兰女士	会见蒙古国总统哈·巴特图勒嘎，计划将实施支持地方发展、促进中小型企业发展、发展农牧业加工、增加公民收入、改革教育和卫生相关项目工作	会见（经济）	亚发行

2. 2017年第四季度蒙古国重要外事活动

序号	日期	来访、出访官员代表团	会见官员与活动	形式	国家、国际组织
14	10月4日	乌·呼日勒苏赫被任命为蒙古国第30任总理	国家大呼拉尔4日召开的会议上，以47名议员的100%支持率任命乌·呼日勒苏赫为蒙古国总理，其表示对新组建的政府结构不进行任何变动。在接任蒙古国总理职位之后，蒙古国总统哈·巴特图勒嘎接见了他	国务接见	蒙古国
15	10月5日	国际货币基金组织常驻蒙古国代表尼尔·萨克尔（Neil Saker）先生会见蒙古国总理乌·呼日勒苏赫	乌·呼日勒苏赫总理指出，当前经济开始恢复起来，经济增长有所加快，通货膨胀也下降至一位数字，认为国际货币基金组织计划对此做出了明显的贡献。新组建的政府将会持续前一届政府所采取的措施，其中包括与国际货币组织共同实施的计划	会见（经济）	国际货币基金组织

序号	日期	来访、出访官员代表团	会见官员与活动	形式	国家、国际组织
16	10 月 12 日	蒙古国向国际社会正式宣布关于在乌兰巴托设立内陆发展中国家国际研究中心的多边协定生效	2009 年联合国大会上曾通过关于在乌兰巴托建设国际研究中心的 A/RES/64/214 号决议，2009 年联合国秘书长对蒙古国进行正式访问时奠定该中心办公楼建筑基础	协议（科研）	联合国
17	10 月 18 日至 30 日	以杰夫·戈特利布为首的国际货币基金组织工作组到乌兰巴托进行视察	就"金融扩展计划"一期和二期评估问题同蒙古政府进行了谈判。蒙古国总理乌·呼日勒苏赫会见国际货币基金组织负责蒙古国工作组组长杰夫·戈特利布和该组织常驻蒙古国代表尼里·萨克尔	谈判（金融）	国际货币基金组织
18	11 月 1 日	欧盟各成员国驻蒙大使，欧盟驻蒙代理汉斯（Hans Deitmar Shzwaisgut）	会见蒙古国对外关系部长丹·朝格特巴特尔，并在关于设立欧盟驻蒙代表处及其特权的蒙古国政府、欧盟和欧洲原子能联营间协议上共同签字。指出欧盟是蒙古国第三大投资商和贸易伙伴。截至目前，欧盟 800 余家公司向蒙古国共投入 32 亿美元，占蒙古国外国直接投资的 13%	协议（外交经贸）	欧盟
19	11 月 6 日至 8 日	以中国司法部部长张军为首的代表团应蒙古国司法与内务部邀请访问蒙古国	蒙古国总理乌·呼日勒苏赫会见代表团指出，对蒙中两国间全面战略伙伴关系在各领域上稳定得到实施，其中两国司法领域关系达到全面伙伴水平也感到满意，并将特别关注收回蒙古国犯罪嫌疑人相关问题。两国司法部部长 6 日签署"蒙古国司法与内务部和中国司法部间 2017~2021 年合作计划"	正式（司法）	中国

序号	日期	来访、出访官员代表团	会见官员与活动	形式	国家、国际组织
20	12月3日至5日	蒙古国对外关系部长丹·朝格特巴特尔对中国进行正式访问	与中国外长王毅进行正式会谈,中蒙两国外长证实将长期稳定发展两国友好合作关系作为本国对外政策优先方向,双方将努力在各领域推动中蒙全面战略伙伴关系。近期组织中蒙人文交流理事会首届会议。在落实蒙古国"发展之路"纲要同中方"一带一路"倡议战略对接,充分利用合作新机遇、推动经贸合作关系发展等方面达成共识。双方同意,将推动中蒙俄三边合作关系发展	正式(外交)	中国
21	12月12日	蒙古国副总理乌·恩赫图布辛访问中国,为蒙古人民党第28次代表大会和中国共产党第19次代表大会以后两国政府高层官员间进行的首次会晤	出席在中国举行的第四届世界互联网大会,与王沪宁进行了双边会晤,指出作为经贸与科技合作蒙中政府间委员会和矿物资源能源基础设施合作蒙中政府间委会蒙方主任,对在两国全面战略伙伴合作关系框架内两国不断深化各领域合作关系表示满意。为提高明年举行的经贸科技合作委员会和矿产资源能源基础设施合作蒙中政府间例行会议效率,愿与中国相关机构开展合作	正式(科技经贸)	中国
22	12月19日	蒙古国国防部长尼·恩赫鲍勒德访问韩国,将执行国际社会涉朝制裁令	和韩国国防部长宋永武在韩国首尔共同确定在解决朝鲜核武器和火箭计划问题上开展合作。蒙韩两国国防部长已定将进一步扩展双边国防领域合作关系	正式(国防)	韩国

3. 2018年第一季度蒙古国重要外事活动

序号	日期	来访、出访官员 代表团	会见官员与活动	形式	国家、 国际组织
23	1月15日	蒙古国总理乌·呼日勒苏赫对韩国进行工作访问	拜会韩国总统文在寅,总统表示愿将与蒙古国建立的"全面伙伴关系"提升至"战略伙伴关系",并在政治、经济、贸易和投资领域上加强两国合作关系和民间交流,强调韩蒙两国都为东北亚地区繁荣发展而做出积极的努力。与韩方讨论了5亿美元优惠贷款等问题。总理与在韩国居住的蒙古公民进行会晤。目前4万多名蒙古国人在韩国居住或工作	工作访问	韩国
24	1月18日至20日	蒙古国国家大呼拉尔主席米·恩赫包勒德为首的蒙古国议会代表团出席在越南河内市举行的亚太议会论坛第26届年会	蒙古国议会代表团分别出席执行委会女性议员分会以"政治与安全""经济与贸易""地区发展之合作"等为题的分会议。米·恩赫包勒德在"地区发展之合作"分会议上发表讲话时表示,蒙古国于2016年2月通过蒙古国可持续发展理念,并成为首次明确全国性目标的国家之一,提出巩固民主体制、满足生态平衡性、消除各类贫困形式、转入中等收入国家行列目标	会议（地区发展）	亚太议会论坛
25	1月20日至23日	应越南国会主席阮氏金银之邀,对该国进行正式访问的国家大呼拉尔主席米·恩赫包勒德出席两国会议进行正式谈判,并签署蒙越两国议会间合作备忘录	访问期间,米·恩赫包勒德拜会越南总统阮富仲,并与总理阮春福和农业与农村发展部长高德发等进行会谈。米·恩赫包勒德强调,应当使越南军队参与"可汗探索"国际军事演习,尽快启动蒙古国法制与内部部长对越南的访问,以签署合作协议。还表示愿接受越南"Petro Vietnam"公司在蒙古国进行石油勘探建议。访问期间,蒙古国中央省与越南Hao Bin省签署合作备忘录	正式（农业军事石油）	越南

续表

序号	日期	来访、出访官员代表团	会见官员与活动	形式	国家、国际组织
26	1月23日至26日	以蒙古国对外关系部长丹·朝格特巴特尔率领的代表团出席在瑞士达沃斯举行的第48届世界经济论坛,代表团包括矿产与重工部长道·苏米亚巴扎尔以及该部门相关官员	年会主题为"在分化的世界中打造共同命运",包括70位国家元首或政府首脑、38位国际组织负责人在内的约3000名嘉宾参加此次年会,就全球经济、地缘政治、环境保护等展开讨论。丹·朝格特巴特尔出席"一带一路达沃斯论坛"共商"新型全球化与区域合作"会议,25日出席"在分化的世界中打造共同命运"讨论会	会议(经济)	瑞士达沃斯世界经济论坛
27	1月25日	落实蒙中两国首脑相互协定,蒙中人文交流共同委员会第一次会议在中国北京举行,中国外交部副部长孔铉佑和蒙古国对外关系部国务秘书达·达瓦苏伦共同主持会议	会议就2018年两国合作规划通过了《蒙中人文交流共同委员会第一次会议纪要》。中国外交部、教育部、文化部、卫生和计划生育委员会、国家新闻出版广电总局、国家体育总局、国家旅游局、国务院新闻办公室、中国人民对外友好协会、全国青年联合会、内蒙古自治区政府,蒙古国对外关系部、教育文化科学体育部、自然环境旅游部、劳动社会保障部、首都行政长官办公厅、体育局、蒙古国青年联盟、蒙古通讯社、蒙古国家公共广播电视台等部门派相关负责人出席会议	会议(人文)	中国
28	1月26日	根据蒙古国总理2017年5月30日第103号令设立的实施《建设蒙中俄经济走廊规划纲要》,蒙方工作组例行会议在对外关系部会议厅召开。会议由对外关系部副部长兼蒙方工作组组长巴·巴特琪琪格主持	对外关系部、交通运输发展部、能源部、国家发展局、海关总局、技术监督总局、标准度量衡管理局、开发银行和"额登斯蒙古"公司等机构代表出席,与会者就《建设蒙中俄经济走廊规划纲要》框架内建设铁路中央走廊和公路中央走廊时蒙方所坚持的立场和政策进行了协商。同时就明确修建能源系统方面三方可共同实施的项目、下届蒙中俄三边会议的具体工作交换意见,制订相关计划	会议(蒙中俄经济走廊)	蒙古国

续表

序号	日期	来访、出访官员代表团	会见官员与活动	形式	国家、国际组织
29	1月29日	蒙古国交通运输与发展部长扎·巴特额尔登对中国进行正式访问	中国交通运输部部长李小鹏接见蒙古国包括民航总局、乌兰巴托铁路、国家运输中心、蒙古铁路公司及海事主管部门等领导人代表团，就运输合作进行交谈	正式（交通）	中国
30	1月31日至2月1日	蒙古国交通运输与发展部长扎·巴特额尔登访问中国期间出席1月31日在北京召开的首届"亚太地区民航部长级会议"，会议是围绕亚太民航事务召开的规格最高、规模最大的国际会议	来自国际民航组织亚太地区32个成员国负责民航事务的部长和民航局局长、6个国际组织代表等近300人参加了会议，代表们就航空安全、空中航行服务、事故调查、人力资源开发等有关亚太民航发展的普遍性、关键性议题充分进行讨论，2017年经蒙古国领空的航班次达10万次、乘客人次首次超过120万人。蒙古国计划在2018年内投入使用新国际机场	会议（民航）	国际民航组织
31	2月2日	蒙古国总理乌·呼日勒苏赫会见俄罗斯铁路股份公司总裁奥列格·别洛泽罗夫	乌·呼日勒苏赫指出，相信近期能够制订并通过"至2030年乌兰巴托铁路发展计划"、启动首先要实施的项目。提议在"建设蒙中俄经济走廊规划纲要"范围内，将"北部"和"东部"走廊项目列入最先实行的项目清单	会见（铁路）	俄罗斯
32	2月3日至5日	蒙古国对外关系部长丹·朝格特巴特尔对朝鲜进行正式访问	访问期间，丹·朝格特巴特尔拜访朝鲜最高人民会议常任委员会委员长金永南，与朝鲜劳动党中央委员会副委员长兼外交官李洙墉进行了正式会晤，并与朝鲜外交部长李浩勇进行了会谈	正式（外交）	朝鲜

续表

序号	日期	来访、出访官员代表团	会见官员与活动	形式	国家、国际组织
33	2月21日至25日	蒙古国对外关系部长丹·朝格特巴特尔对日本进行正式访问,目的为进一步推动蒙古国"第三邻国"之日本战略伙伴关系,巩固双边政治合作关系、保障蒙日战略伙伴关系中期规划(2017～2021)及经济伙伴协定落实	与日本外相河野太郎进行正式会谈,就蒙日关系以及国际和地区共同关心的问题交换意见。同时,他还分别与日本国会蒙日友好组部分领导人员、经贸部长、卫生劳动与社会保障部长及日本国际协力机构、日本国际合作银行、日本工商会日本贸易振兴机构等领导人员进行会晤,更加深化与推动蒙日在政治、国防、经贸、文化与教育等各领域合作关系问题上达成共识	正式(外交)	日本
34	2月26日至28日	蒙古国副总理乌·恩赫图布辛为首的代表团访问俄罗斯,参加第21届蒙俄政府间委员会会议,和俄罗斯自然资源与生态部长谢尔盖·东斯科伊等分别主持会议,表示2016年在乌兰巴托举行的第20届蒙俄政府间委员会会议上所协商问题基本上已取得落实	蒙古国副总理乌·恩赫图布辛和俄罗斯自然资源与生态部长谢尔盖·东斯科伊共同通过了会议记录。蒙古国开发银行第一副行长查·恩赫巴特和俄罗斯国际投资银行副行长弗拉基米尔·尼古拉耶维在国际投资银行向蒙古国开发银行提供贷款协定上签字。蒙古国核能委员会秘书长嘎·曼莱扎布同俄罗斯原子能机构副主任斯巴斯基共同签署了关于蒙古国核能委员会和俄罗斯原子能机构间在蒙古国建立核科技中心互谅备忘录。双方决定,2019年下半年在乌兰把托举办第22届蒙俄政府间委员会会议	会议(经济核能)	俄罗斯
35	2月26日	俄罗斯总理德米特里·梅德韦杰夫在蒙俄政府间铁路运输货物条件新协定上签字	该协定目的在于双方以铁路运输货物,以打造出口至第三国家的便利条件。蒙古国出口商具备了向海外国家出口产品的条件	协定(铁路运输)	俄罗斯

序号	日期	来访、出访官员代表团	会见官员与活动	形式	国家、国际组织
36	3月9日至11日	蒙古国国家大呼拉尔主席米·恩赫包勒德应土耳其大国民议会议长伊斯马依尔·卡赫拉曼之邀对土耳其进行正式访问,单独进行会谈之后进行了正式谈判。蒙古国驻土耳其特命全权大使让·宝勒德,国家大呼拉尔议员兼国家大呼拉尔蒙土议会组组长塔·阿玉尔赛罕,劳动与社会保障部长索·青佐里格,议员达·钢包勒德,嘎·苏力唐,巴·普尔布道尔吉等官员出席	蒙古国国家大呼拉尔主席米·恩赫包勒德10日拜会土耳其总统雷杰普·塔伊普·埃尔多安。双方就两国各领域合作关系交谈,涉及激活双方经贸合作关系,尤其是更加促进农牧、旅游、轻工、城市规划、建筑、教育、文艺和卫生等领域合作关系。强调上述合作关系应当基于两国民族历史性关系,双方私营企业、商业家间直接合作是十分重要的。雷·塔·埃尔多安强调,"我们将蒙古人民当作为兄弟",并提出在教育、民航、城建、投资等领域展开合作的建议。如支持在鄂尔浑盆地建设旅游综合体,同蒙方分享解决公共交通问题经验。他还承诺研究从蒙古国进口农牧业产品及肉制品的可能性	正式（议会）	土耳其
37	3月15日至18日	蒙古国国防部长纳·恩赫包勒德访问卡塔尔,并出席在卡塔尔首都多哈举行的国际国防博览会及相关会议。来自欧洲、亚洲、非洲等部分国家的国防部、武装力量领导人员以及国际国防工业代表出席两年一度举行的地区及国际大型博览会	纳·恩赫包勒德同卡塔尔埃米尔塔米姆·本·哈马德·阿勒萨尼和副总理兼国防部长哈立德·阿提亚等进行正式会晤,并讨论蒙卡国防合作关系及蒙古国经济和投资现况。双方就对蒙卡国防领域合作协议和协定进行修改,组织国防部间互访、使卡塔尔武装力量部队参与在蒙古国举行的"可汗探索"国际军演,使蒙古国武装力量官员赴卡塔尔受训,并接受阿拉伯语培训以及共同举办军演方面互换意见,并在部分问题上达成了共识	正式（国防军事）	卡塔尔

续表

序号	日期	来访、出访官员代表团	会见官员与活动	形式	国家、国际组织
38	3月16日	2018年是蒙古国和朝鲜民主主义人民共和国间建交70周年。蒙古国对外关系部长丹·朝格特巴特尔在对外关系部展示两国关系历史图展开幕式上称,"于1948年10月15日蒙古国同朝鲜建立外交关系,成为互认彼此主权的伙伴国家"蒙古国愿继续发展同朝鲜的传统友好关系	本月5日,朝鲜民主主义人民共和国最高领导人金正恩接见了以大韩民国总统文在寅特别使者为首的代表团,并进行高层会晤,蒙古国对此表示赞扬。蒙古国宣布将蒙古国发展成为无核区,蒙方对朝鲜支持"乌兰巴托对话倡议"表示满意。朝鲜驻蒙古国特命全权大使 O Sin Ho 表示,自蒙朝两国建交以来双边友好合作关系在国际水平上取得进展。朝鲜民主主义人民共和国最高领导人金正恩为朝韩关系发展、保障朝鲜半岛和平与稳定,做出积极的决定,从而开保障东北亚地区和平稳定的新篇章	展览(外交)	朝鲜
39	3月21日	第八届蒙古国和土耳其政府间委员会会议21日在蒙古国国家宫举行	蒙古国国防部长纳·恩赫包勒德和土耳其副总理希姆谢克分别主持会议。商定蒙古国工商会同土耳其对外经济关系理事会、土耳其出口商协会和贸易厅将开展合作	会议(政府间)	土耳其

4. 2018年第二季度蒙古国重要外事活动

序号	日期	来访、出访官员代表团	会见官员与活动	形式	国家、国际组织
40	4月4日至6日	瑞士联邦外交部部长伊格纳西奥·卡西斯对蒙古国进行正式访问。瑞士外长卡西斯拜访蒙古国总统哈·巴特图勒嘎,并与财经部长查·呼日勒巴特尔、国家大呼拉尔蒙瑞议会组成员进行双边会晤	两国外长就进一步推动两国政治、经贸合作,提高投资额、激活农牧、公路、运输、能源、旅游、教育、科技等领域合作关系交换了意见,两国外长共同签署了部分合作文件。2004～2016年在蒙古国实施了累计1亿瑞士法郎的项目。涉及农牧、食品、专业教育、培训、地方管理、公民参与等方面。预计,该项目从2018年持续至2021年	正式(外交经济)	瑞士

续表

序号	日期	来访、出访官员代表团	会见官员与活动	形式	国家国际组织
41	4月6日和7日	土耳其共和国总理比纳勒·耶尔德勒姆对蒙古国进行正式访问。蒙古国总理乌·呼日勒苏赫、蒙古国总统哈·巴特图勒嘎、国家大呼拉尔主席米·恩赫包勒德等分别会见	比纳勒·耶尔德勒姆同蒙古国总理乌·呼日勒苏赫进行单独会晤及谈判,乌·呼日勒苏赫表示,蒙古国十分重视同第三邻国——土耳其的全面伙伴关系,并争取在各个领域上扩展合作关系。双方一致认为对建立蒙图自贸区谈判可能性进行联合调研,以便激活双边经济合作关系	正式（全面伙伴关系）	土耳其
42	4月9日	蒙古国总理乌·呼日勒苏赫对中华人民共和国进行正式访问。在中国人民大会堂同中国总理李克强举行会谈。就两国具有更加深化双边农牧、能源、采矿、跨境运输等领域合作的可能性,促进相关组织和企业间合作进行会谈。双方表示愿更加深入发展蒙中俄三方合作,推动首要项目落实	两国总理共同见证了经贸、人文、产能、环保等领域11份双边合作文件签署意识,上述合作文件总额为4.5亿美元。蒙古国对外关系部长丹·朝格特巴特尔、财政部长其·呼日勒巴特尔、教科文与体育部长策·朝格吉勒玛、食品农牧与轻工部长巴·巴特佐日格,中国国务委员兼外交部部长王毅、全国政协副主席、发展改革委主任何立峰、全国政协副主席郑建邦等参加文件签署仪式。中蒙共建跨境经济合作区是落实两国领导人共识、丰富中蒙全面战略伙伴关系、加强中国"一带一路"倡议同蒙古国"发展之路"战略对接的重要举措	正式（11份合作文件）	中国
43	4月9日	中国全国人大常委会委员长栗战书会见蒙古国总理乌·呼日勒苏赫	指出,两国立法机构要发挥议会定期交流机制平台作用,两国要通过利用议会间定期会晤机制,创造良好法制环境,扩大各领域合作范围,保持双边战略会谈的持续性	会见（法制）	中国
44	4月10日	乌·呼日勒苏赫总理出席博鳌亚洲论坛2018年年会开幕式	出席博鳌亚洲论坛时分别会见联合国秘书长安东尼奥·古特雷斯和国际货币基金组织总裁克里斯蒂娜·拉加德,并就双边合作及相关项目交换意见	会见（经济）	国际货币基金组织

续表

序号	日期	来访、出访官员代表团	会见官员与活动	形式	国家国际组织
45	4月11日	蒙古国－中国商务论坛在中国北京举行	蒙中两国政府官员、商协会领袖、企业家代表等参会，对涉及基础设施、工程承包、建筑建材、清洁能源、矿产资源和旅游等行业领域进行讨论	会议（商业）	中国
46	4月18日	蒙古国国防部长恩·恩赫包勒德访问并出席在莫斯科举行的第七届国际安全会议	与俄罗斯国防部长兼陆军将军斯·绍伊古会见，双方还赞赏蒙古国国防部和俄罗斯军事技术合作机构间启动第三期合作计划。表示今后重点关注国防部门间互利合作	会议（军事安全）	俄罗斯
47	4月20日	蒙古国对外关系部长丹·朝格特巴特尔对斯洛伐克进行工作访问。此访是蒙古国对1993年向世界宣布独立的斯洛伐克首次进行的高层访问	拜访斯洛伐克总理彼得·佩莱格里尼，并同副总理理查德·拉希和经济部长佩特尔·济加分别进行了会谈。双方还做出决议，将于2018年9月在乌兰巴托举办在蒙古国对外关系部和斯洛伐克经济部间签署的"经济合作协议"框架内设立的两国经济联合委员会首届会议	工作（访问外交）	斯洛伐克
48	4月23日	德国国防部国际安全政策和双边关系处主任阿克塞尔·里斯坦（Axel Ristau）为首的代表团出席第13届蒙古国和德国联邦国防部间磋商会议	蒙古国国防部国务秘书长准将哈·巴特毕力格主持。双方一致强调，国防部间合作在两国友好关系中占着重要地位。此后，德国代表团考察了与德国武装力量共同参与北约在阿富汗的"坚决支持"维和行动的蒙古武装力量部队训练状况	会议（国防）	德国
49	4月24日至26日	印度共和国外交部长斯瓦拉杰对蒙古国进行正式访问	双方举行第六届蒙印合作联合委员会会议，对外关系部长丹·朝格特巴特尔和印度外长斯瓦拉杰主持会议。丹·朝格特巴特尔强调，印度是蒙古国精神邻国、战略伙伴国家，发展同第三邻国——印度合作关系是蒙古国外交政策首要方针之一	正式（外交）	印度

续表

序号	日期	来访、出访官员代表团	会见官员与活动	形式	国家国际组织
50	4月29日至5月1日	以爱尔兰众议院议长肖恩·欧法雷尔为首的代表团4月29日至5月1日间对蒙古国进行正式访问	国家大呼拉尔主席米·恩赫包勒德同爱尔兰众议院议长肖恩·欧法雷尔举行正式会谈,1998年12月蒙古国和爱尔兰建立外交关系,而此次访问正值两国建交20周年而进行	正式(议会)	爱尔兰
51	5月3日	俄罗斯副总理兼远东联邦区总统特使尤里·特鲁特涅夫访蒙	蒙古国总理乌·呼日勒苏赫会见并强调,蒙方高度重视两国边境地区合作,对蒙俄经贸合作发挥推动作用。对地理位置而言,俄罗斯远东联邦区离蒙古国发展中地区很近	会晤(边境地区合作)	俄罗斯
52	5月13日至18日	以对外关系部国务秘书达·达瓦苏荣为首的代表团对越南社会主义共和国进行工作访问,蒙古国代表团包括对外关系部,食品、农牧与轻工部,技术监管总局和海关总局等机关代表	访问期间与越南外交部副部长裴青山和贸易部副部长杜胜海,就增加两国间贸易额、扩展经济合作的机遇以及签订自贸协定时要注意的事项等广泛交换了意见。越南工贸部自贸协定协商工作组介绍上述协定落实状况、经济意义、优惠关税以及产品标准等。作为成为同欧亚经济联盟签署自贸协定的首个国家,旨在学习其签署自贸协定的经验,推动向越南市场出口肉和肉制品工作	工作(访问经济贸易)	越南
53	5月14日	俄罗斯联邦图瓦共和国主席沙尔班·瓦列里耶维奇·卡拉-奥尔访蒙,与蒙古国交通运输与发展部长扎·巴特额尔登会见	蒙古国总统哈·巴特图勒嘎进行会晤,询问2017年9月在俄罗斯符拉迪沃斯托克会晤期间所讨论的北部铁路走廊一部分克孜勒-查干陶拉盖方向铁路建设工程进展,并就开通两国间直达航线问题交换了意见。双方还讨论发展地区关系,表示恢复两国企业和民间交流对两国合作关系具有重要的意义	会晤(经济交通)	俄罗斯图瓦

续表

序号	日期	来访、出访官员代表团	会见官员与活动	形式	国家国际组织
54	5月16日至17日	蒙古国对外关系部长丹·朝格特巴特尔访问俄罗斯。就2016年在乌兰巴托所签署的蒙俄战略伙伴中期计划落实进展以及国际和地区共同关心的问题交换了意见	与俄罗斯联邦外交部长拉夫罗夫进行正式会谈。同时还就在确定今后合作方针、深化发展双方经贸和投资领域合作、恢复蒙俄中三方合作关系、启动蒙古国与欧亚经济联盟间合作的可能性等问题广泛交换意见。将从俄罗斯吸取的10亿卢布贷款用于能源、基础设施、铁路等建设工程,其中包括扩建第三和第四发电站和铁路建设	正式(经济)	俄罗斯
55	5月24日至29日	蒙古国国防部长尼·恩赫包勒德对中国进行正式访问	会见中华人民共和国国防部部长魏凤并共同签署了中国国防部向蒙古国国防部提供无偿援助协定。会见中国中央军委副主席许其亮,确认尊重彼此核心利益,对接"一带一路"倡议和"发展之路"战略	正式(国防)	中国
56	5月28日	蒙中俄三国外交部副部长级会晤在中国北京顺利举行。蒙古国对外关系部副部长巴·巴特琪琪格、中国外长助理张汉晖和俄罗斯副外长莫尔古洛夫主持会议	三国外交部及其他相关机构代表出席。会晤中,三方就将于2018年6月在中国青岛举行的上合组织高峰会期间举办的第四次蒙中俄领导会晤筹备工作以及加快建蒙中俄经济走廊规划纲要进展等问题进行了协商。三方还就在各领域中扩展三边合作及切实落实公路设计图案等问题深入交换了意见	会议(外交)	中国
57	5月31日至6月1日	中华人民共和国外交部部长助理孔铉佑访问蒙古国	拜访蒙古国总统哈·巴特图拉嘎、对外关系部长丹·朝格特巴特尔并与国务卿达·达瓦苏荣进行会谈。商定落实蒙古国总理乌·呼日勒苏赫今年4月访问中国时所达成共识的项目计划问题。就蒙古国总统哈·巴特图拉嘎将于6月9～10日间在中国青岛举行的上海合作组织成员国领导会议,进行会谈和组织蒙中俄三国首脑第四次会谈等交换意见	工作访问(外交)	中国

续表

序号	日期	来访、出访官员代表团	会见官员与活动	形式	国家国际组织
58	6月3日	蒙古国国家大呼拉尔主席米·恩赫包勒德6月3日出席在俄罗斯莫斯科举行的"议会制度发展"国际大会。随行人员有国家大呼拉尔议员兼法律常务委员会委员长莎·尔达纳色德、国家大呼拉尔议员扎·巴特赞丹、嘎·特木伦等高官人士	俄罗斯联邦国家杜马主席维亚切斯拉夫·沃洛金在国家杜马大楼内接见由米·恩赫包勒德率领的蒙古国国家大呼拉尔代表团。 来自世界96个国家的议会代表参加了由俄罗斯联邦国家杜马主办的会议,其中包括19个国家议会主席和15个国家议会副主席。与会者围绕着推动世界各国经济发展、防止恐怖主义、保障信息安全、确保国家立法发展、巩固议会制度、创造合作稳定机制等问题广泛进行讨论	会议(议会)	俄罗斯
59	6月3日至6日	蒙古国对外关系部长丹·朝格特巴特尔访问白俄罗斯	与白俄罗斯共和国外长弗拉基米尔·马克正式会谈。表示在联合国、欧洲安全与合作组织及其他国际组织框架内继续加强合作关系并充分利用亚欧经济联盟和蒙中俄经济走廊框架内展开合作的潜质	正式(外交)	白俄罗斯
60	6月9日	蒙古国总统哈·巴图勒嘎在青岛出席了蒙古国、俄罗斯和中国首脑第四次会议。在上合组织青岛峰会期间,会见中华人民共和国国家主席习近平、俄罗斯联邦总统弗拉基米尔·普京、保加利亚总统卢卡申科、哈萨克斯坦共和国总统纳扎尔巴耶夫、印度总理莫迪、吉尔吉斯共和国总统锡拉库扎和伊朗伊斯兰共和国总统哈桑·鲁哈尼	会议上,蒙古国总统哈·巴图勒嘎说,本人很高兴出席蒙古国、俄罗斯和中国元首第四次会面。深化发展与俄罗斯和中国睦邻友好关系是蒙古国外交政策领先方针,并目前也在成功实施中。与两个邻国的关系达到了战略伙伴关系的水平,对此蒙方感到满意。在三方的努力之下,已形成三方合作机制。三方合作界定政治、经济、文化、人文、区域和国际关系趋势的"中期路线图"和"建设经济走廊计划"两份重要文件。自签署上述重要文件以来已过去了两年,现在要更加关注其务实实施问题。预计共落实32项项目,其中首先将启动铁路、电源传输网、公路等项目	会议(蒙古国、俄罗斯和中国首脑会晤)	中国上合组织

序号	日期	来访、出访官员代表团	会见官员与活动	形式	国家国际组织
61	6月9日和10日	蒙古国总统哈·巴特图拉嘎在中国青岛首次参加2018年上海合作组织成员国元首理事会第十八次会议时发表讲话	蒙古国致力于与其伙伴国家共同积极参与能源、基础设施、过境运输、采矿、重工、农业和其他经济领域、人文、教育、文化、科学、卫生、环保、应急管理、恐怖主义和毒品贩运等领域的合作关系。蒙古国为将上述目标当作引领，正在探索和调研提升对上合组织的参与可能性，并就此在政界和社会当中进行讨论。希望上合组织各成员国尤其是俄罗斯和中国将关注并支持将蒙古国"发展之路"、中国"一带一路"倡议和俄罗斯"欧亚经济联盟"合作机制相对接，在蒙古国境内落实蒙中俄三国建设"经济走廊"计划，为此完善三方联合机制，经过蒙古国领土建设铁路、公路、天然气及石油管道、便利贸易以及免除关税或非关税等壁垒	会议（元首理事会）	中国上合组织
62	6月12日	中华人民共和国全国人民代表大会教育科学文化卫生委员会副主任委员刘谦为首的代表团访蒙	蒙古国国家大呼拉尔副主席雅·桑吉米塔布会见，就两国合作关系交换意见	会晤（议会）	中国
63	6月14日	中国35名官兵应邀参加蒙古国举行的为期两周的"可汗探索——2018"多国维和军事演习。本次军事演习将参加10个课目的多国联合演练和"中国文化之夜"文化交流展示活动	来自26个国家的1400多名官兵参演。蒙古国总统兼武装力量总司令巴特图勒嘎在开幕式上致辞表示，蒙古国维和官兵过去在世界各地出色地完成了维和任务，今后蒙古国将继续为维持世界和平做出自己力所能及的贡献。蒙古国主办的"可汗探索"军事演习从2003年起每年举行1次，2006年起拓展为多国维和军事演习	军事（演习）	蒙古国"可汗探索"26国军演

序号	日期	来访、出访官员代表团	会见官员与活动	形式	国家国际组织
64	6月14日	朝鲜最高人民会议代表、人民大会朝蒙议会组组长金日成命名大学校长太亨彻（Te Hyon Cheul）访蒙	蒙古国国家大呼拉尔主席米·恩赫包勒德会见	会晤（议会）	朝鲜
65	6月14日至15日	蒙古国对外关系部和国家安全委员会战略提供研究所共同举办第五届"乌兰巴托对话"国际会议。会议主要讨论了"至2025年东北亚安全环境设想、机遇、挑战""能源、环境、人文等领域合作"等问题	来自美国、中国、印度、韩国、朝鲜、俄罗斯、德国、日本、法国等国家的官员和专家学者，以及联合国、国际红十字会、欧盟、APEC等国际组织共150多名代表出席会议并就相关问题展开积极讨论。会议期间还举办了以"东北亚安全基本改变""改善东北亚安全局势""东北亚能源网的影响""东北亚自然安全合作的成果"为主题的四个分会	会议（安全环境）	蒙古国"乌兰巴托对话"国际会议
66	6月18日	在乌兰巴托市长倡议下举办的第三届东北亚市长论坛在乌兰巴托召开。为期两天的论坛上与会者对"低碳城市发展:改善空气质量,减少温室气体排放"议题进行了分会会谈	中国北京市人民代表大会常务委员会副主任张清、韩国首尔市负责行政问题副主任Jun Byon Yun、俄罗斯乌兰乌德市市长高尔科夫、朝鲜与亚太区国家合作协会主席Yu Ju Yon、日本京东市相关代表和联合国代表出席。据相关数据显示,东北亚地区城市在全球经济中占主要地位,各城市排放出二氧化碳的60%。蒙古国国家大呼拉尔2016年通过《巴黎协定》。按照该协定,蒙古国提出到2030年将减少温室气体到14%的目标	会议（城市发展）	蒙古国"东北亚城市论坛"
67	6月25日至30日	以自然环境与旅游部国务秘书策·曾格勒为首的代表团出席在巴林麦纳麦市举行的第42届联合国教科文组织世界遗产大会	与会者围绕着保护世界文化与自然遗产问题进行了讨论。蒙古国代表参与了被纳入世界遗产的贝加尔湖保护工作。同时还对蒙古国正在筹备建设色楞格河流域水电站,并与世界银行共同进行的筹备工作进展情况以及上届大会上所做的决议方面采取的措施发言。此外,蒙古国代表与世界自然保护联盟、世界遗产委员会秘书长处代表进行会晤	会议（世界遗产大会）	巴林联合国教科文组织

5. 2018年第三季度蒙古国重要外事活动

序号	日期	来访、出访官员代表团	会见官员与活动	形式	国家国际组织
68	7月3日至6日	由蒙古国政府和联合国国际减灾战略（UNISDR）共同主办的第二届亚洲减灾部长级会议。中国应急管理部副部长、中国地震局局长郑国光博士代表中国政府出席会议。蒙古国总理呼日勒苏赫、副总理恩赫图布辛、联合国秘书长特别代表水鸟真美（Mami Mizutori）出席开幕式并讲话。联合国秘书长安东尼奥·古特雷斯通过视频录像对会议开幕表示祝贺	除亚太地区50多个国家和地区高官代表外，国际组织、民间团体、科研机构、企业个人3000余人与会出席在"防止灾害风险以保障可持续发展"主题下举行的上述大会。与会者评估并总结《仙台减轻灾害风险框架》的前三年运行、亚洲地区计划落实状况、减少灾害方面本地区国家承担的责任、承诺与采取的措施等，通过《实施仙台减轻灾害风险框架亚洲地区2018～2020年计划》《乌兰巴托宣言》《参与方自愿声明》等文件。与此同时，蒙古国政府还将主办以"提高城镇抗灾和耐火基础设施功能""为减少灾害风险提高公私企业合作与投资"为主题的两个重点会议	会议（亚洲减灾部长级会议）	蒙古国联合国国际减灾战略（UNISDR）
69	7月4日至5日	中国内蒙古自治区党委书记、自治区人大常委会主任李纪恒为团长的内蒙古自治区代表团访蒙	蒙古国总理乌·呼日勒苏赫会见强调，蒙中两国的全面战略伙伴关系不断深入和发展，高层互访期间达成的共识和项目正在具体落实。蒙古国同中国，尤其是与中国内蒙古自治区进行的商贸合作不断扩展，需要密切合作，以实现到2020年将两国贸易周转量提高至100亿美元的目标	会见	中国内蒙古
70	7月4日至5日	"2018中国内蒙古—蒙古国投资贸易合作推介会"开幕式和"一带一路·中蒙科技成果展示交易会"在蒙古国首都乌兰巴托举办。内蒙古自治区党委书记李纪恒、中国驻蒙古大使邢海明出席	蒙古国大呼拉尔副主席桑吉米亚特布、对外关系部长朝格特巴特尔，蒙古国工商会会长拉格瓦扎布等300余位中蒙两国企业家出席。中方表示尽快启动二连浩特－扎门乌德跨境经济合作区建设和中蒙双边自贸协定联合科研工作，继续办好中蒙博览会、加快口岸通道和基础设施互联互通建设、稳步推进跨境旅游、深入开展矿能开发合作、加快实施棚户区改造援助和合作工程	会议（交易会）	中国内蒙古

蒙古国蓝皮书

续表

序号	日期	来访、出访官员代表团	会见官员与活动	形式	国家国际组织
71	7月9日	第三届中俄蒙三国旅游部长会议在蒙古国首都乌兰巴托举行。中国文化和旅游部党组成员杜江、蒙古国自然环境和旅游部部长策仁巴特、俄罗斯联邦旅游署副署长科洛廖夫出席会议并致辞。乌兰巴托市市长巴特包勒德致欢迎词	会议由蒙古国自然环境和旅游部副部长巴特巴雅尔主持。中俄是蒙古国最大的旅游客源市场，发展旅游业能够提升经济社会发展水平，蒙古国旅游发展潜力巨大，将在基础设施建设、旅游产品设计、旅游服务质量提升、旅游安全保障等方面持续努力。杜江表示，中蒙俄三国旅游部长会议机制启动两年以来，三方根据《中蒙俄发展三方合作中期路线图》，共同推动《建设中蒙俄经济走廊规划纲要》涉旅合作项目落地，围绕"万里茶道"旅游合作等开展了一系列工作，并取得积极成效	会议（中俄蒙三国旅游部长会议）	蒙古国中国俄罗斯
72	7月16日至18日	蒙古国副总理欧·恩赫图布辛访问美国	出席在纽约召开的联合国经济及社会理事会可持续发展政治高峰会议	会议	联合国
73	7月17至19日	蒙古国政府办公厅主任兼蒙古国开放政府伙伴理事会主席贡·赞丹沙塔尔在格鲁吉亚首都第比利斯参加第五届开放政府伙伴关系高峰会	贡·赞丹沙塔尔会见采掘业透明度倡议主席Eddy Rich，双方就采掘业透明度、为使利益获得者更为透明所采取的措施及其成果、"2020路线图"计划落实情况和未来计划进行讨论	会议	格鲁吉亚
74		应蒙古国审计署审计长达·呼日勒巴特尔邀请，以中国审计署审计长胡泽君女士为首的代表团访问蒙古国	国家大呼拉尔主席米·恩赫包勒德会见表示，两国合作关系在各个领域取得长足发展，两国审计部门的合作对发展"全面战略伙伴关系"发挥着重要作用。两国立法机构间保持合作频繁，已有了中国全国人大和蒙古国国家大呼拉尔间的长期机制	正式（审计）	中国

续表

序号	日期	来访、出访官员代表团	会见官员与活动	形式	国家国际组织
75	7月20日	英国外交部亚太事务国务大臣马克·菲尔德到访蒙古国	对外关系部长丹·朝格特巴特尔会见,就两国合作关系现况、未来实施的措施、共同关心的地区和国际问题交换意见	访问	英国
76	7月25日至26日	蒙古国外交部部长丹·朝格特巴特尔参加在美国华盛顿举行的"首届国际宗教信仰自由部长级会议"	会见美国国会议员 Dina Taitus、TedYoho 等,就双边合作关系交换意见和信息。美国国会议员们一致强调,蒙古国是支持民主的国家,也是美国重要合作伙伴。同时表示,坚定支持与蒙古国发展意愿。近期还将向美国国会提交关于蒙古国针织制品免税出口美国市场的《蒙古国第三邻国贸易法草案》	会议(宗教)	美国

二 从2017～2018年蒙古国的外事活动看蒙古国的外交政策

从 2017 年 7 月 20 日蒙古国新任总统哈·巴特图拉嘎宣誓就职,10 月 4 日蒙古国国家大呼拉尔以 47 名议员的 100% 支持率任命乌·呼日勒苏赫为蒙古国新任总理以来,明确表示继续继承 2011 年蒙古国国家大呼拉尔通过的新《对外政策构想》,将"开放、不结盟的外交政策"拓展为"爱好和平、开放、独立、多支点的外交政策",强调对外政策的统一性和连续性。正如 2017 年 8 月 30 日蒙古国总统哈·巴特图拉嘎赴俄罗斯访问前接受俄罗斯塔斯社记者专访的问题"近几年来,蒙古国一贯坚持与国际组织开展密切合作的政策,同时还致力于进一步加强对亚洲发展的努力,有何看法?"中所回答的:"位于亚洲的蒙古国目前与亚洲各国已建立外交关系。从地理位置来看,蒙古国地处中俄两个大国中间。目前蒙古国与中国已建立战略伙

伴关系，同样还与日本和印度有着战略伙伴关系。同时，与韩国建立的合作
关系也取得不少成果。蒙古国特点为经过中俄两个邻国分别与亚洲和欧洲其
他国家连接。正因为如此，本人计划先访问中国和俄罗斯两个邻国，并将要
与他们商谈发展经济合作及其他合作问题。""前蒙古国经济形势十分严峻、
失业和贫困状况尤为严重的一个时期，我被选为蒙古国总统，我不会辜负蒙
古人民对我的期望，在今后四年里将特别注重蒙古国经济领域发展，为此，
将会实施相关项目和计划。"①

2017 年 12 月 1 日蒙古国国家大呼拉尔会议上蒙古国总理乌·呼日勒苏
赫就蒙古国政府对外政策及其落实状况发表讲话。他在讲话中强调，蒙古国
对外政策和对外关系基本上得到顺利发展，在国际平台上蒙古国地位较高、
在国际上的形象也良好。蒙古国将争取通过与世界各国保持友好关系，扩展
政治、经济及其他领域合作关系，进一步加强在国际社会上的地位，推动蒙
古国发展等途径保障确保国家独立主权的对外政策基本目标。在上述目标框
架内，蒙古国最先对两个邻国关系给予高度重视，目前与中国实现全面战略
伙伴关系，与俄罗斯实现战略伙伴关系。蒙古国一贯坚持与两个邻国相互尊
重、相互平衡、互利共赢的原则，通过两国政府间委员会、联合工作组及其
他会谈等机制不断地扩展政治、经济、文化、人文等各领域合作关系。蒙古
国政府提出将蒙古国对外政策首要方针之一——蒙中全面战略伙伴关系实现
在各领域合作，增强政治互信，推动经贸合作关系框架内所达成的工作落
实，实施相关务实工作目标。同时，进一步促进蒙中政府间经贸科学与技术
合作委员会和蒙中矿产、能源与基础设施合作理事会工作有效运行，在上述
机制范围内与中方共同实施的大型项目合作，中方所提供的贷款和援助的利
用、经贸合作上所面临的其他问题合理解决方面蒙方积极采取相关措施。经
双方积极进行针对促进两国经贸互利共赢合作，启动大型项目合作，推动矿
产、能源、建筑、农牧业、交通、边境口岸等领域合作具体工作落实的一系
列会谈，取得了一定的效果。为充分利用在对接蒙古国"发展之路"纲要

和中国"一带一路"倡议过程中产生的合作机遇，以新的方式和内容更加深化双边经贸合作关系，蒙古国提出与中方开展密切合作目标。蒙古国对蒙中俄三国合作关系一直给予高度重视。①

关注地区双边和多边经济合作机制，2017 年 9 月，蒙古国国防部、对外关系部、国家国防大学和国防研究所共同举办的以"促进东北亚国家经济安全与合作的机遇"为主题的国际研讨会上，国防部长代理巴·巴特额尔登说："东北亚地区对世界经济影响较大，是大型经济体所在的地区。世界三大经济体中的两个处于该地区，地区国家经济间相互的依赖性日益增加。"25 年前，蒙古国提出使其领土成为无核武器区倡议。经过在该倡议框架内所落实的工作，有核武的五个国家承认蒙古国的无核区地位，承诺将不参与违反该地位的任何行为，并发表了联合宣言。② 目前世界多个国家十分关注蒙古国上述倡议。在这一宗旨原则下，蒙古国利用与朝鲜的传统友好关系以及与新的第三邻国韩国的友好关系积极地参与国际"朝核问题"和东北亚安全问题的交流与外交活动中来。新继任的国家领导人们明确对外政策首要任务和实施方针是发展同俄、中两大邻国友好关系，继续推动与"第三邻国"间在各个领域里的合作内容与协议项目实施，同时在国际关系与东北亚地区热点问题中继续发展传统伙伴国家与新伙伴国家间的桥梁作用。2017 年 10 月，蒙古国向国际社会正式宣布关于在乌兰巴托设立内陆发展中国家国际研究中心的多边协定生效。而这一建议是蒙古国总统 2006 年提出建设以蒙古国为中心的政府间国际机构——内陆发展中国家国际研究中心倡议，旨在进行专为内陆发展中国家的研究、制定政策建议，并于 2009 年联合国大会上通过关于在乌兰巴托建设国际研究中心的 A/RES/64/214 号决议。可以看出蒙古国在本地区事务的未来发展中将会发挥越来越多的作用。

根据以上 2017 年 7 月至 2018 年 7 月蒙古国在对外关系中的一些重要外交外事活动，可以清楚地看到与蒙古国交往所涉及的国家、地区和国际组织

---

① 《将高度重视蒙中俄三边合作关系》，http://montsame.mn/cn/read/2201。
② 《东北亚国家在蒙古国讨论地区安全问题》，http://montsame.mn/cn/read/1982。

包括以下几个。

第一，传统的两大邻国：俄罗斯和中国。

第二，会见中提及的"第三邻国"：美国、日本、韩国、土耳其、印度。

第三，传统友好国家：朝鲜、越南、匈牙利、斯洛伐克、格鲁吉亚、白俄罗斯、伊朗。

第四，新的友好伙伴国家：德国、以色列、瑞士、爱尔兰、英国、不丹、卡塔尔、巴林。

第五，参与外事活动的国际组织：联合国、亚信成员国、欧盟、世界银行、国际货币基金组织、亚洲开发银行、国际民航联盟、上海合作组织。

第六，参加的重要国际与地区论坛会议：在俄罗斯符拉迪沃斯托克举行的"第三届东方经济论坛"，在美国纽约举行的第72届联合国大会、亚信成员国外长非正式会晤，在中国杭州举行的第四届世界互联网大会，在越南河内市举行的亚太议会论坛第26届年会，在瑞士达沃斯举行的第48届世界经济论坛，在北京召开的首届"亚太地区民航部长级会议"，在北京共同举办的"一带一路与蒙古国机遇"论坛，在俄罗斯莫斯科举办的第21届蒙俄政府间委员会会议，在卡塔尔首都多哈举行的"国际国防博览会及相关会议"，在中国举行的博鳌亚洲论坛2018年年会，在俄罗斯莫斯科举行的第七届国际安全会议，在中国北京蒙中俄三国外交部副部长级会晤，在俄罗斯莫斯科举行的"议会制度发展"国际大会，在中国青岛出席蒙古国、俄罗斯和中国首脑第四次会议，蒙古国总统哈·巴特图拉嘎在中国青岛首次参加2018年上海合作组织成员国元首理事会第十八次会议，第五届"乌兰巴托对话"国际会议，在乌兰巴托市举办的"第三届东北亚市长论坛"由蒙古国政府和联合国国际减灾战略（UNISDR）共同主办的第二届亚洲减灾部长级会议，在巴林麦纳麦市举行的第42届联合国教科文组织世界遗产大会，在蒙古国首都乌兰巴托举行第三届中俄蒙三国旅游部长会议，在格鲁吉亚首都第比利斯参加第五届开放政府伙伴关系高峰会。

从2017~2018年蒙古国的外事活动及相关内容看，蒙古国的外交政策实施依然以两大邻国俄罗斯和中国为主，以"第三邻国"美国、日本、韩国、欧盟等为重，从地缘政治特点来看，蒙古国人口少、领土面积大、自然资源十分丰富、国内没有出海口、位于俄罗斯和中国两个大国之间，这些特点决定蒙古国必须在与中俄两个大国保持睦邻、均衡外交关系的同时，与西方发达国家发展"第三邻国"关系，这是蒙古国安全政策最重要的体现。1994 年的《蒙古国国家安全构想》指出："在国家根本利益不受威胁的状况下蒙古国实行不结盟政策。""蒙古国不参与任何军事组织和同盟。"在国家安全和利益不直接受到威胁的条件下不参与两个邻国的任何对抗和纷争，不参与同盟和军事集团，本国领土和领空不得用于针对第三国的行动，禁止外国在蒙古国建立军事基地和外国军队过境等。① 《蒙古国对外政策构想》把本国外交政策的目的阐述为："通过政治和外交手段来保障国家安全和利益，为国家经济发展和科技进步提供良好的开放性的外部环境。"实施开放性与不结盟对外安全政策，可以吸引外国资本，符合蒙古国的根本利益。

2011 年修订后的《蒙古国对外政策构想》中提出："继续扩大和实施同美国、日本和欧盟等东西方国家和国际组织间伙伴关系的第三邻国政策，进一步参与和巩固地区经济一体化进程。"② "第三邻国"政策的目的是防止出现依赖并受制于别国的被动局面。蒙古国的"多支点"外交安全政策以独立自主为原则决定本国的立场，表明冷战后蒙古国对外政策的目的、原则、方向有了根本性的改变。与此相联系，蒙古国外交安全政策和事务产生了诸多新名称和新概念，如开放性、"多支点"、"第三邻国"、不结盟、无核地区等。③ 总之，"多支点"战略的"多支点"可体现在两个方面：第一，保持独立自主的前提下，继续发展与中俄的友好关系，并作为外交政策中的重点；第二，超越中俄，与"第三邻国"（主要包括美国、日本、欧盟、韩国、土耳其、印度等国家和地区）发展关系，是蒙古国外交政策的一大突

---

① 查·奈丹苏仁、道·苏德诺木贡布：《蒙古国国家安全相关问题》，乌日刺赫·额尔登，2000，第 99 页。
② 《蒙古国对外政策构想》2011，http：//www. legalinfo. mn/annex/details/3362？lawid＝6340。
③ 贡·图穆尔楚伦：《国际关系与蒙古国外交政策》，蒙赫英·乌刺克，2015，第 131 页。

破，也是打破现存地缘政治格局的努力。与这些国家的接触，不仅可提高蒙古国的国际地位，还可以扩大交流，获得海外援助，发展经济，为蒙古国的国家安全提供充分保障。遵循《蒙古国国家安全构想》中指出的"蒙古国实施开放的外交政策，加强国际和平与安全事务，同具有重要影响力的国家发展合作，吸引具有战略影响力的国家参与蒙古国的建设"①。

2017 年 8 月初，蒙古国总统特使勒·普日布苏荣在访问伊朗参加哈桑·鲁哈尼的宣誓就职仪式时，谴责美国对伊朗和俄罗斯实施的经济制裁。蒙古国特使说："我们不承认美国的制裁，不认为这是解决问题的好办法，并对此予以谴责。"他是在德黑兰与乌兰巴托签署深化外交关系宣言的背景下说这番话的。蒙古国不希望"第三邻国"的影响力过分强大，美国人的企图可能破坏蒙古国与外部世界现有的政治关系构架，打破稳定的力量平衡。因此，乌兰巴托反对华盛顿向平壤施压，主动要求扮演化解美朝关系危机的中间人。蒙古国是为数不多与朝鲜保持关系的国家之一，美国对俄罗斯和伊朗的敌对政策可能在世界上催生新的敌对联盟，这将破坏蒙古国的"多支点"政策和"第三邻国"战略。通过谴责美国的制裁，乌兰巴托试图把紧迫的国际问题放到谈判桌上，把发生战争的可能降到最低，以避免自己被迫倒向某一个邻国。

2003 年 9 月，蒙军与美国海军陆战队一部举行了代号为"可汗探索03"的联合军事演习。此次演习主要围绕参与维和行动的战术科目展开。这是美军士兵第一次进入到这个东北亚内陆国家并进行军事演习，也是蒙美间举行的规模最大的联合军事演习。2006 年以来，"可汗探索"演习扩展为多国演习，来自蒙古国、美国、印度、韩国和柬埔寨的 700 多名士兵参演。演习内容突破了以往蒙美联合演习的民防与救援性质，且演习规模不断扩大，这也成为蒙美一年一度最重要的军事合作内容。"可汗探索"演习扩展为日、韩、印等国参加进来的多国维和军演，成为具有作战和作战支援性质

---

① 巴·巴特巴雅尔（Batbayar. B）：《新的安全环境与蒙古国参与义务》，《"战略研究二十年"学术会议讲话》2011，第 19 页。

的系列军演。2015 年 6 月 20 日，"可汗探索 2015"多国维和军事演习在蒙古国武装力量培训中心拉开帷幕，中国首次派 25 名官兵参加"可汗探索"年度军演。2017 年 7 月共有 26 个国家的 1100 名军人参加"可汗探索 2017"军演。2018 年 6 月，中国 35 名官兵应邀参加为期两周的"可汗探索 2018"多国维和军事演习在蒙古国举行，本次军事演习将参加 10 个课目的多国联合演练和"中国文化之夜"文化交流展示活动。截至目前，已有世界五大洲 51 个国家的 1.1 万名军人参加了军演。

频繁进行的联合演习是蒙美军事合作深化的信号，也是美国全球战略的长远举措。原美军太平洋司令、海军上将法伦曾在一次美国参议院武装部队委员会听证会上强调，亚太地区减少战争的危险取决于"备战制战"的战略。"反恐怖战争的胜利和亚太地区的稳定关键在于我们与盟国的联合战斗能力和战备情况。当我们和盟国军事力量之间的战斗力有很大提高时，就能形成巨大的威慑力。"法伦举例子说："'可汗－探索'演习就是我们朝这个方向努力的例子。"对美国来说，选择与地处中俄之间的蒙古国举行联合军演可以通过一年一度的军演扩大和加深两军之间的了解与合作，增强在蒙古国的军事影响与存在；对蒙古国来说，通过联合军演，表明其反恐的态度，同时，训练了自己的军队，提高了国家声誉。蒙古国武装力量总参谋部认为，"可汗探索"多国联合军演对于向外国宣传蒙古国、增加地区间军事互信以及提高本国军人的维和水平等方面具有积极意义。反映出蒙古国与美国举行联合军演的政治意义大于军事意义，其目的在于突出自己在中俄之间的存在，提高本国在国际舞台上的知名度，发出自己的声音。因此，蒙古国在自己的军队尚不足万人的情况下，多次向阿富汗、伊拉克派出维和人员，同时积极进行维和反恐的联合军演。

2017 年 2 月 15 日，欧洲议会通过了欧盟与蒙古国新的伙伴关系与合作协定。该新合作协定（替代 1993 年合作协定）被欧洲议会通过几乎用了近四年的时间，该新伙伴关系与合作协定包括了贸易等领域广泛的合作，但其不是一个优惠的自由贸易协定，蒙古将继续通过"普惠制＋"的机制向欧盟出口。《欧盟与蒙古伙伴关系与合作协议》（PCA）2017 年 11 月 1 日起正

式生效。欧盟外交事务高级代表莫盖里尼称，欧盟愿与蒙古国在共同价值观
与利益基础上加强彼此联系，伙伴关系与合作协议的生效，加上很快要在乌
兰巴托设立的欧盟驻蒙古国代表团，将进一步深化欧盟与蒙古之间的既有合
作，造福双方民众。该协定在多个领域扩大了合作，如可持续发展、原材
料、气候变化、司法与安全、人权、科学技术、良好治理及贸易便利和投
资。欧盟驻蒙古国代表团将成为其第 140 个驻外代表团。对于新设的欧盟驻
蒙古国代表团而言，实施该协定将成为其优先工作。在乌兰巴托设立驻蒙古
国代表团的决定表明，欧盟非常重视与蒙古国发展双边关系。该代表团的设
立将有助于双方展开政治对话与合作，为今后进一步加强伙伴关系铺平
道路。

　　蒙古国开放性与不结盟的外交安全政策表现在 2017～2018 年蒙古国的
外事活涉及的政治、经济、军事、环境、科技、信息、文化等各个领域。参
与多边合作是蒙古国主要外交政策之一。多支点、平衡仍是蒙古国与各个国
际组织发展关系时的主要原则。目前，蒙古国的多边外交政策最大的目标是
建立东北亚合作对话机制，借此保障国家安全，带动经济发展。蒙古国参与
国际和地区组织有三个目的：首先，提高国际声誉，提升国际形象。参与国
际和地区组织有助于蒙古国树立独立积极有责任的国家形象，进而提升蒙古
国的国家知名度和国际声誉。其次，可以参与全球问题的解决。面对全球化
时代下的共同问题，如气候、传染病、跨境犯罪，只有相互合作才能解决。
最后，促进国民经济关系。转型之初，蒙古国就积极开展与国际金融、货币
组织的多边合作，特别是积极参与亚洲开发银行、世界银行、国际货币基金
组织等的事务，给蒙古国经济发展提供重要的国际保障。

三　蒙古国外交政策内容分析与形势预测

　　1994 年 6 月 30 日，蒙古国国家大呼拉尔通过了《蒙古国对外政策构
想》《蒙古国国家安全战略构想》等决议，分别就冷战后蒙古国的对外关
系、国家安全和军事原则等进行了阐述，提出了蒙古国奉行开放的、不结

盟的、多支点的和平外交政策。这一政策的确定，是鉴于历史经验和充分认识到蒙古地处中、俄两大邻国之间这一客观现实的基础上，根据国际形势的发展做出的抉择。蒙古国对外政策构想指出，"同俄罗斯和中国建立友好关系是蒙古国对外政策的首要任务"，主张同中俄"均衡交往，发展广泛的睦邻合作"。同时重视发展同美、日、德等西方发达国家，亚太国家，发展中国家以及国际组织的友好关系与合作。作为务实外交的方略，蒙古国充分考虑了地缘政治的现状和经济发展的需求，要求政治、经济合作伙伴的多元化，同时必须与本地区和国际重要组织建立密切联系。2010年《蒙古国国家安全构想》3.1.1.2 中规定："保障蒙古国主权独立和领土完整的根本方法是政治和外交手段"，"奉行和平外交政策，积极支持国际社会关于和平与安全活动"，"致力于广泛发展同中国和俄罗斯的睦邻友好关系"。① 2011 年《蒙古国对外政策构想》第 3 条中规定："在国际法范畴，通过政治和外交手段来保障国家安全和民族根本利益作为外交政策的优先方向"，"蒙古国与各国相互尊重主权独立和领土完整，边界神圣不可侵犯，互不干涉内政，和平共处，尊重人权、自由、平等互利合作等制定有关符合联合国宪章的有关规定，尊重国际法和国际准则普遍接受的原则，以双边关系的基本文件作为指导的原则"，特别是 2011 年蒙古国出台的新《对外政策构想》还明确规定，对外政策首要任务是发展同俄、中两大邻国友好关系，特别是中蒙俄三国领导人建立了会晤机制，共同签署了《建设中蒙俄经济走廊合作规划纲要》，三国合作日益加深。

在新《蒙古国国家安全构想》中将"设立可持续发展的模式，保障经济独立发展，为人民提供环保的、安全舒适的生活环境"确定为确保经济安全的基本目标。关于经济安全主要有经济多元化结构、均衡投资、外贸和一体化、预算与金融安全、能源与矿产资源政策等项内容。《蒙古国外交政策构想》指出蒙古国外交政策的目标是通过发展与各国在各领域的关系，保障蒙古国的独立与领土完整，防止过分依赖或受制于某一国家。蒙古国继

---

① 《蒙古国国家安全构想》，http://www.legalinfo.mn/law/details/6163。

续实行"第三邻国"的外交政策，使其在政治转型过程中得到了美国等"第三邻国"极大的帮助。通过20多年的民主化实践历程，与世界上其他很多转型国家相比，蒙古国取得了相对成功。

蒙古国的"多支点"外交战略究竟能为蒙古国在各大国的激烈角逐中获得多大利益，能拓展多大空间，既取决于自身运用的灵活性，也取决于有关大国的战略意图和争夺程度。对蒙古国来说，在推行"多支点"外交战略的过程中，过度的灵活也会导致东北亚国际战略格局的失衡，一个失衡的东北亚战略格局将会导致该地区的不稳定。这无论是对大国还是对蒙古国来说都是不利的。今后蒙古国如何推行其"多支点"外交战略，既是其自身应认真思考的问题，也是美日俄等大国密切关注的问题。但无论怎样说，蒙古国的战略重要性正在迅速显现，尽管蒙古国外交政策以实用主义为主，未来发展取向也存在变量。未来，在民主政治的巩固与成熟进程中，蒙古国还将借力"第三邻国"。

从新当选的蒙古国总统和总理上任以来的一年多时间里的蒙古国外交活动和外交政策内容来看，蒙古国始终坚持《蒙古国国家安全构想》，从这一年来与相关国家和国际组织签署的具体协议所涉及的相关领域与时间段，可以比较清晰地看到和预测到蒙古国对外关系活动的发展状态和形势。

1. 蒙古国司法与内务部和中国司法部间2017～2021年合作计划。

2. 2017年11月1日起开始生效的《蒙古国和欧盟伙伴合作协议》。

3. 就2018年中蒙两国人文领域交流合作规划通过的《蒙中人文交流共同委员会第一次会议纪要》。

4. 蒙俄联合乌兰巴托铁路修建工程"至2030年乌兰巴托铁路发展计划"。

5. 蒙日战略伙伴关系中期规划（2017～2021）。

6. 中蒙两国间签署的11项合作文件涉及的领域为：①蒙古国与中华人民共和国政府关于加强产能与投资合作的框架协议；②蒙古国对外关系部与中国商务部关于加快推进中蒙跨境经济合作区建设双边政府间协议谈判进程的谅解备忘录；③蒙古国与中国政府间关于中国政府提供20亿元无偿援助的经济技术合作协议；④蒙古国政府和中国政府间乌兰巴托新建中央污水处理

厂项目互谅备忘录；⑤蒙古国财经部与中国进出口银行关于蒙古国额尔登特热电厂改造项目贷款协议；⑥蒙古国食品、农牧与轻工部和中国市场监督管理总局关于中小型企业合作互谅备忘录；⑦蒙古国海关总局与中国海关总局关于打击跨境非法买卖合作互谅备忘录；⑧蒙古国教科文与体育部和中国教育部2018～2021年教育交流与合作计划；⑨蒙古国教科文与体育部和中国体育总局关于开展体育赛事合作的互谅备忘录；⑩为"残疾儿童发展中心"项目提供额外援助项目信函；⑪提高"Buyant Ukhaa"体育综合馆利用率项目。

7. 蒙瑞发展合作关系发展规划，至2016年在蒙古国实施了累计1亿瑞士法郎的项目。涉及农牧、食品、专业教育、培训、地方管理、公民参与等方面成功实施的瑞士发展署各项项目，该项目从2018年持续至2021年。

8. 2016年在乌兰巴托签署"蒙俄战略伙伴中期计划"，在此框架内将启动自贸协定调研工作，将从俄罗斯吸取的10亿卢布贷款用于能源、基础设施、铁路等建设工程，其中包括扩建第三和第四发电站和铁路建设。在青岛举行的上合组织峰会期间举行蒙中俄三国领导会谈，主要探讨三方合作及经济走廊问题，预计共落实32项项目，其中首先将启动铁路、电源传输网、公路等项目。通过蒙古国国土建设"亚洲高速公路"时三方分别出资问题，蒙俄两国将共同出席2019年举行的诺门罕战争胜利80周年庆祝活动，在国防领域上促进技术合作、培训外交官等计划。

9. 蒙古国政府和联合国国际减灾战略（UNISDR）共同主办的第二届亚洲减灾部长级会议，来自50余个国家和地区以及国际组织、民间团体共商亚洲地区减灾大计。在《乌兰巴托宣言》、《实施仙台减轻灾害风险框架亚洲地区2018～2020年计划》及《参与方自愿声明》等文件中提出建议获得批准。

10. 在乌兰巴托会议上联合国教科文组织丝绸之路在线平台依靠当前的信息通信能力已启动"创建丝绸之路沿线文化交流互动地图集"项目。

未来一段时间，蒙古国的对外关系政策正如蒙古国总统在上合峰会时发表讲话中指明的：① 蒙古国坚定不移保持外交政策的连续性，积极实施多

---

① 《上合组织是参与地区合作的重要渠道》，http：//montsame. mn/cn/read/2724。

元、和平、开放和独立的外交政策。与俄罗斯、中国以及第三邻国继续稳步发展友好合作关系是我们对外政策的理念。我们热衷于积极参与亚太地区政治和经济的多元行动。蒙古国致力于与其伙伴国家共同积极参与能源、基础设施、过境运输、采矿、重工、农业和其他经济领域、人文、教育、文化、科学、卫生、环保、应急管理、恐怖主义和毒品贩运等领域的合作关系。蒙古国为将上述目标当作引领,正在探索和调研提升参与上合组织活动的可能性。希望上合组织各成员国尤其是俄罗斯和中国将关注并支持将蒙古国"发展之路"、中国"一带一路"倡议和俄罗斯"欧亚经济联盟"合作机制相对接,在蒙古国境内落实蒙中俄三国"经济走廊"建设计划,完善三方联合机制,经过蒙古国领土建设铁路、公路、天然气及石油管道、便利贸易以及免除关税或非关税等壁垒。蒙古国、中国和俄罗斯元首第四次会议,讨论了三方今后合作前景并达成共识。

B.19
中国与蒙古国双边关系现状与展望

吴伊娜 *

摘　要：　自 1949 年 10 月 16 日，蒙古人民共和国与新中国建立外交关系起，友好与合作始终是两国关系发展的主流。2014 年中国国家主席习近平访蒙后，两国建立了全面战略合作伙伴关系，两国关系迎来了历史发展的最好时期。以此为背景，蒙中双方政治互信加强、高层互访频繁，经济联系更加紧密、合作方式更加多元，文化交流平台更加广泛、形式更加丰富。可以预见，在未来共建"中蒙俄经济走廊"的过程中，蒙中双边关系会更加紧密，经贸合作仍将是未来两国关系发展中最主要的内容。

关键词：　中蒙关系　经贸合作　中蒙俄经济走廊

蒙古国地处东北亚内陆，位于中俄之间，是中国北方的重要邻国，特殊的地理位置赋予了其重要的地缘战略地位。在东北亚地缘政治结构中，区域内大国俄、中、日和域外大国美国的战略利益和相互关系错综复杂，深刻影响着东北亚地区的地缘政治格局。因而，蒙中两国关系的发展，不但对两国具有重要意义，对俄罗斯及美、日、韩等蒙古国的"第三邻国"同样具有重要意义。蒙中两国在这一国际关系结构中也在各自不停地寻求准确定位，

---

* 吴伊娜：内蒙古社会科学院俄罗斯与蒙古国研究所副研究员，博士研究生，主要研究方向为中蒙、中俄关系。

与各方力量展开战略互动，同时蒙中两国关系的发展也受这一地缘政治格局的深刻影响。

一　蒙中双边关系的建立与发展

1949 年 10 月 16 日，蒙古人民共和国与新中国建立外交关系，为蒙中两国关系发展拉开了新篇章。自新中国成立起至 20 世纪 60 年代中期，蒙中两国同处社会主义阵营，双边关系发展平稳，并在多领域开展友好合作。1960 年 5 月，时任中华人民共和国总理的周恩来访蒙，两国签署了《中蒙友好互助条约》。1962 年 12 月，蒙古国主要领导人泽登巴尔访华，双方签订了《中蒙边界条约》，标志着蒙中两国边界线的顺利划定。该条约的签订对蒙中两国关系发展具有重要意义，为今后两国关系发展奠定了稳定的基石，自此，蒙中两国正式成为了没有领土争端的重要邻国。

蒙古国独立后，政治上实行向苏联"一边倒"的外交方针，自身没有独立的外交政策，甚至被称为苏联的"第十七个不加盟共和国"。因而，20 世纪 60 年代末至 70 年代初，随着中苏关系恶化，蒙中关系随之相对紧张，各领域合作停滞，往来基本中断。自 70 年代末起，随着中苏关系的逐渐缓和，蒙中恢复互派大使，双边关系开始好转。20 世纪 80 年代，中国改革开放的进程进一步推进了两国在经贸、人文等领域的合作。这一时期，蒙中签署了一系列关于两国公民相互往来，以及经济、技术合作的协定，为两国在 20 世纪 90 年代的多领域合作开创了条件。

90 年代初苏联解体，改变了世界格局，国际体系进入多极化发展阶段，对蒙中关系的进一步发展起到了积极的推动作用。从中国方面看，多极化格局使中国北方的国际环境趋于安全和稳定，减少和避免了军事冲突的可能，中国也得以与蒙古国日益加深政治往来、经济合作和文化交流，这在一定程度上促进和提升了蒙中两国的互信程度。从蒙古方面看，其在冷战期间奉行与苏联全面结盟的外交政策，进而在内外事务中完全依赖苏联，接受苏联指导，带来的弊病是，这一时期蒙古国与东北亚各国在政治、经济、外交和安全领域几乎处于隔绝的状态。苏联解体后，各独联体国家开始努力与西方国家恢复关系正常化，以求挽救严重下滑的经济形势。这种局面直接导致蒙古国在苏联国家的外交布局中被边缘化并失去大量援助，随之政治、经济陷入双重困境，外交也陷入尴尬的处境。与此同时，由于长期沿袭苏联式的经济社会发展模式，蒙古国国内同样面临深重的危机。

面对复杂的国际国内环境，蒙古国开始根据国内外局势结合具体国情，积极推进经济社会改革。在外交方面，经过几年的外交实践，蒙古国于1994年颁布了《蒙古国对外政策构想》和《蒙古国家安全战略构想》等决议。决议中明确提出蒙古国将奉行等距离、不结盟、开放的"多支点"和平外交政策。首先，均衡发展同俄、中友好合作关系的同时，注重发展与美、日等西方国家、亚太地区及国际组织的友好合作关系。这是蒙古国外交发展史上具有重要意义、其独立以来首次从自身利益出发制定的务实的外交政策。

其次，随着东欧剧变，在对抗苏联的层面上，对于以美国为首的西方世界来说中国在一定程度上失去了战略意义。在新的国际形势下，中、俄有极大可能成为美国未来主要的竞争对手。而蒙古国因其独特的地理位置，战略地位开始凸显，尤其受到以美国为首的西方国家重视。因而，蒙古国"多支点"外交政策的提出，一方面将中、俄两大邻国作为蒙古国的外交重点，为蒙中两国关系的深化发展奠定了基础；另一方面，随着"多支点"外交战略的实施，多国力量汇入，在一定程度上蒙古国成为大国利益的汇聚地。与此同时，多极化趋势的加强减少了局部战争和全面战争爆发的可能性，使建立国际政治经济新秩序成为可能。这一时期，和平与发展成为世界的两大主题，各国都把促进经济发展作为国家发展的基本政策。蒙古国与中国在此方面有着同样的诉求。蒙古国的国家外交政策也从以巩固国家独立为主逐渐转向以国家发展为主。1994年蒙中两国签署的《中蒙友好合作关系条约》和1998年签署的《中蒙联合声明》进一步奠定了两国关系发展的基础。

进入21世纪以来，蒙古国完成了经济社会转型，实现了政治民主化和经济市场化。与此同时，中国的市场化程度不断加强，逐步实现了产业升级转型，经贸政策也更加成熟灵活。以此为背景，蒙中双方在追求合作共赢的

基础上，互信程度不断提高，政治关系快速、平稳发展，高层互访不断。2003 年蒙中两国宣布建立睦邻互信伙伴关系，完成了蒙中双边关系进入 21 世纪以来的第一次重大提升。2011 年蒙中两国宣布把"睦邻互信伙伴关系"提升至"战略伙伴关系"，是两国关系继续向前迈步的标志性事件，是两国关系史上的重大飞跃。

二 "一带一路"背景下的蒙中关系

2013 年，在中国国家主席习近平的主导下，中国提出"一带一路"倡议，并得到国际社会的广泛关注。蒙古国作为"一带一路"的沿线国家，更是将该倡议视为促进国家经济发展的重要机遇。当今世界，和平、发展、合作、共赢的时代潮流更加强劲，蒙中两国对国家发展的愿望同样强烈，"一带一路"倡议的提出，为蒙中两国关系发展开辟了更大的舞台。从蒙中发展战略契合度来看，中国亲、诚、惠、容的邻国外交理念强调中国的发展惠及周边邻国，而蒙古国近年来一直把发展对华关系作为其外交政策的优先方向。从经济互补性来看，两国地理位置相邻，中国的"一带一路"倡议意义在于扩大和加强与沿线国家及地区的经济合作，同时中国飞速发展的经济对海外资源需求较强，而蒙古国地大物博，中国可以为蒙古国提供资金、技术、通道、市场等的全方位支持。从民心相通程度来看，蒙中两国山水相连，人民友谊源远流长。近年来，双方人文交流密切，两国人民对两国关系的未来充满了期待。"一带一路"倡议的提出为蒙中关系的发展和中蒙俄三边合作提供了新的契机和空间。自"一带一路"倡议提出后，在共建"中蒙俄经济走廊"的大背景下，蒙中双方政治互动更加频繁、经济联系更加紧密、文化交流更加密切，蒙中关系不断向更高的水平迈进。

1. 政治互信加强，高层互访频繁

从"一带一路"倡议的提出到蒙中相关合作政策方案的逐步明晰是一个渐进的发展过程。在提出初期，尚待明晰具体措施的"一带一路"倡议对蒙古国来说，一方面，强大邻国带来了心理上的"不安全感"；另一方面，蒙古国担忧因自身基础设施相对落后，中国在制定政策时有可能选择东西走向的通道，即通过内蒙古连接中亚和俄罗斯方面的油气及其他资源，进而使得蒙古国在"一带一路"中被边缘化。但随着对"一带一路"倡议认知日渐清晰，蒙古国开始积极参与和融入"一带一路"建设，并希望借此来推动其经济发展，走出经济困境。在此基础上，蒙古国适时提出了"草原之路"战略，希望积极参与和推动中、俄、蒙三边框架下的区域合作。

2014年9月，中国国家主席习近平在出席中俄蒙三国元首会晤时正式提出，共建丝绸之路经济带，把丝绸之路经济带同俄罗斯跨欧亚大铁路、蒙古国"草原之路"进行对接，打造中蒙俄经济走廊的倡议，为三国发展及合作提供了新机遇，同时也获得了蒙俄的积极响应。2015年7月，中蒙俄三国元首在乌法进行了第二次会晤。该会晤的重要成果之一，是将中国的"一带一路"倡议、蒙古国的"草原之路"倡议、俄罗斯的跨欧亚运输大通道倡议进行对接，并达成共识，批准了《中俄蒙发展三方合作中期路线图》。其间，根据三国元首首次会晤达成的共识，三国分别签署了一系列框架协议，并明确了三方联合编制《建设中蒙俄经济走廊规划纲要》的总体框架和主要内容，标志着共建中蒙俄经济走廊已现雏形。[1] 2016年6月23日，中国国家主席习近平在塔什干同蒙、俄领导人举行了三国元首第三次会晤。《建设中蒙俄经济走廊规划纲要》《中华人民共和国海关总署、蒙古国海关与税务总局和俄罗斯联邦海关署关于特定商品海关监管结果互认的协定》等合作文件作为此次会晤的成果，得以签署。[2]《建设中蒙俄经济走廊规划纲要》的颁布，则标志着"一带一路"框架下的第一个多边合作规划纲要的正式启动实施。

与此同时，在共建"中蒙俄经济走廊"倡议的时代背景下，蒙中政治互信进一步加强，高层互访频繁。仅2014年，习近平主席与时任蒙古国总

---

[1] 《背景资料：中俄蒙三国元首会晤》，http://www.xinhuanet.com/world/2016-06/23/c_1119101970.htm。

[2] 《习近平会见蒙古国总统额勒贝格道尔吉》，http://www.xinhuanet.com/world/2016-06/23/c_1119100122.htm。

统额勒贝格道尔吉通过中国国家主席访蒙、三国元首会晤及 APEC 峰会等机会，就先后进行了多次会晤。特别是 2014 年 8 月 21 日，中国国家主席习近平访问蒙古，签署了《中华人民共和国和蒙古国建立和发展全面战略伙伴关系的联合宣言》，标志着蒙中关系迎来了历史最好发展时期，两国关系完成了进入 21 世纪以来的第三次提升。习近平主席此次访蒙，对推动两国关系的发展意义重大。2003 年，时任中国国家主席胡锦涛将访蒙之行作为其就任国家主席后首次出访的一部分，此后 11 年来蒙中两国元首的双边会晤，多是借助出席上合组织峰会、亚信峰会等大型地区活动之机。此次"走亲戚"式的暖心之旅，是中国国家主席习近平就任国家主席后单独出访国家的第二站，并举行了专门的双边峰会，体现出中国对进一步发展中蒙关系的重视。在访蒙期间，习近平主席表示"回顾两国建交 65 年的历史，友好和合作是中蒙关系的主基调"，"中蒙不仅是地理上的近邻，更应该成为行动上的善邻、感情上的友邻"，"不断深化的战略互信，不断密切的利益融合，不断亲近的国民感情，是 65 年来中蒙两国人民共同努力积累的宝贵财富"。①

自习近平主席访蒙后，两国高层领导人高密度的互访和沟通日益常态化，2015 年 9 月，蒙古国总统出席中国人民抗日战争胜利 70 周年纪念活动；9 月，蒙古国总理赴华出席夏季达沃斯论坛；10 月，蒙古国家大呼拉尔主席赴华出席亚洲政党丝绸之路专题会议；11 月，蒙古国总统对中国进行国事访问，双方发表《中华人民共和国和蒙古国关于深化发展全面战略伙伴关系的联合声明》。② 2016 年 3 月，蒙古国家大呼拉尔副主席对中国进行了访问；6 月中蒙俄三国元首第三次会晤举行；7 月，中国国务院总理李克强访蒙并出席第十一届亚欧首脑会议；10 月，中共中央政治局常委、中央书记处书记刘云山访蒙；10 月，蒙古人民党主席、国家大呼拉尔主席赴华出席"中国共产党与世界对话会"并访华。③ 2017 年 5 月，蒙古总理赴华出

① 《近邻、善邻、友邻》，http：//world. people. com. cn/n/2014/0822/c1002 – 25514834. html。
② 《2015 年中蒙关系十大新闻》，https：//www. fmprc. gov. cn/ce/cemn/chn/zmgx/sbgx/t1326658. htm。
③ 《2016 年中蒙关系十大新闻》，https：//www. fmprc. gov. cn/ce/cemn/chn/yhjl/t1425841. htm。

席"一带一路"国际合作高峰论坛；11月，蒙古人民党、民主党等各大政党领导人赴华出席中国共产党与世界政党高层对话会；12月，蒙古副总理赴华出席第四届世界互联网大会。[①]

2019年4月，蒙古国总统巴特图勒嘎对中国进行国事访问，对蒙中关系进一步发展具有重要意义。[②]巴特图勒嘎在访华期间再次强调，加强和发展同中国建立的长期友好关系是蒙古国外交政策的优先目标之一，并高度评价两国关系提升到全面战略伙伴关系是"过去70年间获得的实际成果"。

频繁的互访，是两国关系逐步深化、政治互信逐年加强的重要体现，蒙中关系的蓬勃发展是顺应时代和两国发展目标的必然结果。对蒙古国来说，积极发展对华关系是对中国和平崛起以及自身发展的积极应对。从中国方面来讲在"一带一路"背景下提升与蒙古国的外交关系水平，是中国积极发展周边外交关系的必然之举。正如中国国家主席习近平访蒙时所讲，"深化中蒙友谊和合作，可以说是秉天时、得地利、应人和"。[③]"一带一路"倡议与"草原之路"倡议的有效对接，将成为中蒙政治互信的基础保障和推进力量。

2. 经济联系更加紧密，合作方式更加多元

自20世纪90年代起，随着蒙中关系的逐步深化，得益于两国得天独厚的地缘和经济发展互补优势，经贸往来日益成为蒙中关系中不可或缺的重要组成。"一带一路"与"中蒙俄经济走廊"建设的推进，以及蒙中两国全面战略伙伴关系的确立，使两国间的经济联系更加紧密，经贸合作也得以进一步拓展。

从蒙中两国经济联系来看，两国特殊的地缘位置和极强的经济结构互补性一直是促进蒙中经济合作发展的最强大动力。蒙古国是典型的内陆草原国

---

① 《蒙古国主流媒体高度关注"一带一路"国际合作高峰论坛》，http：//www. mofcom. gov. cn/article/i/jyjl/j/201705/20170502579870. shtml。

② 国家间的高层访问分为工作、正式和国事三个级别。此前，蒙古国总统曾先后于1998年、2004年、2010年和2015年对中国进行过国事访问。

③ 习近平：《策马奔向中蒙关系更好的明天》，《光明日报》2014年8月22日，第2版。

家，矿藏储量丰富，制造业不发达，矿业是其支柱型产业，制造业发达的中国则是蒙古国矿产品最主要的购买国。同时，中国制造，尤其是中国的轻工业产品，也一直受到蒙古国消费者的青睐。以此为基础，从两国关系恢复正常化开始，双边贸易发展迅速。在经贸往来恢复正常化初期，蒙中双边贸易额仅1.2亿美元（1994年），经过五年的发展，1999年中国成为蒙古国第一大贸易伙伴国，至今已以保持20年。2018年，蒙中两国贸易额达84.75亿美元，占当年蒙古国对外贸易总额的65.7%，① 蒙中贸易额20余年间增长了近60倍。自1998年起，中国一直是蒙古国最重要的投资国，对蒙投资金额大，涉足领域广，目前在蒙古国的矿产资源勘探开采、建筑、畜产品加工及机械维修等领域，累计注册的中资企业达6500余家，占在蒙外资企业总数的一半以上。

随着中蒙俄经济走廊建设的不断推进，蒙古国与中国加强经济合作的意愿也在不断加强。2018年蒙古国驻华大使丹巴·冈呼雅格表示，蒙古国作为中国邻国，享有得天独厚的分享中国发展成果的有利条件，而对机遇及时、准确的把握则是双方合作的关键所在。在谈到中蒙自贸协定时他表示，关于"对谁最有利"的问题，显而易见，中国所面对的是300万人口的市场，而蒙古国面对的则是14亿人口的市场。

随着中蒙俄三国在共建"中蒙俄经济走廊"问题上达成共识，最直接也是最显而易见的影响是促进了三国间的经济合作和发展。但更深层次的影响则在于，蒙古国国家安全得到了更有效的保障。因此，蒙古国学者将中蒙俄三国关系面临困境期间的蒙古国比作"夹在中俄两国间的挡箭牌和缓冲器"，而随着"一带一路"建设的推进，蒙古国则转变为"更加理想的战壕或运河"。

从蒙中两国经济合作方式来看，多年来，两国经济合作尤其是双边经贸合作，基本围绕矿业开展，"一带一路"倡议与蒙古国"草原之路"倡议对接，为双方合作开创了更大的平台，使合作方式变得更加多元，同时也为蒙

---

① 《2018年蒙古国民经济运行整体情况》。

古国社会经济发展带来了新机遇。"一带一路"倡议实施以来，在两国政府支持下，中国企业在蒙参与实施了一大批基础设施项目，丰富了两国全面战略伙伴关系的内涵。如今，中国在蒙古国进行基础设施建设，已成为蒙中两国经贸合作中除矿产领域外，最受双方关注的重点方向。

在交通基础设施合作方面，通过"一带一路"平台，中蒙将合作在蒙古国修建多条省际公路，累计新建或改建公路里程近 1000 公里。2016 年 6 月通过的《建设中俄蒙经济走廊规划纲要》将促进交通基础设施发展及互联互通作为三方合作重点领域。2016 年开工的乌兰巴托至贺西格新国际机场高速公路是"一带一路"建设在蒙实施的标志性工程，在蒙古国引发高度关注。时任蒙古国总理赛汗比勒格在出席工程开工仪式时说："这条高速公路是蒙古国第一条高速公路，建成后将揭开蒙古国交通发展新篇章。"① 在电力项目合作方面，当前蒙中两国正在探讨实施多个电力项目，总装机容量超过百万千瓦，建成后将彻底改善蒙古国缺电及电力进口现状。在通信基础设施合作方面，两国将建设覆盖蒙古国所有省份的通信骨干网络及教育、医疗网络，极大地提升了蒙古国信息通信水平。在畜产品合作方面，蒙古国积极向市场潜力巨大的中国出口畜产品。单肉产品一项，2017 年底，中国自蒙进口 18000 吨，占蒙当年肉产品出口总量的 80%。此外，蒙古国设计的从其西部地区向中国出口肉类，从东部和西部地区出口农牧产品的建议，也得到了中国官方的肯定性表态。在旅游合作方面，发展潜力巨大。蒙古国正积极吸引中国公民赴蒙旅游。蒙古国驻华大使表示，希望能够更多地分享和利用中国旅游市场的巨大蛋糕，让蒙古国百姓受益。

此外，使用中国优惠贷款的众多大型项目和重要项目正在蒙古国有序地进行，中国对蒙古国的帮助也并未局限在基础设施等大型项目上，还涉及民生和环保领域。

3. 文化交流平台更加广泛，形式更加丰富

蒙中两国山水相连，蒙中文化交流与合作具有天然的地缘优势，蒙古国

---

① 《蒙古国首条高速公路的中国标准》，http://world.huanqiu.com/hot/2016-07/9163517.html。

民众与中国内蒙古的蒙古族是同根同源的跨境民族，相通的语言和生活习俗，带动了蒙中文化交流的积极性，在更多领域为蒙中两国文化交流合作提供了可能。特别是2014年8月，中蒙关系提升为全面战略伙伴关系，推动两国各领域交流合作迈上新的台阶。当前，蒙中双方人文领域交流十分活跃，正成为蒙中关系中的一大亮点，进一步拉近了两国人民之间的相互了解和友好感情。蒙古国总理呼日勒苏赫2018年在乌兰巴托国家宫接受中国媒体联合采访时也表示，"蒙古国希望积极参与中国'一带一路'倡议范围内的文化、人文交流与合作，向中国和'一带一路'沿线国家的人民介绍和宣传自己的国家"①。

文化交流平台更加广泛。近年来，蒙中两国文化交流合作日益频繁，形式丰富多样，成果不断显现，并助推了两国各领域关系稳步发展。从国家层面来看，自中俄开始积极构筑面向21世纪战略协作伙伴关系起，蒙中关系发展也进入了"快车道"，两国文化交流与合作随之不断得到加强。1994年蒙中双方签署文化合作协议，两国开始在文艺、体育、科技、教育等领域开展多渠道、多层次、多形式的交流与合作。举办汉语比赛、互派文艺团体、体育代表团互访、互派留学生、相互承认学历等都是两国文化交流活动的生动表现。2011年，蒙中双方签署了《中华人民共和国教育部与蒙古国教育文化科学部2011~2016年教育交流与合作执行计划》，经过几年的发展，该计划已经逐步扩大规模并形成机制。蒙古国驻华大使冈呼雅阁表示，蒙中两国关系发展趋势良好，双方进行了多层次、多方位、多地区的文化、教育、体育等友好往来，让我们看到了"一带一路"给两国健康发展带来的实惠和希望。

从地方和民间层面来看，蒙中两国通过地方政府和民间团体的推动与组织，从文物修复、非物质文化遗产保传承护、古代典籍翻译出版、影视剧拍摄及译制等角度进行着大量的交流和合作。随着两国关系的日益密切，"中

---

① 《专访："衷心祝愿中国人民早日实现伟大中国梦"——访蒙古国总理呼日勒苏赫》，http：//www.xinhuanet.com/2018-04/08/c_1122648611.htm。

国热""汉语热"正在蒙古国年轻人中兴起。如今，蒙古国已有30多所大学开设汉语专业，有30多所中小学开设汉语课程。由蒙古国专家翻译的《论语》《大学》等中国古代典籍，成为蒙古国的畅销书。此外，越来越多的蒙古国公民赴华留学、就医、购物、旅游。

文化合作形式更加丰富。"一带一路"倡议和"草原之路"倡议的对接，为蒙中两国的文化交流合作提供了更加广阔的平台，文化、教育、医疗卫生、科技等传统领域的交流与合作得到加强，并呈现出文化交流合作逐渐向文化产业合作拓展，文化交流合作逐渐与经济交流合作融合发展的蓬勃态势。将文化交流提升为文化产业合作的形式也更加丰富多样，关于生态旅游、绿色发展以及以援助为手段的医疗、教育、棚户区改造等合作形式大量出现。

近年来，蒙中两国围绕环保和绿色发展等事业，进行了多项合作，如2015年中国承建的蒙古国较大规模的能源项目，具有完全自主知识产权。乌兰巴托棚户区改造的首个项目，即由北京建工集团承建的乌兰巴托住宅小区项目已经成功移交蒙方，解决了该区域道路狭窄、经常停电、无上下水的苦日子，入住的居民高兴地称该小区为"北京小区"。随着中国项目的落地，中国的绿色发展理念也在蒙古国落地生根。蒙古国科学院学者高度称赞习近平主席提出的"绿水青山就是金山银山"的绿色发展理念，并表示"这是中国实施改革开放以来，经济增长方式转变的必然结果。蒙古国作为畜牧业国家，有着尊重自然的传统和风俗，中国的经济发展经验值得蒙古国学习和借鉴"。题目为《中国五年内降低空气污染30%》的报道经蒙古国媒体播出后，引起了蒙古国网民的共鸣。在蒙古国国家大呼拉尔联席会议上，总理呼日勒苏赫表示将继续利用中国政府提供的无偿援助资金，加快棚户区住宅改造，减少空气污染，保障公民人身健康与安全。

三　经贸合作仍将是未来两国关系发展中最主要的内容

多年来，蒙古国经济的发展一直受资金缺口大、经济结构单一、基础设

施落后等因素影响，自身难以突破经济发展的瓶颈。从蒙古国的经济形势来看，自2014年起，受国际大宗商品价格下跌和外国直接投资减少影响，蒙古国经济增速高位回落，货币贬值和通货膨胀形势严峻。① 虽然自2017年起，其经济增长率回升至5.1%②，但当前蒙古国仍然负债严重（2017年蒙古国财政收入含外来援助总额29.5亿美元，总体债务额为260.24亿美元），发展资金需求缺口仍然较大。在此背景下，蒙古国亟须寻求能够拉动其经济走出困境的有效动力，但依靠自身很难在短期内实现。

从蒙古国经济结构来看，历史上，蒙古国经济发展长期受苏联计划经济体制影响，向苏联出口原材料和半成品，从苏联进口工业制成品，导致其工业体系极度不完善，国家经济发展主要依靠矿业的推动，直至今天这种经济结构仍然没有得到有效改善。2017年，蒙古国国内生产总值中矿业占比为22%；工业领域产业总值中矿业占比为74%；国外直接投资中对采矿、重工冶金的投资占64%；矿业出口占总出口的90%，煤炭占45%，出口结构为煤炭、铜、铁矿石、金和石油。③ 国家经济发展严重依赖矿产品出口，导致国际大宗商品价格走势、邻国对矿产资源的需求量等因素，成为影响蒙古国经济形势的主要因素，也为其经济稳定带来了不确定性。因而，多年来蒙古国一直期望对经济结构进行调整，降低国家经济发展对矿产品出口的依赖，并逐步完善本国工业体系，但此目标同样需要大量的资金支持。

从蒙古国基础设施水平来看，蒙古国的货运交通运输主要以铁路和公路为主。目前，蒙古国境内仅有两条铁路，分别是乌兰巴托铁路和乔巴山铁路，里程仅1815公里。蒙古国国内公路主要分为三类：国家级公路、地方公路和单位自用路。截至2012年底，全国公路总里程约49250公里，其中仅有2395公里为柏油路面，且大部分年久失修，路况较差。蒙古国相对落后的交通基础设施水平，已经远远不能满足经济社会发展的要求，严重阻碍

---

① 2011年、2012年、2013年、2014年、2015年其经济增速分别为17.3%、12.3%、11.6%、7.8%和2.3%，2016年跌至1.2%。
② 《蒙古消息报》，2018年2月20日。
③ 蒙古国国家统计委员会统计数据。

了矿产品的出口运输和境外投资，并导致了其外部经济合作的低水平状态，这也是蒙古国参与周边国家与地区经济合作的最大劣势。

此外，经过多年的发展实践，蒙古国也认识到与美日等"第三邻国"的经济合作对本国经济发展促进作用不强。因此，为振兴经济而"向南看"，成为蒙古国顺理成章的选择。在此基础上，蒙古国选择积极参与"一带一路"建设，并将"一带一路"与"草原之路"对接视为促进蒙古国经济发展的重要路径。未来一段时间内，蒙中两国合作的主要目标是在共建"中蒙俄经济走廊"的平台上加强双边合作，而"一带一路"、"草原之路"以及"中蒙俄经济走廊"的核心都是经济合作和发展，在此背景下，可以说未来一段时间内经贸合作仍将是两国关系发展中最主要的内容。

B.20
蒙俄关系发展及未来走向

范丽君　李超*

摘　要：　近年来，随着国际政治环境和地区局势以及两国自身经济的发展，蒙古国与俄罗斯适时调整其内政外交，双边关系也随之发生悄然变化。中国"一带一路"倡议提出后，蒙古国和俄罗斯相继调整各自内政外交关系，尤其是双边关系，2016年两国借助建交的时间节点，积极推进深化两国政治、经济、文化、军事等领域的双边关系，其中一个成果是，2017年，欧亚经济联盟委员会与蒙古国就自贸区问题进行谈判。未来还有可能就蒙古国加入欧亚经济联盟等事宜进行谈判，以此达到蒙古国在中俄贸易中的平衡关系。

关键词：　蒙古国　大选　蒙俄关系

　　蒙古国与俄罗斯是中国北部重要邻国，也是"中蒙俄经济走廊"建设的核心合作国家，在中国向北开放战略中具有举足轻重的作用。蒙古国和俄罗斯的国内政治生态环境以及双边关系对中国北部国防安全、中国开展国际合作具有重要意义。

　　苏联解体后，"蒙苏关系"变更为"蒙俄关系"，开启双边关系新的

---

　*　范丽君，内蒙古社会科学院俄罗斯与蒙古国研究所研究员，研究方向为中俄蒙关系；李超，内蒙古社会科学院俄罗斯与蒙古国研究所助理研究员，研究方向为蒙古国政策、外交。

时代。由于各自选择的发展道路迥然、实行的体制不同、对过去意识形态主导双边关系不认同等因素影响，两国关系也曾经历一段"磨合期"。直到 2010 年底，蒙古国和俄罗斯恢复了苏联时期建立起来的几乎所有合作关系。① 近年来，随着国际政治环境和地区局势以及两国自身经济的发展，蒙古国与俄罗斯都在适时调整其内政外交，双边关系也随之发生悄然变化。特别是 2013 年底乌克兰危机爆发以后，俄罗斯亚太战略步伐加快，对蒙古国在俄罗斯远东及西伯利亚地区发展中的地位和作用进行重新评估与分析，加快与蒙古国双边关系。蒙古国同样也在调整与地区内的国家关系，其中包括与俄罗斯关系。蒙古国希望在经贸领域，使其与中国处在"等距离、均衡、平等"的水平。这种趋势在 2016 年蒙古国大呼拉尔（议会）选举和 2017 年 6 月总统选举中尤为明显。

一 2016年蒙古国议会大选后蒙古国与俄罗斯双边关系

蒙古国是议会制国家，大呼拉尔（议会）是国家"最高权力机关，立法权只有国家大呼拉尔（议会）行使，实行一院制，由 76 名委员组成"②。大呼拉尔委员的任期和总统任期一样，都是 4 年，议会选举的第二年进行总统选举。2016 年是大呼拉尔选举年，2017 年是总统选举年。因为政府工作由国家大呼拉尔负责，所以，政府总理由大呼拉尔任命，政府委员由总理提名、大呼拉尔任命。

2016 年 6 月 29 日，蒙古国完成转型以来的第 7 次大呼拉尔（议会）选举，"共有 12 个政党、3 个联盟、69 名独立候选人共 498 名参选人角逐 76 个席位。结果是人民党获得 65 个席位，蒙古民主党 9 个席位，蒙古人民革命党 1 个席位，独立参选人获得 1 个席位"③。根据蒙古国宪法和选举法规定，获得席位最多的政党——人民党获得提名总理和组建政府的权力。7 月

① 范丽君：《蒙古与俄罗斯双边关系综述》，《内蒙古财经学院学报》2011 年第 6 期。
② 郝时远、杜世伟：《列国志：蒙古国》，社会科学文献出版社，2007，第 106 页。
③ 《蒙古国国家大呼拉尔选举圆满举行》，《蒙古国消息报》2016 年 6 月 30 日，第 1 版。

21 日，蒙古国大呼拉尔通过新一届政府组织结构，由 15 个部委组成。扎·额尔登巴特被任命为蒙古国第 29 任政府总理。

作为议会制国家，大呼拉尔选举完成标志蒙古国新一轮内政外交的开始。新一届议会和政府面临的是蒙古国 2010 年以来经济发展速度最低、发展水平最差的一年，政府面临的压力可想而知。内政外交是相辅相成而发展，外交是内政的延续，内政是外交"源动力"。蒙古国的经济困难需要有外交输血予以抢救。在此背景下，这届政府首先还是将关注的重点放在吸引国内外投资上。2016 年 7 月 30 日，在政府例行会议上，总理扎·额尔登巴特向走马上任的一些新部长下达指示，从内部管理入手，对相关法律法规落实进行监督，制定相关财政、金融政策，促进国内产业发展，对外加强与中俄两个邻国关系之外，积极发展与"第三邻国"的经贸关系，促进蒙古国产业多元化。借助传统加强与俄罗斯的关系，也是这届政府重要外交、外事活动，以此缩小蒙俄经贸与蒙中经贸的差距。

（一）政治互信增强，上下互动稳定

2016 年是蒙俄建交 95 周年。借助这一机遇，双方开展一系列庆祝活动，自上而下推动双边关系发展，全面深化双边关系，亮点纷呈。在"白月节"（农历新年）期间，蒙古国收到来自俄罗斯的丰厚礼物。普京签署关于免除蒙古国对俄罗斯所欠债务的协议，即俄罗斯免除了 2010 年 12 月 14 日前蒙古国所欠 1.742 亿美元债款。① 这标志蒙俄间历史遗留的最大问题——债务问题得到妥善解决，由此揭开蒙俄关系新篇章。

1. 高层互访制定新规划和方向

2016 年 4 月，俄罗斯外长谢·维·拉夫罗夫应蒙古国时任外长鲁·普日布苏伦邀请对蒙古国进行"微服官访"。尽管蒙古国媒体对俄外长的穿着有些微词，但没有影响蒙古国政府的高规格接待。蒙古国时任总统额勒贝格

---

① 《俄罗斯总统普京已签署免除蒙古国对俄罗斯的债务协议》，《蒙古国消息报》2016 年 2 月 4 日，第 3 版。

道尔吉、时任总理其·赛汗比勒格相继会见了到访的俄外长。访问期间，两国外长签署了包括在政治、经贸、国际合作等在内的《蒙俄发展战略伙伴关系中期规划》。这个为期 5 年的规划是俄罗斯和蒙古国双边合作的指导性文件，把传统友好关系续接起来，推动蒙俄双边关系迈上新台阶。援引蒙古国前总统额勒贝格道尔吉的评价，"两国高层对话已经走向机制化，蒙俄战略伙伴关系正得以积极发展"①。事实上，1996 年成立的经贸、科技关系委员会一直是两国政府机制化联系的纽带。一年一次在两国轮流召开，就两国合作问题进行深入探讨。2018 年 2 月 28 日，俄蒙政府间委员会会议在莫斯科举行。俄罗斯自然资源部长谢尔盖·顿斯科伊与蒙古副总理恩赫图布辛分别担任政府间委员会俄方和蒙方的主席。会议期间，蒙古国核能委员会秘书长嘎·曼莱扎布同俄罗斯原子能机构副主任斯巴斯基共同签署了关于蒙古国核能委员会和俄罗斯原子能机构间在蒙古国建立核科技中心互谅备忘录。②这是蒙俄之间在 2018 年的"例事"中的一件大事，开启了蒙俄在新型能源领域的合作。此外，在政府间委员会框架下的多个诸如"交通""农牧业""区域与边境地区合作分委会"等分委会、工作组对两国就某一领域合作问题进行磋商，既有针对性，又能高效对接。

2016 年 6 月，蒙古国完成第 7 届大呼拉尔选举后，新当选的大呼拉尔主席、总理、外交部部长等高层领导相继会见俄罗斯驻蒙古国全权大使，大呼拉尔主席以及一些部长对俄罗斯进行工作访问，就蒙俄政府部门间合作进行商讨。同年 7 月，俄罗斯总理梅德韦杰夫受邀参加在蒙古国首都乌兰巴托举行的"欧亚峰会"与时任蒙古国总理扎·额尔登巴特会面，就两国政府间合作机制化会晤进行磋商。2017 年 6 月，新当选的蒙古国总统巴特图勒嘎将俄罗斯作为其首访国家，并参加"蒙俄经济论坛"，从一个层面证实蒙古国在平衡中俄关系中的微妙态度。2017 年 10 月新组建的乌·呼日勒苏赫政府也非常重视与俄罗斯关系，在国家大呼拉尔会议上表示"蒙古国正致力于加深

---

① 谢·维·拉夫罗夫：《世界各国要共同反对恐怖主义》，《蒙古国消息报》2016 年 4 月 21 日，第 1 版。

② 《签署建立核科技中心备忘录》，《蒙古国消息报》2018 年 3 月 10 日，第 1 版。

与俄罗斯传统战略伙伴关系，发展蒙俄间《战略伙伴关系中期纲要》"①。

两国高层互访频繁，就合作的诸多问题达成一致意见，并取得一些具有开拓性意义的成果。第一，2017 年底俄罗斯将蒙俄合资的"额登特"铜钼厂所持 49% 股份转给蒙古国，使其成为全资蒙古国公司。条件是蒙古国政府不得向第三方出售俄罗斯 49% 股份。② 第二，俄罗斯接受蒙古国与俄罗斯主导欧亚经济联盟签署自贸协定的建议。未来蒙古国可能会加入这一联盟，成为其成员。③ 第三，2017 年 1 月开通了乌兰巴托—乌兰乌德跨国"一票通"客运服务，即购买一张从乌兰巴托到乌兰乌德的票，既可以乘坐火车，也可以乘坐汽车，还可以火车、汽车混乘。大大方便了旅客，提高了速度，降低了运输成本。第四，在总统巴特图拉嘎建议支持下，2018 年 6 月 7 日如期召开了"蒙古国和俄罗斯倡议 2018"双边会议，就蒙俄合作达成众多共识，"对推动两国战略关系提升至新水平，加强经贸、政治、文化双边合作，扩大私企间合作起到积极作用"④。9 月在符拉迪沃斯托克举行的第四届"东方经济论坛"上，蒙古国总统就打造东北亚新兴能源网提出蒙古国的发展战略，并明确指出该发展战略是与俄罗斯共同商量决定的。

2. 边境地区的合作与交流成为新亮点

蒙古国与俄罗斯毗邻省区之间的合作历史悠久。与蒙古国毗邻的俄罗斯边境地区民族多数是游牧民族，而且以蒙古语族语言部落居多，属于俄罗斯少数民族聚集区，这些民族与蒙古民族无论是从语言，还是风俗习惯、身材相貌、宗教信仰等方面具有许多共同点。相互交流与合作的频率高于其他行政区，特别是在 2014 年蒙俄施行互免签证以后。区域与边境地区合作在蒙俄两国经贸关系中占有特殊地位，"地方间贸易占两国贸易总额的 70%"⑤。

① 《乌·呼日勒苏赫：将高度重视蒙中俄三边合作关系》，《蒙古国消息报》2017 年 12 月 7 日，第 2 版。
② 《"额登特"铜钼厂 100% 归于蒙古国》，《蒙古国消息报》2016 年 7 月 7 日，第 1 版。
③ 《俄罗斯接受蒙古国与欧亚经济联盟签订自贸协定的建议》，《蒙古国消息报》2017 年 11 月 9 日，第 2 版。
④ 《蒙古国和俄罗斯倡议 2018》，2018 年 6 月 14 日。
⑤ 《将向俄罗斯出口牲畜和肉制品》，《蒙古国消息报》2017 年 8 月 31 日，第 3 版。

蒙俄接壤省区和地区间的交流与合作对促进两国关系发挥了重要作用，两国政府专门设"区域与边境地区合作分委会"负责地区合作事务。根据媒体报道，2018 年 2 月 26 日，在蒙古国召开第 13 届分委会会议，双边草签《关于推动区域与边境地区合作关系蒙俄政府间协定》①。此外，2000 年以后开始的由两国政府主导的"蒙俄合作"经贸活动基本以地方经贸合作为主。2017 年 10 月，在蒙古国举办了"蒙俄合作（2017）"经贸活动，内容包括"经济论坛"、"俄罗斯商品展销会"、"俄罗斯音乐节"、"友谊奖杯"蒙俄体操赛等。2018 年在俄罗斯举办"蒙俄合作（2018）"经贸活动。目前，蒙古国和俄罗斯之间就推动"贝加尔湖自由贸易区"进行协商和建设。俄罗斯准备在其境内开设主要面对蒙古国、中国以及东北亚国家的贸易区。与蒙古国比邻的俄罗斯布里亚特共和国、外贝加尔边疆区、伊尔库茨克州、阿尔泰共和国和图瓦共和国等成为该自由贸易区的积极参与者和支撑者。2018 年 9 月，蒙古国外交部部长访问俄罗斯远东地区，希望蒙古国能够通过俄罗斯远东地区开拓新的出海口，实现蒙古国出口多元化。②

（二）经贸、投资等合作有所突破，仍不容乐观

苏联解体后，蒙古国与俄罗斯经贸关系总体呈下降态势发展，2000 年以前的下降是断崖式的，2000 年以后基本处于低水平阶段，蒙俄贸易在俄罗斯和蒙古国对外贸易比重非常低。尽管 2017 年有所提升，但仍处于较低水平发展阶段。俄罗斯占蒙外贸总额比重已从 1990 年的 80% 逐年降至 2015 年的 13%，2016 年世界矿产品价格的一路走低，以及中国对蒙古国矿产品需求的减少，导致蒙古国对外贸易减少，与俄罗斯的贸易额 9.36 亿美元，占蒙古国对外贸易总额 82.8 亿美元的 11.30%。2017 年蒙古国与俄罗斯贸易额是 12.87 亿美元，占蒙古国对外贸易总额 105.38 亿美元的 12.2% 左

---

① 《蒙俄政府间委员会会议举行》，《蒙古国消息报》2018 年 3 月 1 日，第 2 版。
② 《以俄罗斯远东海上口岸向亚太区供应蒙古国矿产品》，《蒙古国消息报》2019 年 9 月 13 日，第 2 版。

右。^① 蒙俄双边贸易总额占蒙古国对外贸易总额比例不高，但 2017 年的双边贸易比 2016 年增加 27.2%，增加幅度较大，而且贸易逆差加大。这就反应蒙俄贸易结构不对称的状况没有根本改变。

蒙古国仅在 1992 年对俄为贸易顺差（贸易顺差约 500 万美元），之后，蒙古国对俄贸易逆差逐年上升，其中贸易逆差在 2012 年达到峰值的 17 亿美元，2013 年贸易逆差为 15 亿美元，占当年蒙古国贸易逆差总额的 71.8%，截至 2018 年 11 月，蒙古国与俄罗斯的贸易逆差为 15 亿美元。^② 这种局面的产生，一方面来自蒙古国对俄石油进口的依赖，目前蒙古国超过 90% 的进口石油来自俄罗斯；另一方面向俄出口产品的种类单一，蒙古国对俄出口产品种类日渐萎缩，萤石和肉制品两类产品就占对俄出口的 90% 左右。^③ 2014 年前，蒙古国只向俄罗斯一个州出口畜产品，2016 年开始增加到 8 个州。^④ 2016 年、2017 年和 2018 年，蒙古国牲畜总数超过 6500 万头，这在一定程度上保障了蒙古国对俄增加肉类出口。

从俄罗斯进口的主要商品集中在石油等传统产品，巩固深化传统经贸关系仍是重点。新兴科技领域合作较少，金融、旅游和区域经济合作虽然刚刚起步，但潜力不可小觑。蒙古国 95% 的油气从俄罗斯进口，传统基础产业设备更新改造依然依赖俄罗斯进口。2014 年蒙古国与俄罗斯签署互勉签证后，2015 年开始俄罗斯与蒙古国之间的旅游人数增加，根据蒙古国国家统计局网站公布数据，2017 年入境蒙古国的外国总人数为 542700 人，其中俄罗斯公民占 20.3%，^⑤ 位居第二，人次比 2016 年增加 27%。^⑥ 据蒙古国国家统计总局消息，2018 年第一季度入境蒙古国游客人数达 75000 名人次，

① 《蒙古国统计年鉴（2017）》，蒙古国国家统计局，2018，第 403 页。
② 《蒙古国与哪些国家贸易较多?》，《蒙古国消息报》2019 年 1 月 10 日，第 3 版。
③ "Nyamdoljin: Mongolia and Russia have a long way to go in boosting relations", *The Mongolian Observer*, No. 6, 2017.
④ 《将向俄罗斯八州供应牲畜肉》，《蒙古国消息报》2016 年 1 月 21 日，第 2 版。
⑤ 《入境蒙古国最多的国家为中国、俄罗斯和韩国》，《蒙古国消息报》2018 年 1 月 25 日，第 4 版。
⑥ 《2017 年蒙古国旅游业收入达 4 亿美元》，《蒙古国消息报》2018 年 2 月 1 日，第 4 版。

同比增长 11%，其中 36% 来自俄罗斯，来自俄罗斯的游客人数增长了 28.8%。^① 这是两国签署免签证以后带来的便利，也是因俄罗斯遭受制裁后，向东看的一个体现。

2015 年，蒙古国中央银行与俄罗斯中央银行开始首次合作。2017 年 6 月，两国央行在蒙古国首都乌兰巴托举行第二次"圆桌会"，双方代表就"两国银行间合作、贸易融资和汇款条件等议题进行交流"^②。2016 年 12 月，蒙古国大呼拉尔主席（议长）米·恩赫鲍勒德访问俄罗斯时，蒙古国开发银行与俄罗斯联邦储蓄银行签署备忘录。^③ 两国央行和重要银行之间的合作有助于提高蒙古国经贸和商务投资等领域的合作质量。

（三）人文领域合作呈"专业化"方向发展

蒙古国与俄罗斯在人文教育领域的合作与交流历史悠长，基础深厚，蒙古国的教育体制、模式以及教育体系等均有俄罗斯的影子。苏联解体后，两国意识形态、价值取向"分道扬镳"。蒙古国更加重视与"第三邻国"在人文、教育领域的合作与交流。但是在几个关键领域，蒙古国还是非常重视与俄罗斯和合作。

1. 司法合作趋势明显

两国合作第一要遵循的是联合国宪章以及国际合作规则，另一个要对接的就是司法。作为独立国家之间的合作，尊重、遵守彼此国家法律是合作方必须遵循的义务。蒙俄司法合作历史悠久，最近几年，随着经济合作不断深化，蒙俄两国司法合作领域也在不断扩大。2016 年 12 月 6 日，蒙古国司法与内务部部长萨·宾巴朝格特受邀对俄罗斯进行工作访问期间，两国司法部签署《2017~2018 年合作纲领》，并就立法机构、执行机构之间的合作达成

---

① 《赴蒙古国旅行的法国、韩国游客人数增多》，《蒙古国消息报》2018 年 4 月 26 日，第 4 版。
② 《蒙俄两国中央银行间联合圆桌座谈会举行》，《蒙古国消息报》2017 年 7 月 6 日，第 3 版。
③ 《米·恩赫鲍勒德访问俄罗斯和波斯湾国家》，《蒙古国消息报》2016 年 12 月 22 日，第 1 版。

一致性意见，这对于改善合作法律环境具有重要意义。2017 年 5 月 31 日，俄罗斯内务部长克罗克里佐夫应蒙古国司法与内务部部长萨·宾巴朝格特的邀请访问蒙古国。这是时隔 15 年后俄罗斯内务部长再次出访蒙古国，并重新签署了已经中断 16 年的合作协定。① 可以说这标志着两国司法合作迈上务实合作新阶段。这对规范双方合作，对接两国法律以及合作项目具有历史性意义。2018 年蒙古国国防部长和俄罗斯国防部长分别在 2 月和 9 月进行互访，双方就国防领域合作达成共识，"体现了俄罗斯与蒙古国关系继续朝着正确方向发展，一如既往保持着兄弟友好关系"②，这可能会成为两国日后重点关注领域。

2. 大众媒体领域合作扩大

新闻媒体之间的合作是蒙俄人文交流中最为重要的部分。两国在该领域合作由来已久，蒙古国的广播、报刊媒体体系是在苏联帮助下构建起来的。两国在人文领域的合作基础较好，随着互联网发展，网络媒体、融媒体等新兴产业的发展，俄罗斯与蒙古国在大众媒体领域的合作扩大，尤其是地方媒体之间的合作。2016 年 5 月 16 日，由 50 多名代表组成的俄罗斯新闻代表团应邀访问蒙古国，并参加蒙俄记者论坛。在蒙古国期间，该代表团受到蒙古国时任总理其·赛汗比勒格、外交部部长等高规格接待，与蒙古国同行就"扩大新闻机构间合作、相互交换信息和节目等问题进行讨论"③。一年之后，即 2017 年 6 月，蒙古国时任总理扎·额尔登巴特受邀参加"圣彼得堡国际经济论坛"时，与俄罗斯签署《关于大众电信领域合作协定》，就"互换新闻工作者，在俄罗斯培训蒙古国记者，共同制作纪录片并相互宣传等进行合作"。正如俄罗斯通信与大众传媒部部长尼古拉·尼基福罗夫所言："这只是一个开端。我们已达成了进一步扩大双方合作共识。如，俄罗斯已

---

① 《俄罗斯内务部长科洛科利采夫正访问蒙古国》，《蒙古国消息报》2017 年 6 月 1 日，第 1 版。

② 《俄罗斯国防部长斯·绍伊古将访问蒙古国》，《蒙古国消息报》2018 年 4 月 12 日，第 2 版。

③ 《蒙俄新闻界将扩大合作》，《蒙古国消息报》2016 年 5 月 9 日，第 2 版。

启动经过蒙古国领土向中国输出的电信光纤宽带研究工作，就保障软件、互联网和网络安全等方面展开合作。"① 随着信息革命新时代到来，蒙古国与俄罗斯还将在融媒体等新领域展开合作。新闻是宣传思想的重要阵地，抓住媒体，相当于抓住社会思潮的主流，是影响社会大众的重要标尺。

3. 俄罗斯重视与蒙古国在军事技术、人才培养领域合作

蒙古国的国防建制、管理体系、军事人才培养、教育沿革中渗透很深的俄罗斯元素，双边在国防军事领域合作历史由来已久，其中人才培养、技术支持是合作的两大重点。蒙古国90%的军事武器装备是俄罗斯制造，其装备更新、技术升级仍然依赖从俄罗斯进口。"经济上倾向中国，安全上仰仗俄罗斯"是转型以后蒙古国对中俄两个邻国"平衡关系"的总体定位。鉴于两国过去的友好关系和合作历史，未来蒙古国还在国防建设、军队建设以及国防安全建设等方面加强与俄罗斯的合作。俄罗斯也会借助传统，发挥一技之长，输出军事技术和武器装备，由此强化两国在该领域合作。2017 年 4 月，蒙古国时任国防部长巴·巴特额尔德尼对俄罗斯进行工作访问时与俄罗斯国防部长谢·绍伊古进行会晤，就两国"国防部门间的关系及军事技术合作问题交换意见……俄罗斯向蒙古国提供无偿军事技术援助，招募蒙古国军官在俄罗斯各类军校以免费和优惠的方式进行培训"②。除了已经机制化的"色楞格军演"，两国扩大了在反恐、毒品、非法运输等非传统安全领域的合作，补上蒙古国在上述领域的短板，实现俄罗斯武器、军事设施的出口多元化目标。2018 年蒙俄双方的国防部长进行互访，10 月 18 日，俄罗斯国防部长谢尔盖·绍伊古访问蒙古国期间，双方在发展两国国防部关系和军事合作长期计划上签字。正如蒙古国国防部长 2 月 23 日访问俄罗斯时所言，蒙古国国防部"对俄罗斯国防部在武装设备和技术、培训人才方面提供的援助表示感谢"③。

---

① 《蒙古国总理出席圣彼得堡国际经济论坛》，《蒙古国消息报》2017 年 6 月 8 日，第 1 版。
② 《国防部部长对俄罗斯联邦进行工作访问》，《蒙古国消息报》2017 年 5 月 4 日，第 2 版。
③ 《国防部部长应邀出席俄罗斯工农红军 100 周年庆典仪式》，《蒙古国消息报》2018 年 3 月 1 日，第 2 版。

4. 畜牧业方面的合作务实有效

口蹄疫一直是困扰蒙古国牛羊肉出口的制约性因素。最近两年，蒙俄政府间委员会及其分会就交通、食品农牧业等领域合作进行商讨。其中一项活动就是启动"健康蒙古牲畜纲领"。在此框架下，2017 年下半年，"俄罗斯向蒙古国提供 400 万支牲畜传染病疫苗，用以预防口蹄疫传染病"，此外，两国还就农业领域合作签署协议。① 蒙俄商界将建立合资肉制品厂，增加肉类出口数量，将产品出口俄罗斯和欧洲其他国家。

二　蒙古国与俄罗斯双边关系迅速恢复的原因

蒙古国和俄罗斯在 21 世纪后能迅速恢复关系，得益于历史积淀的传统，尤其是在文化认同、国民认同情感上。

1. 蒙古国政治、文化发展中的俄罗斯因素

尽管转型、转轨以后的蒙古国一致希望走"民主化""民族化"道路，恢复蒙古国主体民族的传统文化、习俗，重新振兴蒙古游牧文化。冰冻三尺非一日之寒，俄罗斯对蒙古国的影响已经渗透在国民衣食住行的各个方面。蒙古国现有的教育、社会管理、民众生活、生产方式都有俄罗斯的影子和元素。

首先，蒙古国现有的教育体系是沿袭苏联模式，使用的文字是以俄语基里尔文字为基础创建的。尽管从 20 世纪 90 年代中期开始，蒙古国提出文字改革恢复传统蒙古文，但时至今日，蒙古国恢复传统蒙古文仍走在路上，传统蒙古文和西里尔蒙古文（又称斯拉夫蒙古文）并行出现在蒙古国的官方文件题头，或者是官印（章）中，并没有普及到社会每个层面，对西里尔蒙古文字的使用还将持续一段时间。语言文字是一个民族文化的载体与精神核心体现。蒙古语中的大量俄语借词，以及与俄文同宗同脉的西里尔文字使用，潜意识拉近了蒙古国民众对俄罗斯文化、国民以及国家的认同感。

---

① 《扎·额尔登巴特签署的协议开始得以实施》，《蒙古国消息报》，2017 年 6 月 29 日，第 2 版；《蒙古国对外关系部长访问俄罗斯》，《蒙古国消息报》2017 年 8 月 24 日，第 1 版。

其次，大量留苏（俄）知识分子的存在是俄罗斯因素存在的主要支撑载体。尽管蒙古国在中俄两个国家采用"等距离、平衡外交"，但是，受之前70多年友好关系影响，在蒙古国的社会生活、理念、思维以及文化生活中，俄罗斯因素并未完全褪去，尤其是具备高学历的中老年群体。处在国家管理层群体的"知识派"，大部分有留苏（俄）经历，获得的是苏（俄）学历。他们对俄罗斯的印象尽管有好有坏，但语言文化的熏陶决定其有"先俄"心理特点。这种现象随着蒙古国自身民族文化修复以及在地区和国际社会地位和影响力的提升，可能会逐渐散去，但这需要一代，甚至是两代人的努力。

蒙古国衣食住行中的俄罗斯元素有目共睹，举不胜举。尽管蒙古国是一个以游牧为主的国家，牛羊肉、奶制品是离不开的传统饮食，但是，俄罗斯的面包已经成为蒙古国民众不可或缺的主要食品，家家有，户户备。蒙古国民众传统服饰、音乐、美术、舞蹈中渗透的俄罗斯文化元素也比较多。妇女喜欢的"大三角披肩"、年轻人喜欢的"手风琴"以及"油画中的森林草原"等都渗透了俄罗斯文化传统元素。蒙古民族传统医药学已经被西方现代医学取代，许多民族医药成为历史文化遗产，难以有效应用于临床实践。

2. 俄罗斯对蒙古国经济影响因素

蒙古国的基础产业、工业体系、畜牧业发展基础基本是在苏联帮助下构建起来的。按照苏联主导华沙公约组织的内部分配原则，蒙古国当时的传统产业，也是主导产业就是畜牧业。其余诸如矿产业、交通运输业、农业、林业都属于较为薄弱的产业，产业基础设施、设备、技术多数还是进口俄罗斯。作为国家支柱的铁路交通，油气运输设备设施一半以上源于俄罗斯。俄罗斯是这些工业设备、设施的改造升级的基金保障，"蒙古国每月进口品开销额为2亿美元，其中4000万美元用于进口石油产品"[①]。而90%以上的石油产品来源于俄罗斯。除此之外，蒙古国的铁路、重要矿产资源的开发利用

① 《俄罗斯向我国石油进口公司提供资金》，《蒙古国消息报》2016年4月28日，第3版。

技术也是来源于俄罗斯，例如，额登特铜钼矿、铀矿等。换言之，蒙古国的主要产业、支柱性产业的发展还是受制于俄罗斯。

随着世界经济区域化、一体化不可逆的发展趋势，蒙古国参与国际经济市场的机会和平台随之增多，俄罗斯对蒙古国的经济影响力逐渐减弱，尤其是在新型信息技术领域。此外，由于俄罗斯自身产业结构也处在调整时期，一、二、三产业结构发生变化，对蒙古国新型产业发展的制约性因素在逐渐缩小。

笔者认为，未来一段时间，俄罗斯对蒙古国经济发展依然产生重大影响，其程度会随着两国经济发展以及产业发展而有所变化。俄罗斯将蒙俄合资"额登特"铜钼厂49%股份交还蒙古国也许就是一个信号，俄罗斯将转变与蒙古国在经济领域的合作方式。2017年11月，俄罗斯同意蒙古国与欧亚经济联盟签署自贸协议的建议，接受蒙古国成为其主导的"欧亚经济联盟"成员。

三 蒙俄关系未来展望

作为位于中俄之间，又与这两个国家有着深厚历史关系的国家，蒙古国政府"优先发展与两大邻国平衡发展"的外交原则不会改变，而且要达到其所谓的真正"平衡关系"。目前，蒙古国与中国是"全面战略伙伴"的良好政治关系，经贸额占蒙古国对外贸易额一半以上的良好经济关系，但两国的认同差异滞后蒙古国与俄罗斯双边认同。为此，蒙古国这任总统巴特图拉嘎和这届政府希望能扭转这一"不平衡"双边关系。正如巴特图勒嘎总统的外交顾问普日布苏伦所言："蒙古国将与中俄两国发展平衡与平等的双边关系置于外交政策优先发展方向，但目前蒙古国与两大邻国经贸关系发展并不平衡，巴特图勒嘎总统致力于在短期内将蒙俄经贸合作水平提升至蒙中两国间相同的紧密程度。"①巴特图拉嘎上任一年多来，蒙古国上上下下与俄罗

---

① L. PUREVSUREN："Mutually Beneficial and Friendly Cooperation will Be Exercised in Ties With China and Russia"，http：//montsame. mn/en/read/11248.

斯的关系确实较以前有更为务实的发展，未来还将在贸易逆差、中俄贸易平衡之间寻找更多切入点。

（一）总统、政府必将积极作为，务实提升两国经贸合作关系

2017 年 7 月当选的蒙古国第五任总统哈·巴特图拉嘎将其首访国家定为俄罗斯，可以看出其在平衡中俄关系中的立场和态度。通过此次出访，蒙古国总统希望达到的目标是，一方面挖掘两国经济合作潜力，整体提升与邻国经济合作水平；另一方面避免经济过度依赖一国，实现蒙古国与南北两大邻国贸易平衡。在此思路下，巴特图勒嘎今后对提升蒙俄经贸合作水平的要求更为迫切，推动蒙俄合作力度或将增大。

对于未来俄蒙两国政府合作，蒙古国总理呼日勒苏赫在 2017 年 12 月 1 日的国家大呼拉尔演讲中明确表示，将利用各层级的双边交流与对话机制，全方位和多领域地发展蒙俄战略伙伴关系。

第一，由于区域和边境事务的合作对双方加强经贸关系至关重要，蒙古国将推动两国相关合作协议的签署，推动边境线地区的区域交流与合作。两国政府意识到，区域与边境地区的合作与交流在两国关系，尤其是经贸关系中，占有特殊的地位。

第二，就蒙古国加入欧亚经济联盟等事宜进行研究。2016 年 6 月，时任总理赛汗比勒格访问俄罗斯时，与欧亚经济联盟委员会达成意向，成立联合工作组，对蒙古国加入欧亚经济联盟事宜进行磋商。经过一年运作，呼日勒苏赫总理决定组建工作组，与欧亚经济联盟成立联合，就双方签署自贸协定等一系列问题进行了可行性研究。

（二）夯实和突破传统合作领域

1. 农牧业领域合作趋势明显

蒙古国肉类产量可观。目前，蒙古国牲畜量不仅能完全满足国内对肉类产品的需求，更具备出口肉类产品的可观潜能。根据数据显示，2015 年末，蒙古国牲畜存栏数约为 5597 万头（只），这一数字在 2018 年末就达到 6670

万头（只）。而蒙古国目前每年对肉类的消费量，大致相当于 1100 万头（只）牲畜的肉类，600 万～900 万头（只）牲畜可供肉类出口生产。为推动蒙古国经济多元化发展，蒙古国政府已开始挖掘肉类产品出口对经济增长的推动潜力，在 2016 年相继出台的《蒙古国可持续发展愿景 2030》和《蒙古国政府行动规划 2016～2020》中，对提高畜牧业生产效益和肉类产量做出了相关要求和规划，蒙古国各级政府官员和学者近年来也对本国肉类产品向俄罗斯出口抱有较大的期待，如果蒙古国政府能够解决好肉类产品的质量安全问题，对口蹄疫等疫情进行有效防控，那么蒙俄两国在肉类产品的进出口合作方面潜力巨大。

2. 交通运输及基础设施

在蒙古国总统巴特图勒嘎参加 2017 年蒙俄商务论坛时，蒙方向俄罗斯提出建议，修建塔温陶勒盖至赛音山达的铁路线，以便于向外界出口煤炭。在巴特图勒嘎访俄期间，俄方向蒙古国建议，可以为该国煤炭出口提供出海口，即向蒙古国提供东方港的土地，围绕上述建议以及中蒙俄经济走廊建设纲要，蒙俄两国在基础设施对接方面的合作拥有广阔前景。

3. 防务领域

蒙古国 95% 的武器装备为俄系，武器的更新换代、军事人员的交流互访需要同俄罗斯密切联系。目前，蒙俄已经建立了军事合作制度，两国军事交流在 2000 年后升温，于 2007 年建立了联合工作组，围绕军事技术和防务人员交换开展合作，此外，蒙俄两国不定期地举行"达尔汗"演习，用以检验和修复蒙古国俄式装备，自 2008 年以来，双方还举行了名为"色楞格"的年度反恐演习。巴特图勒嘎在接受俄罗斯媒体采访时指出，两国在防务上的合作是最为优先的合作领域。

俄蒙军事合作是双方加强合作的传统领域，蒙古国军队也有着军事现代化的客观需要，两国政府今后必将会利用现有军队间合作与交流的基础，进一步密切联系，扩大合作范围。

综上所述，蒙古国将发展对俄友好关系视为发展对外关系的优先方向，重视同俄罗斯在各领域的紧密合作，这符合蒙古国历届政府保持对俄友好关系的基本国策和外交基调，可以肯定的是，未来蒙俄关系发展的政治基础将在两国中长期发展计划的框架中被进一步夯实，而经济领域的互动也将随之升温。

　　蒙俄两国深化合作同样面临着问题与挑战，例如蒙古国水电站的建设问题。为解决国内电力短缺问题，减少对邻国输电的依赖，蒙古国政府曾于2015年计划在色楞格、额根和鄂尔浑三条跨境河流上建造三座水坝，但是俄罗斯以破坏贝加尔湖环境为由与蒙方在该项目方面产生分歧，蒙古国水电站建设问题当前仍呈冻结状态。蒙俄贸易的逆差问题、蒙古国与欧亚经济联盟的关税问题等，都关系到蒙俄经贸合作能否向纵深化发展，更对两国发展战略伙伴关系产生重要影响。此外，受美国、欧盟、北约国家的制裁，以及俄罗斯自身经济发展不平衡、产业结构畸形等各种因素影响，俄罗斯经济复苏脚步缓慢，对蒙俄经济合作与交流会产生一些影响。蒙俄如何围绕这些议题展开合作将是未来两国领导人会晤，两国政府间贸易、经济和科学技术合作委员会会议重点讨论的内容。

B.21
蒙日关系在经济领域的新动向

哈斯巴特尔*

摘　要： 从 1972 年起蒙古国与日本建立外交关系，一直到 1990 年由
于政治体系、社会结构和意识形态的差异互往虽少，但奠定
了之后合作的基础。自 20 世纪 90 年代起蒙古国民主化改革
和向市场经济转型以来，两国关系迅速发展。日本成为蒙古
国转型期的最大支持与援助国，且两国高层频繁互访，签订
各种经贸合作协议。蒙日双方签订《战略伙伴关系中长期行
动计划 2017～2020 年》，此计划主要针对蒙古国经济发展，
成为两国关系的行动指南。

关键词： 蒙古国　日本　政治外交

一　蒙日关系的建立与发展

蒙日两国在"冷战"期间政治体系与思想文化上的差异导致外交关系
基本断裂。1972 年 2 月 11 日，蒙古大人民呼拉尔主席团发布命令，宣布结
束蒙古人民共和国同日本之间的战争状态，2 月 19 日，蒙古国放弃战争赔
款要求，与日本建交。1972 年 9 月，日本成立了日蒙经济委员会。1974 年
4 月，应蒙方要求，日本给予蒙古国最惠国待遇。同年 9 月，蒙日政府交换

---

* 哈斯巴特尔，内蒙古社会科学院俄罗斯与蒙古国研究所副研究员，博士，研究方向为口岸经
济及蒙日关系。

关于建立文化和科学关系的照会。① 1977 年 3 月，蒙日签订《经济合作协定》，关于诺门罕战争日对蒙赔偿。作为替代，日对蒙无偿援助 50 亿日元（1700 万美元）并援建"戈壁"羊绒厂，一直在协商的战争赔偿问题终于得到实质性的解决。

1972 年蒙古国与日本建立外交关系，一直到 1990 年由于政治体系、社会结构和意识形态的差异互往虽少，但奠定了合作的基础。自 20 世纪 90 年代起蒙古国民主化改革和向市场经济转型以来，两国关系迅速发展。日本成为蒙古国转型期最大的支持与援助国。1991 年日本首相海部俊树访蒙，是西方国家首脑访问蒙古的先例。

1991 年以来，日本政府开展对蒙援助（ODA），提供贷款和赠款，包括蒙古国食品、交通、通信、能源、教育、卫生和文化等各行业。1991～2013 年日本政府给予总额为 1023 亿日元的无偿援助，优惠贷款 773 亿日元，提供蒙日技术合作支持款 365 亿日元。换句话说，对蒙古国的国外援助额的 50% 以上是日本提供的，使蒙古国克服金融和经济困难，为市场经济的发展奠定了重要基础。同时，从 1991 年 9 月召开第 1 次日本与世界银行合作的"东京蒙古国捐助者会议"以来，已连续召开 10 次，积极地落实着对蒙古的支援措施。

二 蒙日政治外交合作与诸协议

日方认为"蒙古国被夹在中国和俄罗斯两大邻国间，在地政学上占了重要的位置。作为民主主义国家的成长，致力于日本国安全保障和经济繁荣密切相关的东北亚地区的和平和稳定。另外，该国具有丰富的煤炭，铜、铀等稀有金属和稀有的地下资源，从对日本资源和能源的稳定供应的角度来说也是很重要的国家"。所以，蒙日在 1997 年建立"全面合作伙伴关系"的基础上不断推进"全面战略伙伴关系"层面的深化。2010 年 11 月，蒙古国

---

① 娜琳：《蒙日关系发展历程及趋势》，《日本研究》1997 年第 1 期。

总统额勒贝格道尔吉对日本进行国事访问期间双方协定的"战略伙伴关系联合宣言"中涉及四个关键领域：①扩大政治和安全合作，②促成经济关系，③促进人与人之间的交流和文化关系，④两国加强在区域和全球问题上的合作。

2013年3月，日本首相安倍晋三成为政府首脑后立即访问了蒙古国。同年9月，蒙古国阿拉坦胡雅嘎总理访问日本，双方发出《联合声明》，签订"两国战略伙伴关系中期行动计划"。2014年10月21～24日蒙古国额勒贝格道尔吉总统访日，与日本经济组织联盟（经团联）和日本贸易促进机构（贸促会）合作举办"蒙古企业论坛"，80多个领先商业实体代表参加。并与首相安倍晋三举行了正式会谈。双方以加强"战略伙伴关系"为目标，同意通过日益强大的经济关系的支持与作用，早日达成经济伙伴关系协定。安倍晋三首相提出"对蒙古国增加出口，发展工业"的倡议，表达升级蒙古国家经济结构、透明度和经济政策的可持续发展而合作的意向。2015年2月10日蒙古国总理赛汗比勒格访日签署"蒙日经济伙伴关系协定"，此协议是蒙古国有效地建立与日本的贸易和投资的法律框架和原则的重要文件和共同商定。日本经济组织联盟主席榊原先生说，"本人深信，随着由两国议会通过自贸协定，能够促进今后经贸合作、增长投入。今后蒙古国矿产品出口、贸易、投资等许多相关项目将会得以恢复。我们联盟将全力推进上述伙伴协定的落实工作"。2012年6月以来，双方举行了7次会谈，2016年6月7日"蒙日经济伙伴关系协定"生效。此后蒙古国通过了"关于特殊税收法"和"审批进口货物关税率"修正案。

2017年12月制定的对蒙古国特别援助方针中明确规定："蒙古国的经济增长和社会的稳定发展以3个领域为重点：①健全的宏观经济的发展与实现，②环境和谐的均衡的经济增长的实现，③包容社会的实现。"相似于上述日方方针，2018年5月22日，蒙古国在首都乌兰巴托国家宫召开的为期两天的经济会议上，公布了名为"三个支柱发展政策"的未来三年投资规划基础文件，期待为经济发展注入新的活力。此次经济会议期间，蒙政府办公厅主任赞登沙塔尔向与会者介绍了"三个支柱发展政策"，这将成为本届政府未来三年投资规划的基础文件。简单地说，三个支柱是指蒙古国人的发展、好政府、蒙古资源有效利用。具体内容包括多支点经济发展政策，建设公正、有纪律、负责任、稳定的政府，以及以人为中心的社会政策等三大战略27个目标。①

三　日本在蒙古国的投资现状

1. 日本在蒙古国的投资现状

最近，日本的投资对银行与金融系统的吸引力有所增加。从1990年到2013年，日本在蒙古国的直接投资总额达到了2.3亿美元。投资对象行业分类为贸易、餐饮业、银行业、金融服务业和旅游业。日本的直接投资在稳定发展，特别是在零售和餐饮业投资1.02亿美元，约占总投资额的一半。银行业和金融业投入1970万美元，占总投资的9.5%。旅游业投资1240万美元，占到总投资的6%。其中，仅在2012年投资额达到1020万美元。其他领域工程建设和IT行业投资分别占5.8%和4.6%。截至2017年日对蒙直接投资额在各国当中排第12位。

2013年12月，日本国际协力银行（"JBIC"）做担保，蒙古开发银行在日本的证券市场上发行总额300亿日元的日元外债（简称"武士债券"）。由此，蒙古国政府以及蒙古开发银行的资金筹措扩大的同时，为日本国的民间企业提供了新的投资机会。

除了外国投资外，蒙古国还有国外政府发展援助的优惠贷款和无偿援助。无偿援助通常由人力开发和紧急援助提供资金，而大部分优惠贷款正用于建设基础设施。日本政府援助对蒙古国市场经济体制的稳定、经济结构调整和基础设施项目、解决社会发展和人类安全、人力资源开发等许多方面做出了重大贡献。例如，巴嘎淖尔和锡伯敖包矿的更新、铁路货运公路的维修、达尔汗和乌兰巴托中央热电站（CHP-3和4）扩大的改造对经济危机

---

① 冯人綦、曹昆：《人民日报》2018年5月23日，第21版。

中的蒙古国实施和加强投资和减少贫困人口改善人民生活水平发挥着越来越重要的作用。今年，日本一直给予每年 4500 万～5000 万美元的优惠贷款，无偿援助 3000 万～3500 万美元和技术合作援助超过 1000 万美元，占对外援助的 1/3。日本政府在 2012 年经修订的援助方案的优先事项如下：①加强矿业可持续发展和治理；②提供鼓励发展中小企业实现产业多样化，创造就业和改善基本社会服务；③加强乌兰巴托城市承载能力建设。

从 1990 年起，日对蒙实施"草根资助计划"无偿援助，并且在每个省修建或新建学校和医院，以提供基本需求支持。到 2017 年 3 月 3 日，共有 504 个项目已实施。提供优惠贷款和长期贷款，修建煤炭开采设施，火电厂的扩建，乌兰巴托国际机场建设等重大基础设施项目正在实施。日本政府与蒙古国自建交到 2017 年 12 月 3 日，经济援助金额已达 2890 亿日元。日本政府提供无偿援助，根据世界银行建立标准，由人均国内生产总值来决定。因此，随着蒙古国经济的发展无偿援助有所减少，低利率和长期贷款有增加的倾向。

2. 日本对乌兰巴托新国际机场的投资

2006 年 3 月蒙古国总理恩赫宝力德对日本进行正式访问期间，提出在乌兰巴托附近的中央省斯日古楞苏木建设新国际机场的建议。6 月 28 日，蒙古国政府向日本政府正式提出机场建设优惠贷款项目的请求。在双方有关部门做了可行性研究的基础上，此项目在 2007 年 2 月蒙古国总统恩赫巴亚尔对日本进行正式访问期间正式商谈。其结果是，2008 年 5 月 1 日由蒙日政府双方达成"乌兰巴托新国际机场建设工程""MON – P8 贷款协议"，29 日蒙古大呼拉尔审议批准。日本政府决定为实施该项目提供 288.07 亿日元（约 3 亿美元）的优惠贷款。日本政府贷款执行机构——日本国际合作银行于 2008 年 10 月 1 日起与日本国际协力机构合并后在日本国际协力机构的名义下进行该投资项目。2012 年 4 月 23 日，蒙古国乌兰巴托新国际机场的开工奠基仪式在距离乌兰巴托 54 公里的中央省呼希格特举行，蒙古国总理巴特包勒德、副总理恩赫包勒德和日本驻蒙大使清水武则参加了奠基仪式。后于 2013 年 5 月正式开工，于 2016 年 12 月竣工。建成后的新机场预计每小时的接待能力为 1100 人，年接待能力为 130 万~150 万人次，能容纳 825 辆汽车停靠，跑道长度为 3600 米。目前的成吉思汗机场每小时的接待能力为 500~800 人，偶尔还会遭受恶劣天气的袭扰，而且不适合大型飞机起降。

2015 年 4 月 16 日蒙日双方政府签订"新国际机场项目"投资的"融资资金补充协议 MON - P12"，6 月 5 日蒙古国大呼拉尔批准。日方提供贷款总额为 656 亿日元，40 年期，前 10 年免利息，第一笔贷款利率为 0.2%，附加贷款利率则为 0.1%。

一同建设的还有连接"乌兰巴托新国际机场"的高速公路建设项目。该项目中标者是中铁四局集团有限公司。2016 年 5 月，商务部部长高虎城与时任蒙古国总理赛汗比列格出席了项目奠基仪式。乌兰巴托至新国际机场高速公路项目线路起点为雅尔马格收费站，终点为贺西格国际机场相接处，设计为双向 6 车道高速公路，全长 30.4 公里，是蒙古国的首条高速公路。在各方的共同努力下，项目正在按照预定计划有条不紊地进行。

到 2018 年 5 月，建设"乌兰巴托新国际机场"的建议自提出已经过 12 年了，希望能早日通航。

四　蒙日经贸关系成果

自 2016 年 6 月 7 日《蒙日经济伙伴关系协定》生效以来，两国的经贸关系获得了一定发展，双方的经贸合作呈现好转的趋势，在波动中缓慢上升。双边贸易从 2012 年的最高峰一度下降，到 2015 年低到 2.95 亿美元，2017 年恢复到 4.032 亿美元。其中，蒙古国从日本进口额逐渐下降后，2016 年回升。而蒙古国对日本出口额，2017 年涨幅明显（见表 1）。

蒙古国向日本主要出口未加工或半加工的黄金、煤炭、各种畜产品、酒类、萤石矿粉、铜矿粉、服装等。从日本主要进口各种电器、通信器材、建筑材料、机器设备、粮食、面粉及面食品、植物油、块糖、啤酒、香烟、药品、染料、香皂以及其他日用品等。目前，对日贸易额在蒙古对外贸易中排在中、俄、英之后的第四位，已超美国。据蒙方分析，蒙日经贸合作波动的

原因是，除两国间交通不便这一主因外，蒙古国货物质量不过关也有很大关系。另外，因为从中国大量进口的日用百货物美价廉，很适合蒙古特别是中下层百姓的需求，日本的日用品在蒙古市场上失去优势。

近几年，蒙日经贸的下滑原因不仅是简单的贸易范畴的问题，也与蒙古国国内投资环境与国际矿产价波动有很大的联系。蒙古国经贸支柱产业是矿产业，主要是煤炭和铜精粉，而从 2012 年起国际市场矿产价下跌，尤其煤炭和铜价下跌给蒙古国出口贸易带来很大冲击的同时，给蒙古国整体经济带来危机。蒙古国面临的问题广泛多样，单靠官方发展援助是无法解决的。蒙日经济伙伴关系的建立，促进两国更加紧密的经济领域合作，对蒙古国的外国投资增加、产业多样性发展和技术更新都有推动作用。

表 1　蒙日双边贸易变化情况

单位：亿美元

年份	2011	2012	2013	2014	2015	2016	2017*
贸易总额	5.012	5.072	4.547	3.922	2.950	3.447	4.032
蒙古出口额	0.110	0.056	0.105	0.244	0.203	0.141	0.387
蒙古进口额	4.902	5.016	4.442	3.678	2.747	3.306	3.645

资料来源：蒙古国统计局《蒙古国统计年鉴（2016）》。

* 根据日本财务省贸易统计汇率：1 日元 = 0.0091 美元

据日本外务省 2017 年的统计，目前在蒙古国的日本法人企业数为 315 家，企业分支机构 1 家，驻蒙办事机构 53 家，直接投资 6.48 亿美元（2017 年 9 月，蒙古银行统计）。蒙古在日本没有投资企业。

2018 年以来东北亚各国外交关系表现出"春花盛开"的局面，围绕朝鲜问题各国间关系有新的变数，中日外交关系有所接近。其中蒙古国一直扮演着中立的角色，蒙日关系在这三十年地域安全合作、经贸、文化教育体育合作等诸领域保持着良好的发展趋势。对蒙古而言，蒙日关系与中蒙关系同样重要。大国最关心的不是经济贸易关系，而是地缘战略地位与对国际社会的影响力。而蒙古国眼前解决本国经济危机是首要任务。蒙古国一直强调以畜牧业作为基础，发展国内工业加工，达到产业增值。蒙古国的国情与中国不同，所以经济发展的途径及方法与中国改革开放过程不同。蒙古国的很多问题不能用中国化的思考与价值观来解答，应该借鉴日本好的做法，深入了解蒙古国社会，精心策划、理性合理对待蒙古问题至关重要。

转型以后的蒙古国社会在一种矛盾心理中煎熬，一方面他们欢迎资本投资与开发，另一方面他们要保证他们的资源、环境等不受损害，又希望短期内民众都受益。尤其是蒙古国企业家、政治家担心过度依赖某一两个国家后蒙古国经济的各个领域被控制，就像苏联那样。近年来蒙古国在《投资法》《矿产法》等法律设立壁垒，同时吸引多个国家的投资，防止个别国家投资独大。蒙古国发展中的矛盾心理一方面转变成为政治意识形态，影响议会政治及政策导向；另一方面渗透到了资源民族主义中，使其以大众化的形式表露出来。笔者认为这种矛盾心理是蒙古国政策不稳定与执行难的重要因素。

五　蒙日经济关系动向

2017 年 3 月，蒙日双方以蒙古国经济发展为目的，签订了《战略伙伴关系中长期行动计划 2017～2020 年》，此计划经济关系部分有三个内容：第一，促进蒙古国的宏观经济稳定化的蒙日经济伙伴关系协定的顺利发展，以优化蒙古国的投资和商业环境为目标；第二，提高对蒙古国经济多元化的合作；第三，构建有活力的两国经济关系。以下是蒙日经贸关系行动计划的重点内容，也是未来几年蒙日合作的主要方向。

1. 以促进蒙古国的宏观经济稳定化的蒙日经济伙伴关系协定的顺利发展及蒙古国的投资和商业环境的优化为目标

（1）蒙古国政府表示，"经济稳定化计划"（"EPA"）要切实实施。日本政府在国际货币基金组织（IMF）的帮助下制定国际援助内容。作为其中一环，蒙古国政府在经济上克服困难，日方协助经济中长期的稳定发展。

（2）两国政府在包括蒙日经济伙伴关系协定在内的国际约定的稳步实施中紧密合作。蒙古国政府继续为了确保"EPA"的稳健实施而改善必要的

法律环境。

（3）两国政府继续召开贸易、投资方面的官民联合协商会举办活动，并扩大成果。蒙古国政府在迄今为止的贸易和投资协商的基础上，为蒙古国国家建设事业的民间经济交流的稳定而完善投资环境。

（4）蒙古国政府减少两国贸易活动的阻碍，保障通过两个邻国的运输通道。

（5）日本政府协助将蒙古国为强化证券市场的法律制度、培养人才等项目做出贡献。

（6）日本政府对蒙古国人口发展及社会保障领域继续支持和合作。

（7）日本政府对 2013 年蒙古开发银行发行的"武士债券"，JBIC 保证期到 2023 年。

2. 提高对蒙古国经济多元化的合作

（1）两国政府为了蒙古国的农牧业可持续发展，支持民间活动。日本政府通过国际机构设置日本信托基金对蒙古国进行支援。

（2）日本政府与蒙古国政府共同努力培养蒙古国的食品安全、兽医及畜产领域的人才。加强在口蹄疫越境性动物感染症、卫生植物检疫等领域的合作。在农牧业领域最终产品向日本市场的出口进行交换意见、信息联通。

（3）在蒙古国的"新铁路"建设等基础设施建设方面，蒙古国政府制订"经济稳定化计划"的预算框架下的讨论，继续交换意见和信息。

3. 以构建有活力的两国经济关系为目标

（1）有效地实施以下领域的合作：农业、林业和渔业，制造业，中小企业，贸易和投资，基础设施建设和城市开发，科学技术和知识产权，金融服务，教育和人才培养，旅游观光，环境保护，矿业和能源保健，信息通信技术。

（2）两国政府在节能供电线试用阶段的事业稳步进展。另外，两国政府在实施太阳能发电等再生能源领域合作要加速。

（3）日本政府为缓和乌兰巴托市的经济活动和人口过度集中现象，同时动员地方资源，均衡地区和城市之间的差距。

（4）两国政府实现将蒙古国煤炭和铜等矿产资源长期而稳定地供给日本。

（5）蒙古国政府要听取包括希望参与建设乌兰巴托市第5火力发电厂的日本民间企业在内的国际合作企业的意见，在此基础上进行相关的决策。

日本对蒙古国的经济援助，自20世纪70年代起从初期规模的值量少，发展到现在的政府、企业与民间一体化的"成熟的经济援助系统"。此系统背后存在两国之间的经济与地缘战略互补性，是一座坚固的桥梁。截至2018年3月，日本对蒙古国累计提供了约3268亿日元的资金援助，最近日本运用政府开发援助，帮助蒙古国修建了新式机场、医院等设施。日本对蒙古国的经济援助不仅在众多援蒙国家中位列第一，而且援助的内容不断丰富。2017年，蒙日两国签订的《战略伙伴关系中长期行动计划2017~2020年》包含的经济关系实效性高，其范围涵盖教育文化、社会问题处理等方面的多种形式的内容。今后两国将在经济合作伙伴关系的基础上，进一步加强安全保障等领域的广泛合作。

权威报告·一手数据·特色资源

皮书数据库
ANNUAL REPORT(YEARBOOK)
DATABASE

当代中国经济与社会发展高端智库平台

所获荣誉

- 2016年，入选"'十三五'国家重点电子出版物出版规划骨干工程"
- 2015年，荣获"搜索中国正能量 点赞2015""创新中国科技创新奖"
- 2013年，荣获"中国出版政府奖·网络出版物奖"提名奖
- 连续多年荣获中国数字出版博览会"数字出版·优秀品牌"奖

成为会员

通过网址www.pishu.com.cn访问皮书数据库网站或下载皮书数据库APP，进行手机号码验证或邮箱验证即可成为皮书数据库会员。

会员福利

- 已注册用户购书后可免费获赠100元皮书数据库充值卡。刮开充值卡涂层获取充值密码，登录并进入"会员中心"—"在线充值"—"充值卡充值"，充值成功即可购买和查看数据库内容。
- 会员福利最终解释权归社会科学文献出版社所有。

社会科学文献出版社 皮书系列
SOCIAL SCIENCES ACADEMIC PRESS (CHINA)

卡号：292586448498
密码：

数据库服务热线：400-008-6695
数据库服务QQ：2475522410
数据库服务邮箱：database@ssap.cn
图书销售热线：010-59367070/7028
图书服务QQ：1265056568
图书服务邮箱：duzhe@ssap.cn

S 基本子库
UB DATABASE

中国社会发展数据库（下设 12 个子库）

全面整合国内外中国社会发展研究成果，汇聚独家统计数据、深度分析报告，涉及社会、人口、政治、教育、法律等 12 个领域，为了解中国社会发展动态、跟踪社会核心热点、分析社会发展趋势提供一站式资源搜索和数据分析与挖掘服务。

中国经济发展数据库（下设 12 个子库）

基于"皮书系列"中涉及中国经济发展的研究资料构建，内容涵盖宏观经济、农业经济、工业经济、产业经济等 12 个重点经济领域，为实时掌控经济运行态势、把握经济发展规律、洞察经济形势、进行经济决策提供参考和依据。

中国行业发展数据库（下设 17 个子库）

以中国国民经济行业分类为依据，覆盖金融业、旅游、医疗卫生、交通运输、能源矿产等 100 多个行业，跟踪分析国民经济相关行业市场运行状况和政策导向，汇集行业发展前沿资讯，为投资、从业及各种经济决策提供理论基础和实践指导。

中国区域发展数据库（下设 6 个子库）

对中国特定区域内的经济、社会、文化等领域现状与发展情况进行深度分析和预测，研究层级至县及县以下行政区，涉及地区、区域经济体、城市、农村等不同维度。为地方经济社会宏观态势研究、发展经验研究、案例分析提供数据服务。

中国文化传媒数据库（下设 18 个子库）

汇聚文化传媒领域专家观点、热点资讯，梳理国内外中国文化发展相关学术研究成果、一手统计数据，涵盖文化产业、新闻传播、电影娱乐、文学艺术、群众文化等 18 个重点研究领域。为文化传媒研究提供相关数据、研究报告和综合分析服务。

世界经济与国际关系数据库（下设 6 个子库）

立足"皮书系列"世界经济、国际关系相关学术资源，整合世界经济、国际政治、世界文化与科技、全球性问题、国际组织与国际法、区域研究 6 大领域研究成果，为世界经济与国际关系研究提供全方位数据分析，为决策和形势研判提供参考。

法律声明

　　"皮书系列"（含蓝皮书、绿皮书、黄皮书）之品牌由社会科学文献出版社最早使用并持续至今，现已被中国图书市场所熟知。"皮书系列"的相关商标已在中华人民共和国国家工商行政管理总局商标局注册，如LOGO（ ）、皮书、Pishu、经济蓝皮书、社会蓝皮书等。"皮书系列"图书的注册商标专用权及封面设计、版式设计的著作权均为社会科学文献出版社所有。未经社会科学文献出版社书面授权许可，任何使用与"皮书系列"图书注册商标、封面设计、版式设计相同或者近似的文字、图形或其组合的行为均系侵权行为。

　　经作者授权，本书的专有出版权及信息网络传播权等为社会科学文献出版社享有。未经社会科学文献出版社书面授权许可，任何就本书内容的复制、发行或以数字形式进行网络传播的行为均系侵权行为。

　　社会科学文献出版社将通过法律途径追究上述侵权行为的法律责任，维护自身合法权益。

　　欢迎社会各界人士对侵犯社会科学文献出版社上述权利的侵权行为进行举报。电话：010-59367121，电子邮箱：fawubu@ssap.cn。

社会科学文献出版社